中国软科学研究丛书

中国无线电频谱拍卖机制研究

尹华川　万晓榆　张　炎　编著

科学出版社
北京

内容简介

本书根据国家无线电管理委员会"我国无线电频率资源交易机制研究"专项课题和"国家软科学研究计划出版项目（2014GXS3K035-4）"的研究结果，依据拍卖理论，对国内外频谱拍卖案例深入研究，设计有中国特色的频谱拍卖方案。本书较为系统和全面地阐述了无线电频谱的基本概念、管理、分配，拍卖概念、拍卖的基本类型、标准拍卖模型、等价关系、收益等价定理、关联信号，美国、欧洲部分国家、中国香港地区频谱拍卖案例研究，行政指配、干扰问题、牌照期限、交易费用等频谱拍卖影响因素研究，第一价格密封拍卖模型及仿真研究，第二价格密封拍卖模型及仿真研究、同步升价拍卖模型及仿真研究，中国频谱拍卖实施的组织架构、拍卖实施流程、政策建议等方面的内容。

本书适合频谱管理及应用相关人员、行业和政府管理机构的工作人员、对频谱拍卖感兴趣的研究人员，以及高校师生阅读参考。

图书在版编目(CIP)数据

中国无线电频谱拍卖机制研究 ／尹华川，万晓榆，张炎编著. — 北京：科学出版社，2016.4
（中国软科学研究丛书）
ISBN 978-7-03-048043-9

Ⅰ.①中… Ⅱ.①尹… ②万… ③张… Ⅲ.①无线电技术-频谱-拍卖-研究-中国 Ⅳ.①F724.746

中国版本图书馆 CIP 数据核字（2013）第 077654 号

丛书策划：林鹏　胡升华　侯俊琳
责任编辑：杨岭　孟锐／责任校对：陈靖
封面设计：墨创文化／责任印制：余少力

科学出版社 出版
北京东黄城根北街16号
邮政编码：100717
http://www.sciencep.com

成都锦瑞印刷有限责任公司印刷
科学出版社发行　各地新华书店经销

*

2013年12月第 一 版　　开本：B5（720×1000）
2016年8月第二次印刷　　印张：15 1/2
字数：380 千字
定价：79.00 元
（如有印装质量问题，我社负责调换）

"中国软科学研究丛书"编委会

主　编　张来武
副主编　李朝晨　王　元　林　鹏
委　员　（按姓氏笔画排列）
　　　　又俊如　于景元　王玉民　王奋宇
　　　　刘琦岩　孔德涌　孙玉明　杨起全
　　　　金吾伦　赵志耘

编辑工作组组长　刘琦岩
副组长　王奋宇　胡升华
成　员　王晓松　李　津　侯俊琳　常玉峰

《中国无线电频谱拍卖机制研究》
作者名单

尹华川　万晓榆　张　炎　刘　波
吴继飞　骆　骁　施　涛　樊自甫

再版说明与编者致谢

近年来,随着移动互联网、物联网、云计算、大数据等新兴信息技术的快速发展,信息通信产业迎来了颠覆式创新、跨界融合与转型,加剧了无线电频谱资源瓶颈问题,我国无线电管理部门正在积极探索更为有效的无线电频谱管理分配手段。2011年,重庆市经济和信息化委员会委托重庆电信研究院西部分院和重庆邮电大学共同开展了"频率资源交易机制研究"项目,就频率资源的市场交易机制、频谱拍卖试点方案等内容进行了深入研究与分析,并将项目关键研究成果形成了著作。2014年,国家为了进一步推进无线电频谱资源市场交易机制的实施,并立项资助《中国无线电频谱拍卖机制研究》著作的再版。因此,为了全面梳理本项目研究成果,扩大研究成果共享度和推动我国无线电频谱拍卖交易机制的实施,课题组在第一版基础上,组织编写了本书第二版。

与第一版相比,第二版主要将第一版的第6~7章关于无线电频谱拍卖机制及拍卖实验研究修改为第一价格密封、第二价格密封及同步升价的无线电频谱拍卖模型及数值仿真研究,分别对应本书的第6~8章。这是本书的一个重大修改,针对无线电频谱牌照使用权,构建了更为具体的拍卖模型,并对其进行了数值仿真研究。本书第二个修改之处,将原版的第7章关于我国4G牌照拍卖实验研究及第11章的拍卖实验材料删除。

本书第二版根据国家软科学研究计划出版项目(2014GXS3K035-4)和国家无线电管理委员会"我国无线电频率资源交易机制研究"专项课题的研究结果,将理论研究、案例研究、数理模型研究及数值仿真研究相结合,在对拍卖理论和国外频谱拍卖案例深入研究的基础上,设计符合我国国情的无线电频谱资源拍卖机制,并开展相应的数值仿真研究。全书共12章:第1章介绍并归纳了无线电频谱管理发展历程,包括无线电频谱的基本概念、管理、分配等;第2章论证了拍卖为何成为无线电频谱分配的主流趋势;第3章介绍了拍卖机制与拍卖理论,包括拍卖概念、拍卖的基本类型、标准拍卖模型、等价关系、收益等价定理、关联信号；第4章无线电频谱拍卖应用研究，主要对美国、英国、德国、挪威、中国香港地区无线电频谱拍卖案例进行研究；第5章我国无线电频谱拍卖的可行性研究，包括无线电频谱拍卖已成为国际惯例、国内无线电频谱分配方式拓展的需求等内容；第6～8章为我国无线电频谱拍卖的机制设计及数值仿真研究，主要内容为第一价格密封拍卖模型及数值仿真研究、第二价格密封拍卖模型及数值仿真研究及同步升价拍卖模型及仿真实验研究；第9～10章为我国无线电频谱拍卖实施建议，主要内容为组织架构、拍卖实施流程、政策建议；第11章主要对本书进行总结和展望；第12章为无线电频谱拍卖交易相关附件。

与第一版相比，本书第二版的编写工作也作了相应的调整，具体如下：本书主编尹华川教授统筹、架构、设计并编写第2章和第9章，副主编万晓榆教授担任本书的总体执行并编写本书第5、7、8章，副主编张炎高级工程师编写第1、4、10章，研究生刘波、吴继飞共同编写第3章和第6章，骆骁工程师负责统稿并编写第11、12章。

本书再版顺利出版特别感谢国家软科学研究计划出版项目（中华人民共和国科学技术部）的资助（项目编号：2014GXS3K035-4），感谢重庆邮电大学施涛博士、樊自甫副教授等在第一版编写过程中所做的贡献。本书在第一版编写过程中，还得到了国家工业和信息化部无线电管理局谢飞波局长等领导的指导和建议，同时征求了相关专家的建议并借鉴、吸收了国内外相关学者的成果，在此一并表示感谢。

由于编者水平有限，书中难免有疏漏与不妥之处，敬请广大读者斧正。

编者
2015年7月

总 序 PREFACE

　　软科学是综合运用现代各学科理论、方法，研究政治、经济、科技及社会发展中的各种复杂问题，为决策科学化、民主化服务的科学。软科学研究是以实现决策科学化和管理现代化为宗旨，以推动经济、科技、社会的持续协调发展为目标，针对决策和管理实践中提出的复杂性、系统性课题，综合运用自然科学、社会科学和工程技术的多门类多学科知识，运用定性和定量相结合的系统分析和论证手段，进行的一种跨学科、多层次的科研活动。

　　1986年7月，全国软科学研究工作座谈会首次在北京召开，开启了我国软科学勃兴的动力阀门。从此，中国软科学积极参与到改革开放和现代化建设的大潮之中。为加强对软科学研究的指导，国家于1988年和1994年分别成立国家软科学指导委员会和中国软科学研究会。随后，国家软科学研究计划正式启动，对软科学事业的稳定发展发挥了重要的作用。

　　20多年来，我国软科学事业发展紧紧围绕重大决策问题，开展了多学科、多领域、多层次的研究工作，取得了一大批优秀成果。京九铁路、三峡工程、南水北调、青藏铁路乃至国家中长期科学和技术发展规划战略研究，软科学都功不可没。从总体上看，我国软科学研究已经进入各级政府的决策中，成为决策和政策制定的重要依据，发挥了战略性、前瞻性的作用，为解决经济社会发展的重大决策问题作出了重要贡献，为科学把握宏观形势、明确发展战略方向发挥了重要作用。

20多年来,我国软科学事业凝聚优秀人才,形成了一支具有一定实力、知识结构较为合理、学科体系比较完整的优秀研究队伍。据不完全统计,目前我国已有软科学研究机构2000多家,研究人员近4万人,每年开展软科学研究项目1万多项。

为了进一步发挥国家软科学研究计划在我国软科学事业发展中的导向作用,促进软科学研究成果的推广应用,科学技术部决定从2007年起,在国家软科学研究计划框架下启动软科学优秀研究成果出版资助工作,形成"中国软科学研究丛书"。

"中国软科学研究丛书"因其良好的学术价值和社会价值,已被列入国家新闻出版总署"'十一五'国家重点图书出版规划项目"。我希望并相信,丛书出版对于软科学研究优秀成果的推广应用将起到很大的推动作用,对于提升软科学研究的社会影响力、促进软科学事业的蓬勃发展意义重大。

科技部副部长

2008年12月

序 FORWARD

近年来随着信息通信产业的高速发展,无线电技术在经济社会发展中扮演着越来越重要的角色,大到"神十"飞船与"天宫一号"的交会对接,小到开启车门的遥控器,远到浩瀚宇宙太空的天文探索,近到移动互联网时代的掌上智能手机,无线电技术无不深刻改变着人们的生产生活方式。无线电频谱资源作为无线电技术应用和发展的基础,已成为影响经济社会发展和国家安全的重要经济和战略资源。

党的十八大报告中强调要推进"四化"同步发展,对工业化和信息化提出了更高的目标要求。在加快产业转型升级、促进工业化和信息化深度融合过程中,提升经济社会信息化水平,利用信息技术提升传统产业和创新社会管理需要无线电频谱资源的支撑;培育物联网、云计算、移动互联网、LTE等战略性新兴产业,建设宽带、泛在、融合和安全的信息网络基础设施,促进信息消费,同样需要使用无线电频谱资源。用频需求快速增长与可用频谱资源紧缺的供需矛盾日益加剧,频谱规划、分配和协调难度不断加大。

多年来我国采用行政审批模式指配无线电频谱,行政审批是我国无线电频谱资源管理和利用的唯一方式。而随着经济社会的迅速发展,以及无线电技术的快速演进,行政审批单一模式能否满足未来我国对无线电频谱的管理需求,如何进一步创新频谱分配管理方式,既更好发挥政府宏观管理的作用,也充分调动市场主体积极性,值得深入研究。从国际上看,多数国家对公众无线电移动通信采用了频谱使用权交易、拍卖、招标等市场化手段,从而调节了无线电频谱资源的供求关系,充分发挥了其经济和社会价值。在国内,2002~2004年,我国也完成了对3.5GHz频段资源的招标,开始了基于市场机制的频谱分配新模式的探索和尝试。

该书基于无线电频谱资源是稀缺经济资源的视角,围绕解决无线电频谱资源供需矛盾的关键,通过纳入无线电频谱资源的技术等属性,采用定性与定量相结合的研究方法,对无线电频谱资源管理与分配方式进行了系统性的论述,论证了拍卖已成为国际无线电频谱分配方式的主流,并通过对世界各国拍卖案例进行深入剖析,提出我国开展无线电频谱拍卖的分析思路和重要政策建议。书中特别针对即将分配的4G频谱,虚拟设计了四种不同的拍卖机制,并构建了拍卖流程,不仅为我国今后无线电频谱分配,尤其是拍卖分配方式提供了重要的参考,对我国无线电频谱管理的创新交易模式也具有开创性和指导性的意义。衷心希望读者能从本书中获益,共同为我国无线电管理工作提供更高水平的技术支撑和理论支持。

工业和信息化部无线电管理局局长

2013年7月

前言 PREFACE

随着全球移动通信业的飞速发展,无线电频谱资源瓶颈问题日趋严重,世界各国正在积极探索更为有效的频谱管理手段。在此形势下,我国无线电管理部门就市场机制的频谱分配新模式开始了探索和尝试,2011年重庆市经济和信息化委员会委托重庆电信研究院西部分院和重庆邮电大学共同开展了"频率资源交易机制研究"项目,就频谱资源的市场交易机制、我国4G频谱拍卖试点方案等内容进行了深入研究与分析,项目关键研究成果得到重庆市经济和信息化委员会、国家工业和信息化部无线电管理局等部门的高度认同,拟开展地方性试点应用。为了全面梳理本项目研究成果,扩大研究成果共享度,推进我国无线电频谱资源市场交易机制的实施,课题组组织编写了本书。

本书理论研究、案例研究和实验研究相结合,在对拍卖理论和国外频谱拍卖案例深入研究的基础上,同时开展相应的实验研究,设计符合我国国情的无线电频谱资源拍卖机制。全书共12章:第1章介绍并归纳了无线电频谱管理发展历程,包括无线电频谱的基本概念、管理、分配等;第2章论证了拍卖为何成为无线电频谱分配的主流趋势;第3章介绍了拍卖机制与拍卖理论,包括拍卖概念、拍卖的基本类型、标准拍卖模型、等价关系、收益等价定理、关联信号;第4章无线电频谱拍卖应用研究,主要对美国、英国、德国、挪威、中国香港地区频谱拍卖案例进行研究;第5章我国无线电频谱拍卖的可行性研究,包括无线电频谱拍卖已成为国际惯例、国内无线电频谱分配方式拓展的需求等内容;第

6~7章为中国频谱拍卖的机制设计及实验研究，主要内容为第一价格密封拍卖、第二价格密封拍卖、同步升价拍卖、组合拍卖的机制设计及实验研究；第8~9章为中国频谱拍卖实施建议，主要内容为组织架构、拍卖实施流程、政策建议；第10章主要对本书进行总结和展望；第11~12章为实验研究材料及相关附件。

本书的编写具体分工如下：本书主编尹华川教授统筹、架构、设计并编写第2章和第8章，副主编万晓榆教授担任本书的总体执行并编写本书第5、6、9章，副主编张炎高级工程师编写第1、4、10章，研究生刘波、吴继飞共同编写第3章和第7章，骆骁工程师负责统稿并编写第11、12章。

本书的顺利出版特别感谢中华人民共和国科学技术部的资助，感谢重庆邮电大学出版基金资助，感谢重庆邮电大学施涛博士在课题研究过程中总体方案的执行及指导。同时要感谢重庆邮电大学樊自甫副教授在本书编写过程中对章节梳理、行文思路给予的悉心指导。此外，感谢重庆邮电大学研究生袁旭、曾令凤、陈超等同学及重庆电信研究院西部分院谢金凤工程师在项目前期调研、数据分析及实验脚本的撰写过程中的贡献。本书在编写过程中，还得到了国家工业和信息化部无线电管理局谢飞波局长等领导的指导和建议，同时征求了相关专家的建议并借鉴、吸收了国内外相关学者的成果，在此一并表示感谢。

由于编者水平有限，书中难免有疏漏与不妥之处，敬请广大读者斧正。

编者
2013年10月

目 录

CONTENTS

- ◆ 总序 i
- ◆ 序 iii
- ◆ 前言 v
- ◆ 绪论 1

- ◆ **第一章 无线电频谱管理发展历程** 1
  - 第一节 无线电频谱的基本概念 1
  - 第二节 无线电频谱的应用 9
  - 第三节 无线电频谱管理 20

- ◆ **第二章 无线电频谱分配方式的主流趋势** 35
  - 第一节 无线电频谱主要的分配方式 35
  - 第二节 无线电频谱拍卖的形成机理 41
  - 第三节 国际无线电频谱拍卖回顾 52

- ◆ **第三章 拍卖理论综述** 56
  - 第一节 拍卖的概念 56
  - 第二节 供需关系 58
  - 第三节 等价收入 61
  - 第四节 博弈 65

第五节	拍卖标准模型	67
第六节	拍卖基本类型及其扩展	70
第七节	其他一些基本概念	72

◆ 第四章 无线电频谱拍卖应用研究 77

第一节	美国无线电频谱拍卖研究	77
第二节	英国无线电频谱拍卖研究	81
第三节	瑞士无线电频谱拍卖研究	86
第四节	德国无线电频谱拍卖研究	88
第五节	挪威无线电频谱拍卖研究	90
第六节	中国无线电频谱拍卖研究	93
第七节	无线电频谱拍卖中存在的问题	98
第八节	我国无线电频谱拍卖应用中的特有问题	102

◆ 第五章 我国开展无线电频谱拍卖的可行性研究 111

第一节	无线电频谱拍卖已成为国际惯例	111
第二节	国内无线电频谱分配方式拓展的需求	113
第三节	法律环境和管理秩序的逐渐完善	115
第四节	市场经济结构的不断优化	117
第五节	拍卖市场的不断成熟	118
第六节	经济和社会效益的日益显现	119
第七节	国内 3.5 GHz 频段交易的尝试	151

◆ 第六章 第一价格密封拍卖模型及数值模拟研究 154

第一节	基于偏态分布的无线电频谱牌照拍卖竞价博弈模型	154
第二节	第一价格密封拍卖的数值模拟与均衡分析	158
第三节	基于拍卖者的第一价格密封拍卖机制分析	161

◆ 第七章 第二价格密封拍卖模型及数值模拟研究 166

| 第一节 | 无线电频谱第二价格密封拍卖模型 | 166 |
| 第二节 | 第二价格密封拍卖的数值模拟与均衡分析 | 169 |

第三节　基于拍卖者的第二价格密封拍卖机制分析 …………………… 172

◆第八章　同步升价拍卖模型及数值模拟研究 …………………………… 176

第一节　无线电频谱同步升价拍卖模型 …………………………… 176
第二节　无线电频谱同步升价拍卖模型分析及数值模拟 ………… 179
第三节　无线电频谱同步升价拍卖机制分析与讨论 ……………… 183

◆第九章　我国无线电频谱拍卖实施建议 ………………………………… 187

第一节　无线电频谱管制的建议 …………………………………… 187
第二节　拍卖法律法规的建议 ……………………………………… 189
第三节　无线电频谱试点交易的建议 ……………………………… 191
第四节　无线电频谱拍卖竞拍者的建议 …………………………… 193
第五节　无线电频谱拍卖频段的建议 ……………………………… 194
第六节　完善拍卖活动的建议 ……………………………………… 196
第七节　其他建议 …………………………………………………… 197

◆第十章　我国无线电频谱牌照拍卖流程设计 …………………………… 199

第一节　无线电频谱牌照拍卖前期 ………………………………… 199
第二节　无线电频谱牌照拍卖过程 ………………………………… 203
第三节　无线电频谱牌照拍卖后期 ………………………………… 207

◆第十一章　总结和研究展望 ……………………………………………… 210

第一节　研究内容 …………………………………………………… 210
第二节　研究成果和结论 …………………………………………… 214
第三节　研究展望 …………………………………………………… 218

◆第十二章　拍卖过程相关附件 …………………………………………… 220

第一节　竞拍申请文件封面 ………………………………………… 220
第二节　竞拍申请书及附件 ………………………………………… 221
第三节　法定代表人身份证明书及授权委托书 …………………… 222
第四节　竞拍保证金交纳凭证 ……………………………………… 224

第五节 成交确认书 …………………………………………… 225
第六节 ＊＊市＊＊GHz无线电频谱使用权出让合同 …………… 226

◆主要参考文献 …………………………………………… 227

◆索引 ……………………………………………………… 231

第一章 无线电频谱管理发展历程

无线电频谱与土地、矿产、水、森林等资源一样，是一种客观存在的自然资源，这种自然资源是人类社会和经济发展的物质基础。人类社会进入信息化时代后，数据、文字、图像、语音、影视等大量信息的处理、管理和传播都离不开无线电的使用，从而无线电频谱资源被广泛地应用于各行各业，显示出其具有重要的战略价值和巨大的社会价值。同时，随着移动通信技术、电子射频识别技术和卫星技术等的发展，全球个人通信的移动性与无缝隙覆盖多媒体综合业务的需求特征将愈来愈突出，信息通信正在由有线向无线、由固定向移动的方向发展；尤其是近年来国际上提出了"泛在网络"的概念，描绘了信息化社会"无所不在、无所不包、无所不能"的愿景，网络越来越依赖于对无线电频谱这种稀缺资源的使用。因此，科学地管理与有效地使用无线电频谱资源，以及最大限度地发挥无线电频谱的经济价值和社会效益，对人类社会的进步和经济的发展具有重大的战略意义。

第一节 无线电频谱的基本概念

在信息技术高速发展的时代，无线电频谱已经被看做一种稀缺的经济资源，发挥着巨大的经济价值和社会效益。深入探究无线电频谱资源的概念界定、无线电频谱资源的经济属性以及频段划分，对无线电频谱的应用起着决定性作用。

一 无线电频谱的定义

变化的电磁场在空间传播所形成的无线电波在单位时间内重复变化的次数称为无线电频率，一般用 f 表示，单位为 Hz(赫兹)，常用单位还有 kHz(千赫兹)、MHz(兆赫兹)和 GHz(吉赫兹)。无线电波的频率范围可以从零到无穷大，一般为数赫兹到数吉赫兹，无线电波的频率范围就称为无线电波的频谱，简称无线电频谱。到目前为止，世界各国对无线电频谱概念的界定如下：

最早关于无线电频谱的定义源自美国联邦通信委员会（Federal Communications Commission，FCC）于1997年对电磁频谱的定义中所描述的"3 kHz到3000 GHz的频率范围"。

新加坡2002年的《新加坡无线电通信条例》对无线电频谱作了描述："无线电频谱是指适合无线电通信用的频率范围。"

俄罗斯2003年的《俄罗斯联邦通信法》指出："无线电频谱是指国际电信联盟规定之内的，可以用于无线电电子设备或者高频设备操作的无线电频率组合。"

我国2005年的《中国军事通信百科全书无线电管理分册》定义："无线电频谱是无线电波的全部频率范围，是电磁频率3000 GHz以下的部分。"

综上所述，虽然各国对无线电频谱中频率起止范围有不同的划分，但对于无线电频谱的定义基本上是一致的，即无线电频谱是无线电频率的组合。随着经济和技术的迅猛发展，无线电频谱在物联网、云计算、智慧城市等领域得到了广泛应用，无线电频谱资源逐步成为各个国家重要的战略资源。除此以外，无线电频谱资源还具有物理属性、经济属性和技术属性等诸多属性。因此，本书认为，无线电频谱是一种具有范围性、可分割性和技术关联性的经济资源。

二 无线电频谱的经济属性

无线电频谱作为一种经济资源，对人们的生产生活具有重要的作用，深入分析频谱资源的经济属性对挖掘其巨大的经济价值和社会效益尤为重要。从资源经济学、环境经济学等理论视角研究频谱资源的经济属性，又可将其分为供需特性、外部性、稀缺性及产权属性四大方面（图1-1）。频谱资源经济属性的研究目的在于更好地认识频谱资源的价值和市场模式配置的基础，从而提高有限资源的使用效率与效益。

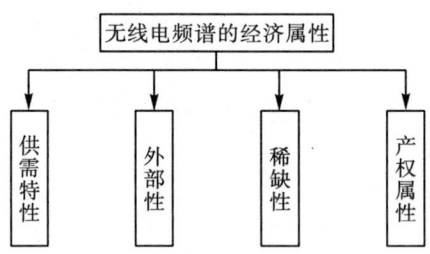

图1-1 无线电频谱的经济属性

（一）无线电频谱的供需特性

1. 无线电频谱资源的需求增加

（1）无线电频谱资源是网络的原材料与核心载体。近年来，随着物联网等未来网络的迅猛发展，网络覆盖范围越来越广，应用领域越来越多元化，作为无线网络的核心载体的无线电频谱资源的市场需求必然急剧增加。

(2)无线电频谱是三网融合的纽带。随着三网融合的进一步发展,无线电频谱资源作为网络融合的纽带,为未来网络的服务提供了更加多样化、齐全化及个性化基础与特色服务,无线电频谱的需求必然呈现增长的态势。

(3)无线电业务已经普及到了社会生活与生产的各个方面、各个层次和各个领域,无线电运营市场出现了空前繁荣的景象。根据思科研究预测[1],2010~2015年,数据流量年度复合增长将达到92%。这一显著的移动数据流量增长主要由两种全球趋势所致:移动产品如平板电脑和智能电话持续普及;移动视频内容应用逐步普及。到2015年,全球将几乎人人拥有一个连接到移动网络的个人终端产品,将会有超过71亿的手机、其他移动通信产品及机对机节点连接至移动网络。数据流量的增加促使无线电频谱资源的市场需求急剧加大。

2. 无线电频谱资源的供给有限

2012年10月10日,工业和信息化部副部长刘利华在《人民邮电报》、《中国电子报》等媒体发表署名文章《加强体系建设开创无线电管理工作新局面》谈到"频谱资源使用需求快速增长,供需矛盾将长期存在"。根据我国的《中华人民共和国无线电管理条例》[2],并参照国际电信联盟(International Telecommunications Union,ITU)2004年出版的最新《无线电规则》,结合我国无线电业务的发展现状,在《中华人民共和国无线电频率划分规定》[3]中明确规定,无线电波是指在空间传播的3000 GHz以下的不用人造波导的电磁波,即无线电频谱是从电磁波中划分出来的有限的一部分。因此,无线电频谱资源的市场供给量是有限的。

3. 无线电频谱资源的有限性

虽然电磁频谱是无限的,但是无线电频谱是有限的,目前人类对于3000 GHz以上的频率还无法进行开发和利用,无线电业务还不能使用较高频段的无线电频率,而且,目前使用较多的频段只是几十吉赫兹,所以无线电频谱的供给远远小于需求(图1-2)。例如,我国的3G就主要工作在1880~1920 MHz、2010~2025 MHz、2300~2400 MHz这些频段。一般分配给某些无线电系统的频带不能被充分利用,无线电频谱的使用效率应由"信息量-时间-频带-空间"四维度来衡量。在信息量一定的情况下,尽管使用无线电频谱可以根据时间、空间、频率这三维相互关联的要素以及现有的码分多址(code division multiple access,CDMA)、码分复用(code division multiplexing,CDM)等手段进行频率的多次复

---

[1] 资料来源:思科全球互联网速度测试(global internet speed test,GIST)以及其他独立速度测试结果。思科GIST应用的全球用户超过390 000个。这些预测只以手机连接速度(不包括Wi-Fi)和移动网络连接速度数据为基础作推断。
[2] 1993年9月11日国务院、中央军事委员会令(第128号)。
[3] 中华人民共和国信息产业部令(第40号)。

用指配来提高频率利用率,但就某一频率或某一频段而言,在一定的区域、一定的时间、一定的编码方式下,这种提高也是有限的。

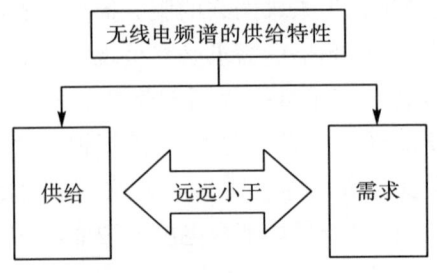

图1-2 无线电频谱的供需特性

(二)无线电频谱的外部性

从经济学的角度来看,外部性的概念是由马歇尔和庇古在20世纪初提出的,是指一个经济主体(如生产者或消费者)在自己的活动中对他人和社会的福利产生了一种有利影响或不利影响。有利影响称为正外部性,正外部性带来利益(或者说收益);不利影响称为负外部性,负外部性带来损失(或者说成本)。正外部性带来的利益和负外部性带来的损失都不是生产者或消费者本人所获得或承担的,是一种经济力量对另一种经济力量"非市场性"的附带影响。无线电频谱作为一种经济物品,具有经济价值,也具有外部性。无线电频谱资源的外部性可分为正外部性和负外部性两大类(图1-3)。

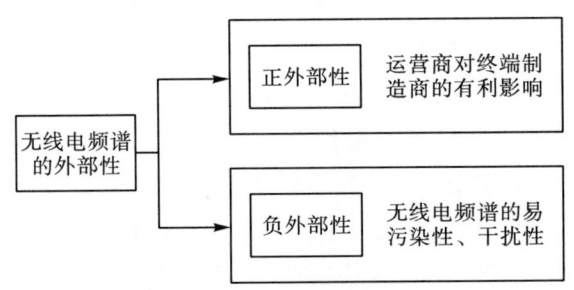

图1-3 无线电频谱的外部性

无线电频谱资源的正外部性是指经营主体(如移动运营商、通信设备制造商)使用无线电频谱过程中,对他人或社会产生正向的有利影响,受益者并不需要支付成本。例如,移动运营商以无线电频谱为媒介向客户提供移动通信服务,一定程度上带动了通信终端的制造与生产,终端设备制造商因为移动运营商的无线电通信业务获得了有利的影响(正向的收益),并不需要额外地支付成本给移动运营商。这是移动运营商开展无线电通信业务过程中给终端设备制造商带来的正外部性的一个典型案例。

此外，无线电频谱资源还具有负外部性。无线电频谱的负外部性是指频谱的使用者(如运营商、广电部门等)，因利用无线电为载体开展无线电业务，给他人或社会带来负面的影响(也就是受到了损失)，而受到损失的个人或企业并没有因此而得到补偿。如无线电业务之间的干扰、污染现象就是无线电频谱负外部性的典型例子。无线电波具有其固有的传播特性，在传播中极易受到干扰和污染。无线电波具有空间、时间、频率的三维特性，传播不受行政区域、国家边界的限制，因此任何一个国家、地区、部门，甚至个人都不得随意地使用无线电波，否则会因为相互间的干扰而不能确保正常通信。同时，无线电波在空中传播容易受到自然噪声和人为噪声如宇宙射线、太阳黑子及各种无线电设备辐射的无线电波的干扰。除此之外，许多非无线电设备也辐射无线电波，如高压输电线和工、科、医电子设备，都可能对无线电波产生干扰，使之无法正常运作和准确而有效地传送各类信息。发射设备性能不符合要求，或台(站)布局不合理，也会产生同频干扰、邻频干扰、谐波干扰、互调干扰等，影响其他无线电设备的正常工作。因此，应当加强对无线电频谱的管理，以减少由此带来的负外部性。

（三）无线电频谱的稀缺性

经济学中通常说稀缺性决定物品的经济价值。美国经济学家汤姆·泰坦伯格(Tom Tie-tenberg)指出："资源稀缺性越强，资源的价值量就越大。"资源的稀缺性是指人类无限和膨胀的欲望(理解为需求)与有限的经济资源的矛盾关系，也就是说，相对于资源的供给来讲，资源的需求量比供给量越大，这种资源也就越稀缺。无线电频谱的供给、需求两个方面决定了频谱的稀缺性(图1-4)。

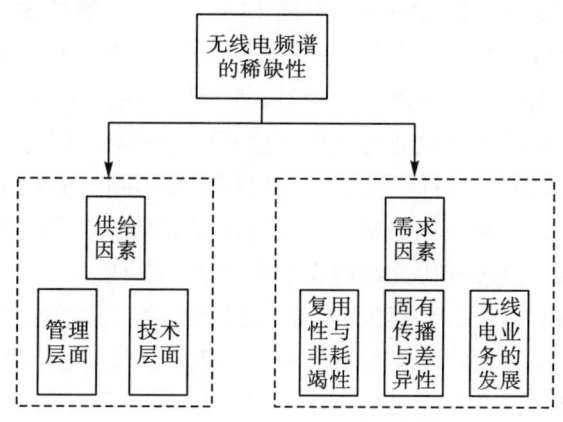

图1-4　无线电频谱的稀缺性

1. 无线电频谱稀缺性的供给因素

无线电频谱的供给是有限的，满足不了日益增长的频谱需求。无线电频谱供给的有限主要表现为在管理和技术两个层面上的有限性。

一方面，根据ITU划分标准和我国的《中华人民共和国无线电频率划分规定》对于无线电频谱的划分，频率位于3000 GHz以下的电磁波被称做无线电频谱，也就是说，无线电频谱资源只是电磁波谱中频率在0～3000 GHz的部分，其总量是有限的。

另一方面，从技术上来说，人们对于无线电频谱资源的认识和开发是一个逐步前进的过程，目前频谱开发技术不成熟，使得被划分出来的有限的频谱资源还未能够完全被人类所用，导致有相当数量的频段还处于经济资源的潜在形态，即存在但还处于闲置而未能被人类的经济生产生活所利用。同时，技术的局限性也对频谱设备、应用、操作等提出了诸多限制。受到技术和可操作使用的无线电设备方面的限制，ITU当前只划分到275 GHz，而目前使用得较多的频段只到几十吉赫兹。尽管可以通过频率、时间、空间这三维相互关联的要素进行频率的多次复用指配来提高频率利用率，但就某一频率或频段而言，在一定的区域、时间、条件之下，这种提高是有限的，因为技术的进步也是有局限性的。

2. 无线电频谱稀缺性的需求因素

随着物联网等网络的发展、三网融合的推进以及无线电业务市场的迅猛发展，无线电新技术、新业务广泛应用于通信、广播电视、航空导航等领域，渗透到社会生活的各个方面，使得频谱资源稀缺程度加深，从而导致无线电频谱资源的竞争性使用。

(1)复用性和非耗竭性的开发凸显出需求增长。无线电频谱资源具有复用性与效用多样性的特点，在一定的时间、地区、频域和编码条件下，无线电频率是可以重复使用和利用的，即不同无线电业务和设备频率可复用和共用，例如时分多址(time-division multiple address，TDMA)、CDMA等技术。也就是说同一频段资源的物理属性可同时满足多种行业的不同应用。此外无线电频谱资源还具有非耗竭性，当某种无线电业务停止使用时，它所占用的无线电频谱同时被释放出来，可以再提供给其他无线电业务使用，这不同于矿藏、森林、河流等其他可以再生或不可再生的资源。因此，如果无线电频谱得不到充分利用，是一种资源浪费；如果使用不当，也是一种浪费。无线电频谱资源的复用性和非耗竭性的发现与开发，从一定程度上表现出无线电频谱资源的稀缺性。

(2)固有传播性与频段差异性决定需求拥挤程度。无线电频谱具有固有传播性，它按照一定规律传播，不受行政区域的约束，也不受国界的影响。不同频段频谱资源的传播特征与功率需求也不尽相同，这决定了不同频段在开展相同或不同的应用时产生的经济效益和成本是有差异的。例如不同频段用于无线通信服务时，提供的信号与服务受频段特性影响而存在质量差异，所需要的功率和基站间距也会因频率的高低有所不同，从而产生成本差异。质量与成本的差异将进一步形成经济效益上的差异性。同时目前的技术局限不仅造成了可用资源的有限性，也造成了高频资源的开发成本与应用成本过高的问题,这些频谱间的差异性表现出频谱资源具有显著的经济稀缺特征。

(3)新兴无线电业务的迅猛发展增强对无线电频谱的需求。频谱资源有限性与需求扩张的矛盾形成了频谱的物质稀缺性。由于无线电频谱所蕴含的巨大社会价值和经济价值以及各种无线电新技术、新业务在社会经济和人们生活中的广泛应用,社会对无线电频谱资源的需求日益增长,一方面各种传统的无线电业务,如短波通信、微波通信、广播业务、无线数据通信系统等,依然对无线电频谱资源有着很大的需求,另一方面各种新兴无线电业务,如3G、数字集群通信、Wi-Fi、超宽带(ultra wide band,UWB)等不断涌现。无线电业务已经普及到了社会生活的各个方面、各个层次和各个领域,无线电运营市场出现空前繁荣的景象,无线电通信产业在信息产业中已经占据主导地位,加速了我国信息化的进程。以上这些都促使了对无线电频谱资源需求的增加,从而使得无线电频谱这一有限的自然资源变得越来越紧张,无线电频谱资源稀缺而无线电频谱应用需求巨大,无线电频谱需求和供应之间的矛盾日益突出。

相对于人类无限的需求来说,无线电频谱资源是远远不足的。无线电频谱资源的有限性与稀缺性显著,是其经济属性的首要表现。稀缺性是无线电频谱资源价值的基础,也是市场形成的根本条件,只有稀缺的物品才能够形成供需市场,进而形成价格。

(四)无线电频谱的产权属性

第十届全国人民代表大会第五次会议于2007年3月16日通过的自2007年10月1日起施行的《中华人民共和国物权法》(以下简称《物权法》)的第五章"国家所有权和集体所有权、私人所有权"中第五十条明确规定"无线电频谱资源属于国家所有"。《物权法》是维护国家基本经济制度,维护社会主义市场经济秩序,明确物的归属,发挥物的效用,保护权利人的物权,调整平等主体之间财产归属和利用关系的重要法律规范和调整社会主义市场经济关系的基本法律,是构建和谐社会的重要保障。《物权法》明确了无线电频谱资源属于国家所有,这是我国首次在法律中明确规定无线电频谱资源的国有属性。《物权法》是加强我国无线电管理工作的重要法律依据,对国家进一步加强无线电频谱资源集中统一管理有着十分重大的意义。

无线电频谱资源归属国家所有,国家拥有管理、分配无线电频谱资源的权利。国家可以采取行政指配方式出售或转让无线电频谱使用权,也可以采取市场交易机制分配无线电频谱。无线电频谱资源一旦出售或转让,对于无线电频谱购买者来讲,其拥有合法使用权,其他人将不能私自使用已出售的无线电频谱。同时,无线电频谱资源与其他资源具有共同的属性,在一定的时间、地区和频域内,一旦某一频段的无线电频谱划分给某一业务,就意味着其他业务甚至设备都无法再利用这一频段。因此,明确的产权属性以及自身排他性确定了无线电频谱使用权的排他性。

无线电频谱作为一种稀缺的自然资源,具有经济属性与经济资源特征。对无线电频谱资源经济属性的研究,目的在于更好地认识无线电频谱资源的价值和市场模式配置的基础,从而提高有限资源的使用效率与效益。

三 无线电频谱的波段划分

无线电频谱依据无线电波频率的高低或者波长的长短排序为条状结构,可分为表1-1中的14个频带[①]。

无线电频率以 Hz 为单位,其表达方式为:3000 kHz 以下(包括3000 kHz),以 kHz 表示;3 MHz 以上至3000 MHz(包括3000 MHz),以 MHz 表示;3 GHz 以上至3000 GHz(包括3000 GHz),以 GHz 表示。

表1-1 无线电频谱的波段划分

频段号码	频段名称	频段范围	波段名称	波长范围
-1	至低频	0.03~0.3 Hz	至长波或千兆米波	1000~10000 Mm
0	至低频	0.3~3 Hz	至长波或百兆米波	100~1000 Mm
1	极低频	3~30 Hz	极长波	10~100 Mm
2	超低频	30~300 Hz	超长波	1~10 Mm
3	特低频	300~3000 Hz	特长波	100~1000 km
4	甚低频	3~30 kHz	甚长波	10~100 km
5	低频	30~300 kHz	长波	1~10 km
6	中频	300~3000 kHz	中波	100~1000 m
7	高频	3~30 MHz	短波	10~100 m
8	甚高频	30~300 MHz	米波	1~10 m
9	特高频	300~3000 MHz	分米波	1~10 dm
10	超高频	3~30 GHz	厘米波	1~10 cm
11	极高频	30~300 GHz	毫米波	1~10 mm
12	至高频	300~3000 GHz	丝米波或亚毫米波	0.1~1 mm

---

① 资料来源:工业和信息化部无线电管理局,《中华人民共和国无线电频率划分规定》,人民邮电出版社。

由于波长不同,各波段的主要传播方式也不同,这就是各个波段适用于不同无线电业务的主要原因。下面简述常用波段的传播特点及其应用范围。

1. 长波

长波的近距离(300 km 以内)传播主要是靠地波,远距离(2000 km)以上传播主要靠天波。用长波通信时,接收点的场强稳定,但表面波衰减慢,对其他收信台干扰大,并且长波受天电干扰的影响很严重。此外由于发射天线非常庞大,所以利用长波作为通信和广播的不多,仅在越洋通信、导航、气象预报等方面采用。

2. 中波

中波传播,白天天波衰减大,易被电离层吸收,所以主要靠地波传播,夜晚天波参加传播,传播距离较地波远。中波主要用于船舶与导航通信,波长为 200~2000 m 的中波主要用于广播。

3. 短波

短波传播有地波也有天波。但由于短波的频率较高,地面吸收强烈,地表面波衰减很快。短波的地波传播距离只有几十千米。天波在电离层中的损耗却较少,故常利用天波进行远距离通信和广播,但由于电离层不稳定,其通信质量不佳。短波主要用于电话电报通信、广播及业余电台。

4. 超短波

超短波频率很高,地波的衰减很大,电波穿入电离层很深乃至穿出电离层,使电波不能反射回来,所以不能利用地表面波和天波的传播方式,主要用空间波传播。超短波主要用于调频广播、电视、雷达、导航传真、通信中继、移动通信等。

5. 微波

微波包含分米波、厘米波和毫米波三个波段。在微波频段,由于频率很高,电波的绕射能力弱,所以信号的传输主要是利用微波在视线距离内的直线传播,又称视距传播。这种传播方式虽然与短波相比具有传播较稳定、受外界干扰小等优点,但在电波的传播过程中,却难免受到地形、地物及气候状况的影响而引起反射、折射、散射和吸收现象,产生传播衰落和传播失真。微波主要应用于通信、雷达、导航、气象等方面。

第二节 无线电频谱的应用

全球无线电业务迅速发展,各种新兴的技术与适应社会发展的新的无线电业务在社会经济和人们生活中被广泛应用,高端频率正在不断被开发使用。无线电频谱资源几乎应用于社会发展、经济建设与人们生活的各个方面,总结起来,无线电频谱的应用可归纳为在通信行业、运输行业以及物联网等领域的应用。所以，对无线电频谱资源的有效开发与管理关系到国计民生和国家发展。

一 无线电频谱在通信行业的应用

1. 移动通信方面的应用

移动通信指的是通信双方有一方或两方处于运动中的通信。移动通信包括陆、海、空移动通信，其采用的频段遍及低频、中频、高频、甚高频和特高频。移动通信技术也经历了从模拟技术到数字技术的转变。

在业务应用方面，移动通信业务主要包括电信基础业务与移动网增值电信业务，而移动网承载的电信基础业务也从1G、2G、3G发展到了4G；增值电信业务内容从彩铃、彩信、手机报到导航定位，并在不断扩展中。目前，我国移动电话用户数突破10亿，公众移动通信网络规模位列世界第一。有证据表明，在通信信息领域，无线网络已经开始超越有线网络，成为信息产业发展的重要支柱。我国工业和信息化部统计数据表明，2012年1~6月，全国电信业务总量累计完成6376.0亿元，电信主营业务收入累计完成5175.3亿元。在电信主营业务收入中，移动通信业务收入累计完成3762.4亿元，占业务总量的59.01%；固定通信业务收入累计完成1412.9亿元，占业务总量的22.16%。[①]

2. 卫星通信方面的应用

卫星通信简单地说就是地球上（包括地面和低层大气中）的无线电通信站间利用卫星作为中继而进行的通信。最适合卫星通信的频率是1~10 GHz频段，即微波频段。为了满足卫星通信越来越多的需求，人们已开始研究应用新的频率，如12 GHz、14 GHz、20 GHz及30 GHz。

目前，人们使用的卫星通信业务主要有以下5种：①用于固定的地球站进行卫星通信的卫星固定通信业务；②用于移动的地球站进行卫星通信的卫星移动通信业务；③一般公众用小型天线地球站（接收装置）直接接收卫星广播电视节目的卫星广播业务；④用于气象、海洋、资源、减灾等领域的卫星地球探测业务；⑤在军事和民用领域应用日益广泛的卫星定位导航业务。

3. 应急通信方面的应用

应急通信指的是在原有通信系统遭到严重破坏或发生紧急情况时，为保障通信联络，采用已有的机动通信设备进行的通信。应急通信包括有线应急通信和无线应急通信两种方式。伴随着信息技术产业的发展，无线电通信是应急通信必不可少的手段。无线电通信系统手段灵活多样，所用频段涵盖短波、超短波、微波

---

① 数据来源：http://www.21cbh.com/2012/zgzqb_724/217314.html。

等多个频段。但是各个专业通信系统涉及单位、行业不同，使用频率不同，通信方式不同，使用场合也不同。

无线电通信在应急通信，如重大会议、体育赛事、国事活动以及抢险救灾中发挥着重要的保障作用。集群通信、移动通信等无线电应用为保障各类重大活动顺利进行起着关键性的作用。如2008年在我国举办的北京奥运会期间，各种无线电台数量达到了3万部以上，所需频点达到数千个，没有无线电技术的支撑而要成功举办现代奥运会是难以想象的。又如2008年5月四川汶川大地震后，为保障四川减震抗灾指挥部通信畅通，四川省无线电管理机构启用了450 MHz专用通信频率，并连夜在受灾严重的都江堰和彭州架设无线电调度网，组织四川省业余无线电爱好者协会利用业余无线电台等无线电通信设备架设无线电超短波通信网，协助灾区指挥部进行应急通信。在5·12四川汶川大地震后3天内，成都、彭州、绵竹、汉旺等地的超短波通信网先后投入使用，在当地政府应急抢险指挥调度中发挥了重要作用。

迄今，我国基本形成了以工业和信息化部、各省市等通信管理部门设有的专门应急通信领导小组组成的应急无线电通信管理机构，和以各电信运营商为建设主体的应急无线电通信管理体系。管理机构通过监督、管理和指导各电信运营企业建设的方式，保障了应急无线电通信网络的运行。电信运营企业也根据自身的情况，基本建立了集团公司、省公司、地市公司的三级应急管理机构。同时，我国制定了国家级通信保障应急预案，指导地方、电信行业、电信主管部门和基础电信运营企业开展应急通信保障工作。

二 无线电频谱在运输行业的应用

1. 铁路运输方面的应用

铁路无线通信是铁路通信的重要组成部分，是铁路运输生产的重要基础设施。20世纪50年代，铁路工作人员开始使用电子管无线通信设备，70年代全部改用晶体管无线通信设备，80年代在站场应用了便于携带的150 MHz、400 MHz的站内无线电台，同时根据需要又开发出适应其他岗位的无线应用，使铁路无线通信业务迅速得到了推广。随着科学技术的发展，数字移动通信技术日趋成熟，经过长期的推广和使用，现GSM-R成为铁路正在使用的专用数字移动系统，成为铁路通信的重要组成部分。此外，专网和射频拉远技术服务于高铁公用移动通信，增加了高铁通信的基站覆盖半径，减少了用户切换次数，提高了高铁无线通信网络质量。

铁路无线通信按其服务门类和完成的业务可大致分为卫星通信、微波通信、短波通信、无线列车调度通信（简称无线列调）、站场无线通信和公务移动通信

(包括集群通信和寻呼通信)等若干子系统。铁路无线通信系统是铁路运输生产指挥调度系统的传输通道。截至2011年年底,我国铁路营业里程达9.3万km,完成旅客发送量186 226万人次,完成货物总发送量393 263万t。[①] 铁路运输货种主要为煤炭、石油、粮食等关系国计民生的重点物资。无线电频谱在铁路系统中的应用为保障铁路运输安全和运输效率起着越来越重要的作用。

2. 民航运输方面的应用

民用航空是国家综合交通运输体系的重要组成部分,是增长速度最快、发展潜力最大的交通运输方式。根据我国无线电频率划分表,航空无线电频谱共有79个频段,其中航空专用的54个分频段供航空无线电导航和航空无线电移动通信两种业务应用。

目前,无线电频率广泛应用于民航飞行的全过程,特别是航空无线电导航、无线电通信、无线电监视、气象等方面。航空无线电导航通过各种地面和机载无线电导航设备,为飞机提供准确与可靠的方位、距离和位置信息;航空无线电通信,从业务上可分为航空固定通信(平面业务)和航空移动通信(地空通信),实现机场场内调度指挥和地空联络;航空无线电监视准确测定飞机的位置、速度和其他特性;航空气象系统承担着各条航线的气象服务任务。截至2011年年底,我国运输总周转量达577.44亿t·km,航空旅客运输量累计达29 317万人次,完成货邮运输量557.5万t,全国共有180个民用机场提供航空服务,定期航班航线总数2290条,累计总里程近512万km[②]。

3. 航海运输方面的应用

无线电最早被应用于航海中,使用摩尔斯电报在船与陆地间传递信息。如今,无线电通信、雷达导航、卫星定位等无线电技术是保证船舶安全航行、调度指挥最有效的技术手段,其在提高航行效率、保障航海安全等方面发挥着不可替代的作用。目前,我国已经基本形成了以全国海洋渔业安全通信网为平台,融合传统短波、超短波通信和卫星、移动通信等现代通信方式的海洋渔船安全通信保障体系,在"平安渔业"建设中发挥着重要通信保障作用。截至2011年年底,我国水上运输船舶总规模首次突破2亿载重吨,其中海运船队达到1.15亿载重吨;全国港口完成货物吞吐量也首次突破100亿t,集装箱吞吐量达1.64亿标准集装箱(twenty-foot equivalent unit,TEU),双双位居世界首位。

三 无线电频谱在物联网领域的应用

物联网是指通过射频识别(radio frequency identification,RFID)、传感器、

---

① 数据来源:中商情报网。
② 数据来源:http://finance.glinfo.com/12/0507/11/D87BEF04B98C2CFF.html。

全球定位系统(global positioning system，GPS)、二维码等技术和信息感知设备，并按照约定的协议把这些设备连接起来，以无线电频谱为载体进行信息交换和通信，以实现智能化识别、定位、跟踪、监控和管理的一种网络。以无线电频谱为载体的物联网，其核心技术包括 RFID 装置、无线传感器网络(wireless sensor network，WSN)、红外线感应器、GPS、互联网与移动网络、网络服务、行业应用软件。在这些技术当中，又以底层嵌入式设备芯片开发最为关键，它引领着整个行业的上游发展。以下着重介绍 RFID 技术、蓝牙技术、无线个域网技术、无线相容认证技术及其应用。

（一）RFID 技术及其应用

1. RFID 技术简介

RFID 技术，又称电子标签、无线射频识别，是一种通信技术，可通过无线电信号识别特定目标并读写相关数据，而无需识别系统与特定目标之间建立机械或光学接触。

一套完整的 RFID 系统，是由阅读器与应答器及应用软件系统三个部分所组成，其工作原理是阅读器发射一特定频率的无线电波能量给应答器，用以驱动应答器电路将内部的数据送出，此时阅读器便依次序接收解读数据，送给应用程序作相应的处理。

短距离 RFID 可以运用于工厂自动化、货品销售，长距离 RFID 可以用于收费系统或车辆身份识别，其他像宠物注射晶片、门禁系统及保安系统亦已经应用 RFID 技术。

2. RFID 技术频率规范[①]

ISO 是公认的全球非营利性工业标准化组织。ISO/IEC 对各个频段的 RFID 都颁布了标准，如表 1-2 所示。

表 1-2　RFID 频段规定（ISO/IEC）

频段	ISO 对应标准
低频 125 kHz 135 kHz	ISO 18000-2 Two Type 被动式
高频 13.56 MHz	ISO 18000-3 Two Mode 被动式

---

① 资料来源：ISO/IEC18000. http：//logistics. iem. yzu. edu. tw/ChiaHo/teaching%20material/SCM-RFID%E7%B0%A1%E4%BB%8B. pdf.

续表

频段	ISO 对应标准
特高频 433 MHz	ISO 18000-7 主动式
超高频 860~950 MHz	ISO 18000-6 Two Type 被动式/半被动式
极高频(微波) 2.45 GHz	ISO 18000-4 Two Mode 被动式/半被动式
极高频(微波) 5.8 GHz	ISO 18000-5 Two Mode 被动式/半被动式

除了 ISO/IEC 划分的标准，不同的国家也对 RFID 频段作了不同的划分，我国结合具体情况，对 RFID 频段作出了以下规范[①]。

我国已完成了低频、高频、特高频和超高频频段的 RFID 技术频率规划。具体如表 1-3 所示。从表 1-3 中可以看出，800/900 MHz 频段 RFID 技术的具体使用频段为 840~845 MHz 和 920~925 MHz，有效发射功率不超过 100 mW，其中 840.5~844.5 MHz 和 920.5~924.5 MHz 的有效发射功率不超过 2 W，工作模式为调频扩频方式，每跳频信道最大驻留时间为 2 s。该频段的 RFID 技术无线电设备是按作用范围进行管理的。设备投入使用前必须获得信息与工业化部核发的无线电发射设备型号核准证。国家制定的双频段特高频标准，除了基本的 800 MHz 贴近欧洲等地区的标准外，900 MHz 贴近美国等标准，这样就使得世界上绝大多数国家和地区的 RFID 标准具有自己的特色。另外，这两个频段也是我国目前能找出的比较接近国际标准的频段。

表 1-3 我国 RFID 技术频率规划

工作频率	发射场强或功率	相关政策文件
50~190 kHz （主要是 125/134 kHz）	69 dBμA/m(10 m 处，准峰值)	信部无 [2005] 423 号
13.553~13.567 MHz	42 dBμA/m(10 m 处，准峰值)	信部无 [2005] 423 号
433.00~433.79 MHz （有源标签）	10 mW(e.r.p)	信部无 [2005] 423 号
910.10 MHz 912.10 MHz 和 914.10 MHz	0.3~1.6 W(天线端口)	信部无 [1999] 70 号

---

① 资料来源：http：//www.worlduc.cn/UploadFiles/BlogFile/121%5C3670684%5C%E6%95%99%E6%A1%88-rfid6.swf。

续表

工作频率	发射场强或功率	相关政策文件
840~845 MHz 920~925 MHz	2 W(e.r.p) 100 mW(e.r.p)	信部无[2007]205号
2.4000~2.4835 GHz	10 mW(e.i.r.p)	信部无[2005]423号
上行：5.795 GHz 5.805 GHz 下行：5.835 GHz 5.845 GHz	有源：300 mW(e.i.r.p) 无源：2 W(e.i.r.p)	信部无[2005]225号

3. RFID 技术应用

根据国际和我国 RFID 技术应用频段的划分和特性，可以将 RFID 技术应用于不同的业务，如以低频 125 kHz、135 kHz 频谱为载体的物联网 RFID 技术可以应用于门禁系统、动物识别、存货控制及汽车芯片防盗锁等方面；以高频 13.56 MHz 频谱为载体的物联网 RFID 技术可以应用于门禁系统、智能卡及悠游卡等方面；此外，特高频 433 MHz、超高频 860~950 MHz、极高频 2.45 GHz 与 5.8 GHz 频谱为载体的物联网 RFID 技术具有通信距离长(半主动可达 15 m)、直线前进特性最强、易受金属与水的阻挡影响的特点，可以应用于电子卷标与易受水分吸收影响等方面的业务。具体典型应用如表 1-4 所示。

表 1-4 我国 RFID 技术的典型应用

频段	ISO 对应标准	典型应用
低频 125 kHz、135 kHz	ISO18000-2，Two Type，被动式	门禁系统、动物识别、存货控制、汽车芯片防盗锁
高频 13.56 MHz	ISO18000-3，Two Mode，被动式	门禁系统、智能卡、悠游卡
特高频 433 MHz	ISO18000-7，主动式	
超高频 860~950 MHz	ISO18000-6，Two Type，被动式/半被动式	通信距离长(半主动可达 15 m)、直线前进特性最强、易受金属及水的阻挡影响方面的业务
极高频(微波) 2.45 GHz	ISO18000-4，Two Mode，被动式/半被动式	
极高频(微波) 5.8 GHz	ISO18000-5，Two Mode，被动式/半被动式	

(二) 蓝牙技术及其应用

1. 蓝牙技术简介

蓝牙，是一种支持设备短距离通信(一般 10 m 内)的无线电技术。它能在包括移动电话、掌上电脑、无线耳机、笔记本电脑、相关外设等众多设备之间进行无线信息交换。利用蓝牙技术，能够有效地简化移动通信终端设备之间的通信，也能够成功地简化设备与互联网之间的通信，从而使数据传输变得更加迅速高效，为无线通信拓宽道路。蓝牙技术可以有不同的应用方式，如点到点通信方式、点到多点的通信方式和复杂的散射网方式。

整个蓝牙系统结构可由底层硬件模块、中间协议层和应用层三部分组成。

如图 1-5 所示，蓝牙底层模块由射频层（radio frequency，RF）、基带层（base band，BB）、链路管理层（link management，LM）构成。RF 主要负责射频和基频调制；BB 负责跳频和蓝牙数据及信息帧的传输；LM 负责连接的建立、拆除及链路的安全和控制。

上层软件模块不能和底层硬件模块直接连接，两个模块接口之间的信息和数据通过主机控制接口（host controller interface，HCI）的解释才能进行传递。HCI 实际上相当于蓝牙协议中软硬件之间的桥梁，它提供了一个下层 BB、LM、状态和控制寄存器等硬件的统一命令接口。

中间协议层包括逻辑链路控制与适配协议（logical link control and adaptation protocol，L2CAP）、服务发现协议（service discovery protocol，SDP）、串口仿真协议（RFCOMM）等。

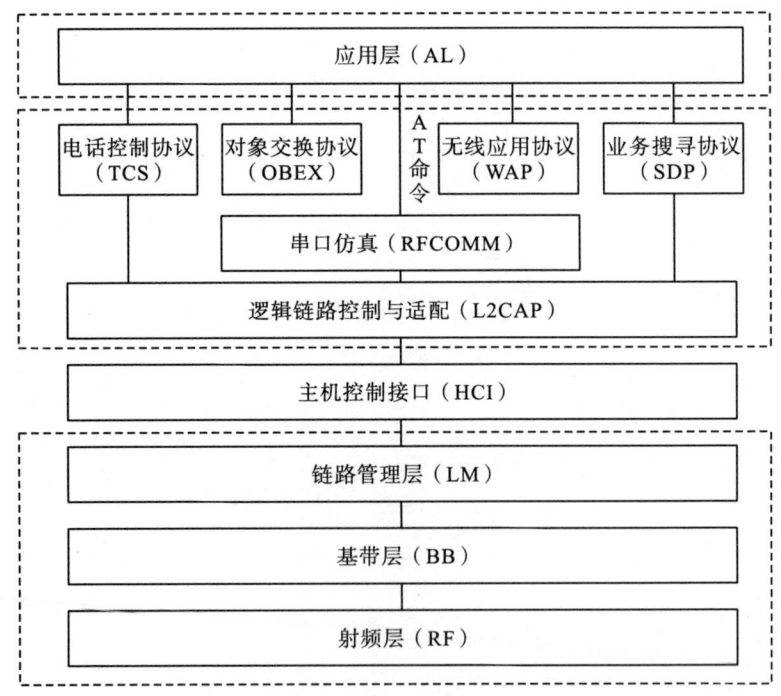

图 1-5　蓝牙系统结构

最上层是应用层，对应于各种应用模型和应用程序。

2. 蓝牙技术标准及频率规范

802.15.1本质上只是蓝牙低层协议的一个正式标准化版本,大多数标准制定工作仍由蓝牙技术联盟(Bluetooth SIG)在做,其成果将由IEEE批准。截至目前,Bluetooth SIG推行的蓝牙共有6个版本:V1.1、V1.2、V2.0、V2.1、V3.0、V4.0。

蓝牙协议工作在无需许可的工业科学医疗(industrial scientific medical,ISM)频段的2.45 GHz频率,最高数据速率可达723.1 kbit/s。为了避免干扰可能使用2.45 GHz的其他协议,蓝牙协议将该频段划分成79个频段(带宽为1 MHz),每秒的频段转换可达1600次。

3. 蓝牙具体频点与应用①

蓝牙工作于ISM频段2.402~2.48 GHz的79个信道,采用快速扩频技术,如图1-6所示。

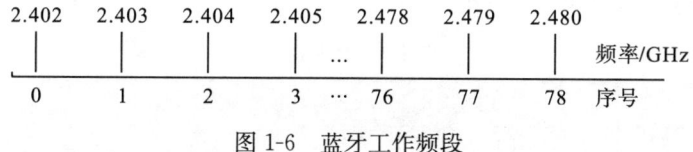

图1-6 蓝牙工作频段

1998年,信息产业部(现称工业和信息化部)根据我国频谱使用情况并参照国际通用的技术标准,规定蓝牙、室内无线局域网(wireless local area networks,WLAN)等短距离微功率无线电通信设备可使用2400~2483.5 MHz频段,并按照《微功率(短距离)无线电设备暂行规定》(信部[1998]178号)进行管理。此次规定的设备主要技术指标的有效辐射功率必须小于10 mW,而载频容限为±75 kHz。

蓝牙具有功耗低、成本低、使用方便等优点,但也具有距离短、速度慢、以移动电话为中心,每网最多8个节点等缺点,这就决定了蓝牙主要应用在移动电子商务、数字电子设备、工业控制、智能化建筑、家庭及办公自动化等方面。

(三)无线个域网(ZigBee)及其应用

1. ZigBee简介

ZigBee能支持一般在个人活动空间(10 m或更小直径)工作的简单器件的工作,它支持两种网络拓扑,即单跳星状或当通信线路超过10 m时的多跳对等拓扑。其特点是近距离、低复杂度、自组织、低功耗、低数据速率、低成本,主要适用于自动控制和远程控制领域,可以嵌入各种设备。

---

① 资料来源:http://www.chinamagnet.org/hangye/hangye041.htm。

2. ZigBee 技术标准及频率规范

ZigBee 是基于 IEEE 802.15.4 标准的低功耗个域网协议。ZigBee 协议从下到上分别为物理层(physical layer, PHY)、媒体访问控制层(media access control, MAC)、传输层(transport layer, TL)、网络层(network layer, NWL)、应用层(application layer, APL)等。

ZigBee 物理层可以使用三个免费的频段,即 2.4 GHz、915 MHz 和 868 MHz。

在 2.4 GHz 频段,2.4~2.4835 GHz 总共有 16 个不同的信道可供使用,每个信道间隔 5 MHz,最大数据传输速率可达 250 kbit/s;

在 915 MHz 频段,902~928 MHz 总共有 10 个信道可供使用,每个信道间隔 2 MHz,最高数据传输速率可达 40 kbit/s;

在 868 MHz 频段,868~868.6 MHz 只有 1 个信道可供使用,最高数据传输速率为 20 kbit/s。如表 1-5 所示。

表 1-5 频段属性

频段	使用范围	数据传输速率/(kbit·s^{-1})	信道数
2.4 GHz	全世界	250	16
915 MHz	北美	40	10
868 MHz	欧洲	20	1

3. ZigBee 具体工作频点及应用

ZigBee 工作在 ISM 频段,定义了两个物理层,即 2.4 GHz 频段和 868/915 MHz 频段物理层,而 868 MHz 和 915 MHz 的 ISM 频段分别只在欧洲和北美洲使用,所以其主要工作于全球范围内免许可证的 2.4 GHz 的 ISM 频段。ZigBee 的底层标准把 2.4 GHz 的 ISM 频段划分为 16 个信道,每个信道带宽为 2 MHz,其具体工作范围为 2405~2580 MHz,具体见图 1-7。

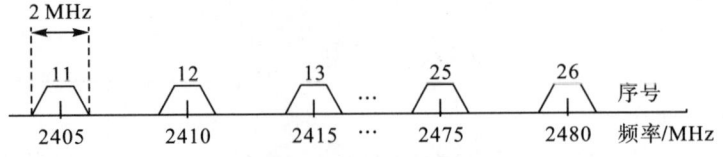

图 1-7 ZigBee 工作频段范围

ZigBee 具有可靠、低功耗(长电池寿命)、低成本和低速率的优点和距离短、速度慢、安全性规范不完善的缺点,优缺点共同决定了 ZigBee 适用于家庭、楼宇自动化以及监控类应用。

(四)无线相容认证(Wi-Fi)技术及其应用

1. Wi-Fi 技术简介

Wi-Fi 英文全称 wireless fidelity,又称 802.11 标准,是由一个名为无线以太网相容联盟(Wireless Ethernet Compatibility Alliance,WECA)的组织所发布的业界术语,中文译为"无线相容认证"。它是一种短程无线传输技术,能够在数百米范围内支持互联网接入的无线电信号。随着无线电技术的发展,以及 IEEE 802.11a、IEEE 802.11g、IEEE 802.11n 等标准的出现,现在 IEEE 802.11 这个标准已被统称为 Wi-Fi。

Wi-Fi 是由无线访问接入点(access point,AP)和无线网卡组成的无线网络,AP 相当于传统的有线局域网络与 WLAN 之间的桥梁,其工作原理相当于一个内置无线发射器的集线器(Hub)或者是路由;无线网卡则是负责接收 AP 所发射信号的客户端设备。因此,任何一台装有无线网卡的个人计算机(personal computer,PC)均可通过 Wi-Fi 分享有线局域网络甚至广域网络的资源。

Wi-Fi 主要特性为速度快、可靠性高,在开放性区域,通信距离可达 305 m,在封闭性区域,通信距离为 76~122 m,方便与现有的有线以太网络整合,组网的成本更低。

2. Wi-Fi 技术标准及频率规范

Wi-Fi 技术标准 IEEE 802.11 第一个版本发表于 1997 年,其中定义了 MAC 和 PHY。PHY 定义了工作在 2.4 GHz 的 ISM 频段上的两种无线调频方式和一种红外传输的方式,总数据传输速率设计为 2 Mbit/s。1999 年加上了两个补充版本:802.11a 定义了一个在 5 GHz ISM 频段上的数据传输速率可达 54 Mbit/s 的 PHY,802.11b 定义了一个在 2.4 GHz ISM 频段上但数据传输速率高达 11 Mbit/s 的 PHY。2.4 GHz 的 ISM 频段为世界上绝大多数国家通用,因此 802.11b 得到了最为广泛的应用。2003 年增加了 802.11g,它结合了 802.11a 和 802.11b 二者的优点,可以说是一种混合标准。它既能适应传统的 802.11b 标准在 2.4 GHz 频率下提供 11 Mbit/s 的数据传输率,也符合 802.11a 标准在 5 GHz 频率下提供 56 Mbit/s 的数据传输率。802.11n 标准是 IEEE 推出的最新标准,它通过采用智能天线技术,将传输速率由目前 802.11a 及 802.11g 提供的 54 Mbit/s、108 Mbit/s,提升到 300 Mbit/s 甚至是 600 Mbit/s。

3. Wi-Fi 具体频点及其应用

Wi-Fi 技术大多工作在 2.4 GHz 的 ISM 频段,最多支持 14 个信道,频率为 2412~2484 MHz,如图 1-8 所示。各个国家信道数的标准不一样,如美国为 11 信道,中国与欧洲为 13 信道,日本为 14 信道。每个信道的带宽是 22 MHz,从中心频点算起左右各 11 MHz,采用直接序列扩频技术,支持多种传输速率,最高可达 54 Mbit/s，传输距离受功率和天线增益影响，随着传输距离的变长，传输速率迅速降低。

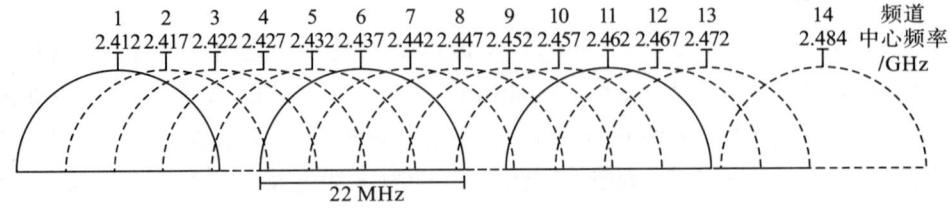

图 1-8　Wi-Fi 工作频段范围

802.11 协议有 802.11、802.11a、802.11b、802.11g、802.11n 5 个子协议，不同子协议具有不同的工作频段、速率、工作距离以及优缺点（表 1-6），这些因素共同决定了 Wi-Fi 主要应用于无线上网、PC、掌上电脑（personal digital assistant，PDA）、工业无线数据采集等方面。

表 1-6　802.11 的技术特征

子协议	速率/$(Mbit \cdot s^{-1})$	工作距离/m	工作频段/GHz	优点	缺点
802.11	2		2.4	第一个 WLAN 标准	速率和传输距离有限
802.11a	54	45	5	具有较高的网络速率；信号不易被干扰	成本较低；信号容易被障碍物阻碍
802.11b	11	100	2.4	成本低；信号辐射较好，不容易被阻碍	带宽速率较低；信号容易受到干扰
802.11g	54	100	2.4	较高的网络速率；信号质量好，不容易被阻碍	成本比 802.11b 高，电气设备可能会影响 2.4 GHz 频段信号
802.11n	300	300	2.4	具有最快的网络速率和最广的信号覆盖范围；信号干扰影响较小	成本较高；使用多个信号，容易干扰附近 802.11b/g 网络

从上述论述可以看出，以无线电频谱资源为载体的无线电技术及其应用对于各行各业生产的推动作用越来越显著。无线电频谱作为一种稀缺的战略资源在整个国民经济和社会发展过程中所发挥的关键支撑和基础平台的作用越来越重要，尤其在信息化与工业化融合的今天，无线电技术已成为 21 世纪科技变革的重要力量之一，无线电技术及其应用所依托的无线电频谱资源已成为重要的生产力要素直接推动着经济发展和社会进步。

第三节　无线电频谱管理

无线电频谱资源的稀缺性、广泛应用性决定了国家无线电管理部门必须对其进行科学的管理，以保证无线电频谱资源的有效开发和利用，从而创造巨大的经济效益和社会效益。

一 无线电频谱管理内涵

无线电频谱管理是指国家通过专门机关，对无线电频谱资源和卫星轨道资源的研究、开发、使用所实施的，以实现合理、有效利用无线电频谱和卫星轨道资源的行为、活动。

无线电频谱管理的核心目标是在全国或全世界的用频业务领域内以最合理、最公平、最有效和最经济的方式使用、利用和保护有限的电磁频谱资源，使得各种通信网和无线台站能够经济、有效地在各种电磁环境下不受干扰地正常工作，为国家的经济建设、国防建设服务，保障人们的生命和财产安全，提高人们的物质和精神生活水平，推动国家社会与经济发展和科学技术的进步。

无线电频谱管理按管理范围可以分为国际无线电管理、国家无线电管理、军事无线电管理以及航空无线电管理等。

无线电频谱管理的特点如下：

第一，无线电管理是一种国家行为，它是由国家授权和特许的机关来实施的活动。

第二，无线电管理对象是研究、开发、使用无线电频谱资源和卫星轨道资源的各种活动。

第三，对研究、开发、使用无线电频谱资源和卫星轨道资源的活动所实施的这种管理，是通过计划、规划、组织、控制、激励、协调、指挥、监督、执行等手段和方法来实现的，它贯穿于无线电管理的全部行为、活动中，是无线电管理职能，也是无线电管理工作的具体内容。这种管理表现为各级政府的无线电管理机构对无线电台的审批，对无线电频率的指配，对无线电设备的管理，对无线电信号的监测，对规章制度的制定和监督检查，对用户的管理、指导和服务等。

第四，无线电管理的最终目的是保证合理有效地利用无线电频谱和卫星轨道资源，服务社会经济建设和国防建设。为实现这一目标，国家建立了无线电管理机构，并赋予其相应的管理职权、有效的管理手段和方法。

二 无线电频谱管理机构及职能

(一)美国无线电频谱管理架构及职能

1. 美国无线电频谱管理的基本构架

美国的电信业发展一直走在世界的前沿，因此对无线电频谱的管理工作也较早实行，1934年就发布了电信法管理其电信业。根据1934年电信法的规定，美国建立了一个特殊的双重结构：

（1）联邦政府的专用频段由在任总统进行管理，之后委托国家电信和信息管理局（National Telecommunications and Information Administration，NTIA）管理。

（2）其他频率使用由FCC管理。

其具体的无线电频谱被划分为NTIA专用频段、FCC专用频段和NTIA与FCC共用频段。共用频段由NTIA与FCC协商管理，而协商产生的问题由部间无线电咨询委员会（Interdepartmental Radio Advisory Committee，IRAC）协调解决（图1-9）。

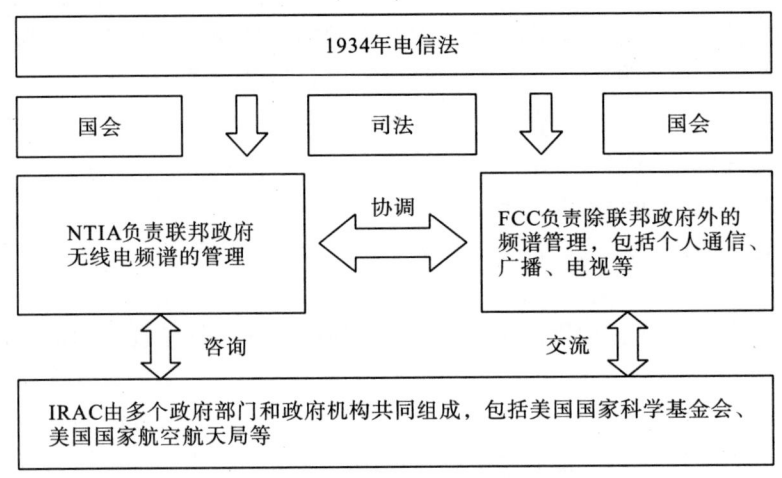

图1-9 美国无线电频谱管理结构

2. 参与无线电频谱管理的主要机构简介

FCC是一个独立的美国政府机构，于1934年由美国国会通过的电信法案所创立，其前身为联邦无线电委员会。FCC负责管理所有的非联邦政府机构的无线电频谱（包括无线电和无电视广播）使用情况、美国国内各州通信（包括固定电话网、卫星通信和有线通信）和所有从美国发起或在美国终结的国际通信。其范围涉及美国50个州、哥伦比亚以及美国所属地区。FCC负责调查和研究无线电和无线电通信产品的安全性。同时，FCC也是影响美国通信政策的一个重要组织。

NTIA的主要职责有：为总统提供电信和信息政策方面的咨询和建议；作为国际、国内电信政策事务中的执行机构代表；负责联邦政府使用的频谱的管理工作；开展为联邦政府和非政府部门服务的电信研究和工程研究；管理基础设施和公共电信设施建设的许可。

NTIA 在总体上负责国家无线电频谱规划,并分管联邦政府各部门的用频事务,其他部门和个人的用频事务由 FCC 负责,在做频谱规划的过程中,会听取包括 FCC 在内各方面的意见和建议。

频谱管理办公室是 NTIA 负责频谱管理的职能部门,频谱管理办公室的主要功能是:政策制定,为联邦政府的频谱使用提供必要的管理规章和规定;每年审核和评估大约 90 个主要联邦政府机构的频谱使用申请以确保频谱的有效利用;每月处理 8000~10 000 个频率分配事务;更新维护数据库,涉及大约 400 000 个频率;在频谱管理事务中与其他国家开展合作,参加 ITU 的会议并负责会议的准备工作;与 FCC 协调全部频谱管理方面的事务;提供频谱工程分析;在需要时与 FCC 协商,开发未来频谱战略规划和应用;协调 IRAC 的活动。

(二)英国无线电管理机构及其职能

英国电信监管机构 Ofcom(Office of Communication)是英国通信行业竞争管理部门和独立的监管机构,负责管理英国的电视广播行业、固话和移动业务以及无线电服务,其组织架构如图 1-10 所示。2003 年英国出台《通信法案》后成立 Ofcom,该法案赋予了 Ofcom 管理的权力。Ofcom 是由其他 5 个机构兼并后组建而成的,这 5 个机构分别是:电信管理局、无线电通信管理局、独立电视委员会、无线电管理局、播放标准委员会。

Ofcom 的职责包括:确保英国享有广泛的电子通信服务,包括宽带、无线网络等服务;确保提供高质量的电视和广播节目,满足广大观众和听众的需求;确保有多家机构同时提供电视和广播服务;确保最有效地利用频谱。

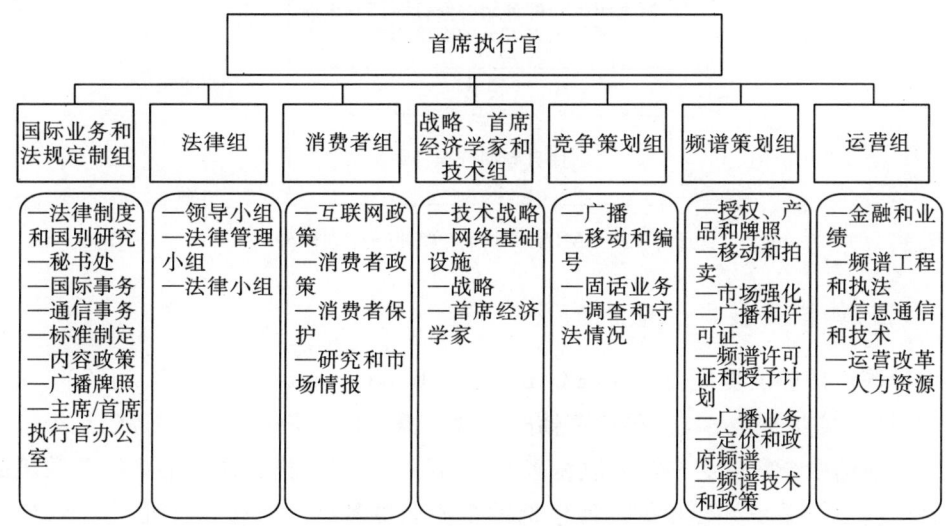

图 1-10　Ofcom 组织架构

(三)日本无线电管理机构及其职能

日本的电信管制机构是日本总务省(Ministry of Internal Affairs and Communications,MIAC)。2003年以来,MIAC先后对互联网接入、内部网、移动通信、IP电话的有效竞争政策进行了审议,2005年10月,MIAC对普遍服务系统也进行了审议。

MIAC根据2002年修订的《无线电法》,对频谱分配计划的再分配以及无线电频谱的使用进行了规范,并定期对其使用情况进行监测。

日本的无线电频谱管理被分为三个频段:770 MHz以下频率、770 MHz~3.4 GHz的频率、3.4 GHz以上的频率。

MIAC每年监测其中一个频段的无线电频谱使用情况,三年内监测完全部无线电频谱的使用情况,监测调查内容包括无线电基站使用及数量、无线电通信量、无线电设施使用年限、其他电信设施替换情况等。图1-11为实际无线电频谱使用情况监测管理计划框架。

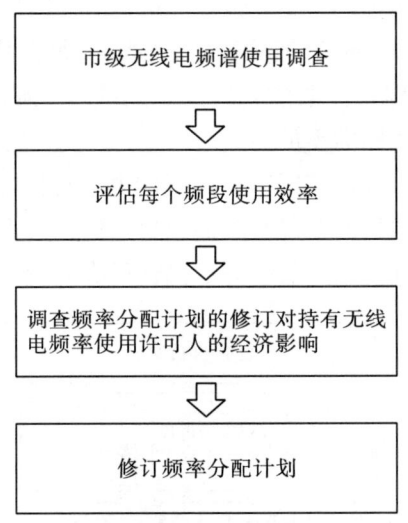

图1-11 MIAC对频谱管理的计划框架

(四)韩国无线电管理机构及其职能

韩国广播通信委员会(Korea Communication Commission,KCC)于2008年2月29日正式宣告成立,主要负责韩国电视广播、通信和新传媒。KCC是为了应对广播通信融合发展,整合分散在多个机构部门广播通信相关职能,提升政策的效率,在原广播委员会和信息通信部的主要职责基础上整合扩大而成。KCC由总统直接管理,以提升韩国对剧变的广播通信环境的应对能力。其主要职责是执行广播通信的政策和法规，有计划地发展广播、通信及融合领域，为提高国民生活品质做贡献。

KCC下属机构广播通信融合政策室负责频率的规划与分配，主要职责有：推动广播通信融合、促进服务发展，以及广播通信技术研发；运营和管理广播项目制作以及广播发展基金；拟定地面波振兴政策，分配频率，建设监测网络；促进广播的数字化转换。

（五）印度无线电管理机构及其职能

印度独立的电信管制机构印度电信管制局于1997年成立。它的主要职责包括：运营商间的互联互通、许可证发放、制定资费、促进竞争和解决各方纠纷。

除电信管制局外，印度还有另外一些电信管制部门：电信服务部，负责提供电信服务，成立于1999年；电信纠纷解决和受理法院，成立于2000年，主要负责许可证发放者与拥有者、运营商间、运营商与用户间的争端解决和裁定；电信委员会，2000年10月成立，主要协调电信部与电信服务部间的关系。

印度的无线电管制机构有4个：电信部、电信管制局、电信争议仲裁局和无线规划与协调部门。无线规划与协调部门主要负责频谱的分配和管理，其主要职责包括：

（1）全国的无线网络的无线电频率的分配，所有相关的技术参数设定；

（2）制定频率分配计划，标准化有关频谱管理的通信设备；

（3）处理设备的电磁兼容及所有用户的频率协调，以确保所有无线网络的自由运作；

（4）ITU国际频率分配的通知、登记承认和保护，履行国家义务；

（5）履行国家义务以及ITU等的国际条约；

（6）协调与ITU和亚洲－太平洋电信组织（Asia-Pacific Telecommunity，APT）有关的所有事项，并制定统一在国家一级的意见，批准国际条约；

（7）授权该国所有的无线电台。

（六）我国频谱管理机构及其职能

1. 香港地区的频谱管理机构

1）香港地区频谱管理部门

电讯管理局（Office of the Telecommunication Authority，OFTA）是香港无线电频谱的主管机关，具体设有事务部、执行部、支援部、经济分析及研究组，进行频谱管理的各项工作。其主要职责包括经济监管、技术监管、执行公平竞争条款、制订技术标准、协调电信基础设施建设的发展、调查消费者和业界的投诉、就电信事宜向相关部门提供意见，以及代表香港地区参与国际电信组织。

2）香港地区无线电频谱相关"法律"

香港与无线电频谱相关的"法律"包括《电讯条例》（香港"法律"第106章）和《通讯事务管理局条例》。其中《通讯事务管理局条例草案》于2011年6月30日获"立法会"通过，以解决电信业和广播业日益重叠的业务矛盾。《通讯事务管理局条例》规定通讯事务管理局办公室（Office of the Communication Authority，OFCA）作为唯一管理机构来管理地区电信和广播业务。

3）香港无线电管理经验

（1）集中的管理体制。OFTA是负责监管香港特别行政区电信市场的一个独立的政府部门，以营运基金的方式运作（经费主要来自牌照费的收入）。无线电管理也是OFTA职能中的一部分，由其内设机构中的执行部负责管理无线电频谱，向监管广播服务的有关政府机构提供技术支援，并向公众营运机构提供有关无线电事宜的咨询和策划服务，具体工作包括专用无线电设备的发牌、调查干扰投诉，以及查处非法使用的无线电设备。OFTA集有线与无线通信的监管职能于一身，充分体现了电信市场管理体制上的高度集中统一。香港无线电管理正是借助了这种体制上的优势，在无线电频率资源的利用、电波秩序的维护以及对无线电设备使用者的管理等诸多方面都较高效。

（2）完善的"法律法规"。香港无线电管理的"法律法规"很健全，从申请使用无线电频率、设置台（站）开始，直至违反《电讯条例》有关条款的处罚，基本上涵盖了无线电管理的全过程。其中包括经营和使用无线电通信器材牌照的发放、注册登记、牌照费和频率使用费征收、对运营商的价格管制、设施的检查、频谱的管理和指配、操作人员的考试和发证授权、干扰查处等。

（3）科学的频率分配。香港地区的频率规划是依据ITU世界第三区的频率划分为基础制订的。在具体拟订分配制度时，主要考虑4条原则，即是否符合ITU的要求；是否对现有的无线电业务产生干扰；是否会给香港的整体发展带来好处；是否有适合的通信器材配套。OFTA设有无线电频谱咨询委员会，就策划无线电频谱的使用和制订有关管理无线电频谱的规划、政策及措施提供意见。该委员会由OFTA主持，其他成员包括电信运营商、消费者委员会、香港电信用户协会、香港互联网暨通信业协会、政府部门及个别委任的学者和专家。为了提高频谱资源的利用效率，在规划时将频率划分为三类：一是政府使用的，二是私人和企业使用的，三是公用的。对于政府使用和公用的频率，由使用者自行建网使用。对于私人和企业使用的频率则提倡共用，遵循先申请先使用的原则，指配时通过测量信道忙时的占用度，找出占用度最小的信道进行复用。依据占用度来分配频率，可以使一个频率供多个单位使用，较好地达到了高效利用和有效节约频率资源的目的。

2.台湾地区的频谱管理机构

台湾于 2004 年 1 月 7 日制定公布了通讯传播基本规定,其中第 3 条规定"为有效办理通讯传播之管理事项,政府应设通讯传播委员会,依法独立行使职权"。2006 年 2 月 22 日,台湾通讯传播委员会(图 1-12)成立,该会以促进通信传播健康发展、维护媒体专业自主、有效办理通信传播管理事项、确保通信传播市场公平有效竞争、保障消费者及尊重弱势权益、促进多元文化均衡发展、提升竞争力为宗旨。

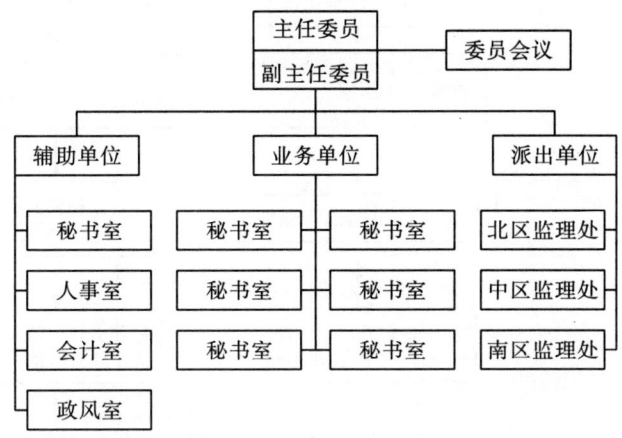

图 1-12　台湾通讯传播委员会组织架构

台湾通讯传播委员会下设资源管理处,负责台湾地区的无线电频谱管理工作,其主要职责有:对无线电频率分配提出规划建议,审查频率申请,分配频率;规划电波监测系统,并对其建设情况及运营维护情况进行监督管理;研订电信编码计划,并对号码分配进行监督管理;监督管理网域的名称及地址;研拟无线电频率及号码使用费收费标准;研拟通信传播资源管理规定;规划电台设立数目及地区分配的有关频率;监督管理专用电台;负责其他通信传播资源监督管理相关事宜。地区监理相当于地方的无线电委员会,负责该区域通信传播的监督管理。

3.我国内地无线电频谱管理机构主要职能[①]

国家无线电管理机构,在国务院、中央军委的统一领导下负责全国民用系统的无线电管理工作,并贯彻"统一领导、统一规划、分工管理、分级负责"原则。目前,国家无线电管理机构组织结构如图 1-13 所示。

工业和信息化部无线电管理局(国家无线电办公室)是中华人民共和国工业和信息化部内设机构,是无线电管理方面的职能部门,综合运用行政、法律、技术

---

① 资料来源:中国无线电管理,http://www.srrc.org.cn/。

和经济4种手段，对我国无线电设备的研制、生产、销售、进口和无线电设备的设置、使用进行全方位的管理。工业和信息化部无线电管理局(下称无线电管理局)下设综合处、地面业务处、空间业务处、频率规划处、监督检查处和无线电安全处6个处。

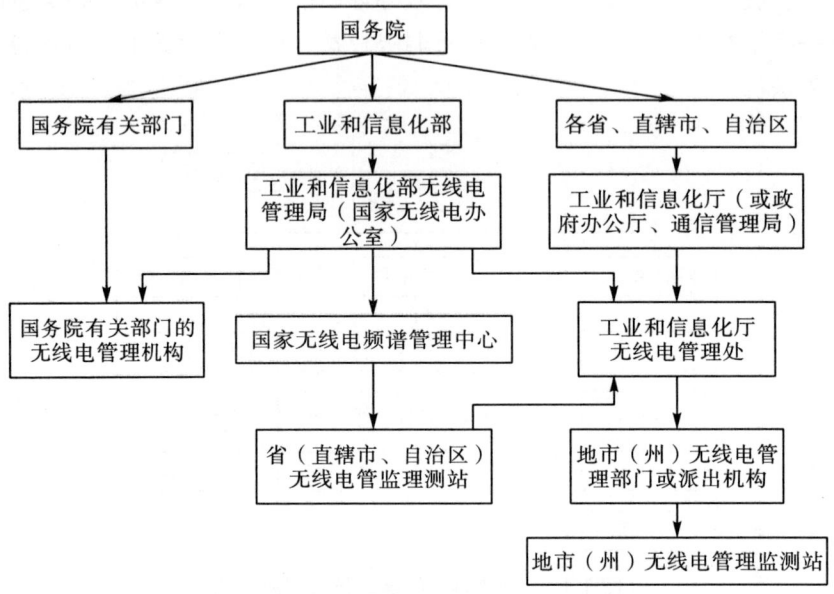

图1-13 国家无线电管理机构组织结构

国家无线电频谱管理中心是国家无线电管理技术机构，为工业和信息化部直属事业单位，负责对无线电信号实施监测和提供无线电管理技术保障。

省、直辖市、自治区和设区的市无线电管理机构在上级无线电管理机构和同级人民政府领导下，负责辖区内除军事系统外的无线电管理工作。

国务院有关部门的无线电管理机构，在其部门内设无线电管理办公室，负责本系统的无线电管理工作。

1)无线电管理局主要职能

(1)根据无线电管理的需要组织拟订或修订无线电管理的方针、政策、法规，报送国务院、中央军委审批后发布施行。

(2)根据无线电管理的方针、政策、法规，制定无线电管理部门的规章，对无线电工作作出具体的规定。

(3)负责无线电台(站)、频率的统一管理，包括对无线电台(站)的布局、频率划分及分配作出统一规划、管理，对无线电台(站、网)进行直接管理，负责审批无线电台(站)、核发电台执照、核配频率呼号等。

(4)协调无线电管理方面的事宜。主要包括无线电干扰，台(站)地选定，频率指配和设备研制、生产、销售、进口过程中有关事宜的协调。重大问题报请国务院、中央军委作出决定。

(5)制定无线电管理方面的行业标准。组织制定无线电管理方面的技术标准,报国家技术监督局备案。

(6)组织无线电管理方面的科研工作,主要有开发频谱资源、提高无线电频谱利用率和开展无线电环境监测技术的研究工作。

(7)负责全国无线电频谱监测工作。制定国家无线电监测网站建设规划和组织国家无线电监测网站建设,指导和监督各省、直辖市、自治区的无线电监测网站建设规划和网站建设;组织和领导国家无线电监测网站的工作。

(8)统一处理涉外无线电管理方面的事宜,由无线电管理局统一组织、协调、参与或直接处理涉外无线电管理活动的事宜。

2)国家无线电频谱管理中心主要职能

(1)负责短波、卫星日常无线电监测相关工作;按照有关要求和规定,监测短波、卫星无线电频率、卫星轨道资源使用情况及无线电台(站)是否按照规定的程序和核定的项目工作。

(2)参与北京地区相关超短波、微波频段的无线电监测工作;承担重大活动、重大事件无线电安全的相关技术保障工作。

(3)按照有关要求和规定,测试有关电波参数和电磁环境,查找未经批准擅自使用的无线电台(站),定位、查找无线电干扰源及非无线电设备辐射无线电波的干扰源,承担通过采取技术措施对非法无线电发射予以制止或阻断的相关任务。

(4)按照国家规定,监测无线电设备的主要技术指标,监测工业、科学和医疗应用设备,信息技术设备以及其他电器设备等非无线电设备的无线电波辐射。

(5)承担无线电频率、台(站)管理及涉外业务的技术支撑工作;受工业和信息化部委托承担北京地区相关无线电台(站)频率占用费收缴工作。

(6)负责全国无线电频率台(站)数据库、监测数据库等无线电管理基础数据库的建设、运行和维护。

(7)承担无线电管理相关技术标准、规范的研究及起草工作;承担无线电管理相关应用软件的开发和应用推广等工作。

(8)为各省(区、市)无线电管理工作提供技术指导。

(9)受工业和信息化部委托管理国家无线电频谱管理中心。

(10)承办工业和信息化部交办的其他事项。

3)省、自治区、直辖市和设区的市无线电管理机构主要职能

(1)贯彻执行国家无线电管理的方针、政策、法规和规章;

(2)拟订地方无线电管理的具体规定;

(3)协调处理本行政区域内无线电管理方面的事宜;

(4)根据审批权限审查无线电台(站)的建设布局和台址,指配无线电台(站)的频率和呼号,核发电台执照;

(5)负责本行政区域内无线电监测。

4)国务院有关部门的无线电管理机构主要职责

(1)贯彻执行国家无线电管理的方针、政策、法规和规章;

(2)拟订本系统无线电管理的具体规定;

(3)根据国务院规定的部门职权和国家无线电管理机构的委托,审批本系统无线电台(站)的建设布局和台址,指配无线电台(站)的频率、呼号,核发电台执照;

(4)国家无线电管理机构委托行使的其他职责。

三 无线电频谱管理的发展历程

(一)全球无线电频谱管理的发展历程

1. 国际上常见的4种无线电管理体制

经济、政治、技术、社会文化以及地理环境等因素决定了世界各国无线电频谱管理机构与管理体制的多元化和差异性。研究这种多元格局可以为我国无线电管理与世界接轨提供可借鉴的经验。根据世界各国的无线电管理机构及职能来划分,可以将目前世界范围内的无线电频谱管理的发展体制总结归纳为4种。

(1)独立集中的管理模式。独立集中的管理模式,其核心是强调建立一个业务完全独立、不受任何政治影响的组织,以实现对无线电频谱资源统筹规划和管理。实行独立集中管理模式的典型代表国家有美国。实行独立集中的管理模式的管理机构其职能不仅涉及业务领域,涵盖无线电管理的各个方面,包括了无线电标准、技术、产品、市场等方面的管制,还承担着推进与评估无线电技术在各个领域内的应用等方面的工作。

(2)独立分权的管理模式。实行独立分权管理模式的典型代表国家有英国。这种管理模式最大特点是强调政策制定和执行相分离的原则,这种分离直接表现为制定和执行的主体不同。最常见的情况是主管部委制定无线电管理及电信等业务的政策,管制机构负责执行政策,处理无线电管理和电信等业务的具体事宜。二者权利划分的情况在不同国家各有差异,有的国家主管部委还负责颁发许可证、分配频率等。管制机构只是负责执行政策、监督市场和提出建议。

(3)从属管理模式。这种管理模式主要指非独立的管理主体承担无线电管理的专门职责,某个政府主管部委直接承担无线电管理的职能,然后根据具体的需要由中央政府在地方设置派出机构,实行垂直领导。主管部委既制定政策又监督政策的执行情况,因此行使管制职能时权限很大。实行从属管理模式的典型国家有加拿大、日本、马来西亚、意大利、澳大利亚等国家。

(4)多极化的管理模式。这类管理模式强调将管理权利在各个部门之间进行分割,法国是典型代表。法国1996年的电信管制规定,法国邮电管理局、电信管制局与国家频率管理局共同分配与管理电信运营商的无线电频率等资源。在日常监管方面,邮电管理局主要是对公众网和相关业务的运营者发放许可证,监督法国电信,代表国家处理国际事务;电信管制局负责贯彻竞争的基本原则,对网络互联、频率和号码资源的分配进行协商、管制和裁决,对公众网许可条件、普遍服务成本以及资费标准提出建议,客观、透明、非歧视地分配经营活动所必要的频率,并对频率管理局进行监督管理;频率管理局是在负责电信的部长监督下管理频率分配的政府机构。在实施管制时,三个机构各有侧重、互相配合,甚至彼此参与,例如频率管理局由来自各主管部门(包括频段分配的主管部门、电信管制局等)的代表组成的管理委员会管理。

上述4类管理模式尽管在组织架构及管理分工上各有不同,但是其模式都无一例外地将各国的无线电管理纳入本国经济和社会发展的总体框架之中,强调了无线电管理与经济和社会发展相协调的理念,在重视无线电业务管理的同时,更强调无线电管理服务经济和社会发展。此外,上述模式还强调无线电管理各个环节,如事前、事中、事后的有机结合,尤其是强调了在频率资源利用方面的事后评估机制及事中监督机制。

2.国际无线电频谱管理发展趋势

在世界无线电技术迅猛发展的时代,各国无线电管理机构主要面临以下两个方面的问题:一是无线电频谱资源处于严峻的供不应求的状态,无线电业务的广泛应用与有限供给的矛盾日益尖锐化;二是频谱利用不合理,分配不平衡,整体频谱利用效率低下。因此,探索全球无线电频谱资源稀缺问题的解决方案显得尤为重要,这需要从全球无线电频谱管理的视角出发,向以下三个方面演变。

(1)世界频谱管理向有偿化、多样化、市场化发展。国际上目前主要的频谱分配方式除行政审批外,还包括评审、拍卖、招标、"抽奖"等方式。拍卖模式将成为无线电频谱资源的国际主流分配方式。"有偿分配"是频谱分配政策的必然趋势。FCC主要负责组织了美国无线电频谱资源交易。美国无线电频谱拍卖自1994年7月25日发展至今已近20年,共举行了93次拍卖,其中2006年8月开始的美国历史上规模最大的频谱拍卖对90 MHz频率的1122张执照进行了拍卖;根据ITU欧洲部分国家3G牌照拍卖相关文献,英国"世纪"频谱拍卖开始于2000年2月15日,结束于2000年4月27日,在经过150轮竞价后,总共筹得约385亿美元,人均折合650美元,是最初估计收入的5~10倍。英国最早提出引入频谱定价、频谱拍卖来选择用户以及引入频谱贸易等建议，2006年提出在频谱分配过程中采取"技术中立"的原则，提倡由竞争激烈的市场对无线频段上的技术进行重新选择，得到了欧盟的支持。上述各国的无线电频谱拍卖实践充分显示了无线电频谱分配政策向市场交易的转变。

(2)研发高效的频谱利用技术。研发高效的频谱利用技术是解决无线电频谱资源供不应求问题的根本途径。一方面，世界各国纷纷研究、开发频谱利用率高的技术，如动态频谱分配、频谱共享、超宽带认知无线电等技术；另一方面，淘汰频谱使用效率低的技术，取而代之的是带宽利用效率更高的技术。美国《21世纪频谱改革政策备忘录》明确提出，新的频谱管理政策应有利于包括美国国内广泛应用的宽带业务在内的、基于频谱的新技术和新业务的应用。另外，目前世界各国都积极推进模拟广播电视向数字广播电视的转变。

(3)加强对已分配频段使用率的监督。政府应通过行政手段与市场机制相结合的方式，共同建立更有效的频谱使用的激励和惩罚机制，以保证频率资源得到有效利用。频谱拍卖分配后，如果放任自流、不加监管，同样达不到提高频谱利用率的目标。因此，包括美国在内的一些国家制定了频率计划和审查制度，定期收回一些利用率不高的频率，以用于频率利用率更高的技术。发达国家对频率执照的使用期限都有一定限制，通常是15年，有的国家规定在此期间频率执照不得转让。在发放频率执照时往往对运营商设置了一定的约束性条件，如运营商若在特定期限内没有有效地使用频率(如网络规模没有达到一定标准)，管制部门有权对运营商进行处罚甚至收回牌照。除此之外，各国无线电管理机构一般还要确保领到频谱执照企业的信号不干扰其他信号，并将这些频谱用于公众利益。2006年7月，韩国LG电信公司由于未能在承诺的期限内建设CDMA 2000网络，被韩国无线电管理机构吊销了已取得的3G执照，并处以1.5亿美元的罚款。

(二)我国无线电频谱管理的发展历程

新中国成立以来，我国就把无线电通信管理纳入政府的管理范畴，经过几十年的发展已逐步形成了一套完整的管理体系，其发展主要经历了下述4个阶段。

1. 第一阶段：新中国成立初期

无政府阶段主要是从新中国成立初期到党的十一届三中全会期间，此期间无线电应用发展缓慢。在此阶段，我国的无线电通信管理工作主要沿用了战时的无线电通信管理体制，没有专门的管理部门，观念上也没有形成系统的管理概念。管理的机构也是几经易主，起初由军队的通信保密部门负责管理，后来逐步交由邮电和公安部门共同负责管理。在"文化大革命期间"，无线电通信管理基本陷入瘫痪状态，后来又交予军队负责管理。

在这期间，国家对无线电频率使用、无线电通信管制比较严格，基本政策归纳为 4 个字："少设严管"。无线电通信的使用部门也仅限于军队、邮电、广播、公安、交通等少数几个部门，并对从事无线电台工作的人员进行严格的政治历史审查。全国无线电台的使用情况也只有少数几个人掌握，当时的无线电通信实际上也只是"阶级斗争"和"专政"的手段。

2. 第二阶段：复苏阶段

党的十一届三中全会以后，我国无线电通信事业走向恢复和发展的新阶段，无线电业务开始广泛应用于社会政治、经济和人们生活的各个方面。随着改革开放的发展和综合国力的不断增强，我国的无线电通信事业也得到了突飞猛进的发展。

1985 年，党中央、国务院作出决定，把无线电通信管理工作由军队转到地方，对外公开，全面承担起统一领导全国无线电通信管理工作。同时，制定了为党政首脑机关服务、为国防建设和经济建设服务的"三个服务"思想，中心是为经济建设服务。在这期间，全国各地(主要是省、地市两级)纷纷成立无线电管理机构，形成了国家、省、地(市)三级无线电通信管理体制。

1988 年，国家无线电监测中心、国家无线电频谱管理中心以及各级无线电监测站等技术机构相继建立，主要负责履行无线电管理技术手段的职责。同年 12 月，我国第一个有关无线电管理技术设施建设规划的指导性文件《国家无线电监测网总体技术方案》颁布实施。次年 3 月，《国家无线电频谱管理计算机系统总体技术方案》出台，我国无线电管理技术设施建设自此起步并朝着正规化、科学化的方向迈进。

但此阶段，无线电通信管理仍为典型的单一行政管理模式，管理的依据仍然主要是内部文件，管理方式单一、手段落后、管理知识陈旧，充分暴露了当时无线电管理领域中经济基础与上层建筑的突出矛盾。

3. 第三阶段：法制管理初级阶段

为了解决管理方式单一、手段落后等问题，国务院和中央军委责成国家无线电管理委员会办公室起草了《中华人民共和国无线电管理条例》。但当时工作基础薄弱，积存的问题较多，关系复杂，使得该条例从起草到颁布整整用了 8 年的时间。

1993 年 9 月 11 日，《中华人民共和国无线电管理条例》正式颁布实施。由此开始我国的无线电通信管理进入了法制管理的时代，为我国无线电通信管理事业的发展树立了新的里程碑。自此条例颁布后，我国先后制定发布与此配套的单项规定近 50 项，对规范全国无线电通信管理工作起到了重要作用。各省(区、市)也结合各地实际制定、颁发了地方性规章。

4. 第四阶段：法制管理成熟阶段

1997 年 3 月全国人大通过的《中华人民共和国刑法》修订案中，首次将

"擅自设置使用电台和擅自占用频率、违反国家无线电管理法规情节严重的行为"规定为犯罪行为,列入了《刑法》第288条。由此,无线电通信管理完全进入了法制管理阶段。2007年3月16日,在第十届全国人民代表大会第五次会议通过的《中华人民共和国物权法》中又明确规定了无线电频谱资源属于国家所有,首次用法律手段捍卫了无线电国家所有的权利。

随着无线电通信管理阶段的推进,无线电通信管理机构也作出了新的调整。1995年5月,无线电通信管理机构由1985年以来的中央、省、市(地)三级管理调整为中央、省两级管理,而市(地)无线电通信管理机构作为省无线电通信管理机构的派出机构。无线电应用的领域也由原来的党政机关、部队、民航、水上通信等一些特殊行业和部门发展到公众通信、广播电视、教育、交通、气象等社会生活的各个领域。管理手段也由原来的单一行政管理转向"行政、技术、经济和法律"四种管理手段并用的管理模式。

当前,我国的无线电管理实行统一领导、统一规划、分工管理、分级负责的原则。这一原则是国家对无线电频谱管理的基本原则,《中华人民共和国无线电管理条例》第四条中对此作了明确规定。这一原则的贯彻和施行,无论是现在或将来,都将对无线电频谱的开发利用起到十分重要的作用。由此可见,我国无线电管理从最初的主要依靠行政手段管理,逐步发展到了目前运用行政、法律、技术、经济手段综合管理的阶段。

第二章 无线电频谱分配方式的主流趋势

从 1959 年开始，经济学家罗纳德·科斯(Ronald Coase)就倡导对无线电频谱实行拍卖机制。威廉·维克瑞(William Vickrey)也一直致力于推广拍卖应用于无线电频谱资源，但其建议并没有引起人们的关注。直到 1994 年，FCC 采用了维克瑞提出的"同步升价拍卖"方案，拍卖的效果特别好，一系列的拍卖总收益达 200 亿美元，引起了政府和媒体的强烈反响。从而，世界各国无线电频谱管理机构对无线电频谱拍卖机制产生了极大的兴趣，到目前为止，拍卖已成为无线电频谱分配的主流趋势。深入探究拍卖成为国际无线电频谱分配主流方式的原因及其形成机理，对我国无线电频谱的管理与分配机制的设计具有重要的意义。本章从无线电频谱分配方式的演变出发，深入探究无线电频谱主流分配方式的形成机理，并梳理总结了国际无线电频谱拍卖历程。

第一节　无线电频谱主要的分配方式

随着无线电通信技术的进步和无线电通信设备的广泛使用，无线电频谱资源的经济价值日益凸显。资源意味着财富，谁赢得资源的开发使用权，谁就有可能获得财富。无线通信的巨大市场谁不觊觎？于是无线电频谱资源出现紧张的现象，这是世界发达国家、发展中国家面临的共同问题。对无线电频谱资源进行怎样的管理和配置才能提高其利用率，发挥出其社会价值和经济价值？这不仅是无线电管理工作的核心内容，也是无线电管理部门亟待研究、探索和解决的重要课题。

从全球范围来看，由于各国无线电通信业务发展的状况、运营格局、市场开发程度以及经济文化法律制度等不尽相同，各国采取的分配无线电频谱资源的方式也有差异。目前，国际上分配无线电频谱资源的方式主要有直接指配、评选、拍卖等几种方式，在这些基本配置方式的基础上，又衍生出了招标等混合分配方式。

一 政府直接指配

1. 政府指配方式简述

1990年前，由于电信市场不够开放，政府部门对电信业务大多进行垄断经营，各国大都采用行政部门直接向运营商指配频谱的分配方式，并且在此后的一段时间内大多数国家仍然采用这种频谱分配方式。然而，随着各国电信体制改革的不断深化和电信市场的日益开放，电信市场需要不断引入新的竞争者，以行政手段由政府部门直接指配商用频谱的方式已越来越不适应电信市场开发和业务发展的需要。因此，如今多数国家已不再由政府部门直接指配商用无线电频谱，只有极少数国家依然采用这种方式。

2. 政府指配方式优缺点

采用政府直接指配的原因有：①运营商比较少。例如，3G频谱许可证的发放，一些欧洲国家的领土面积比较小，只有一家运营商，因此只能采用政府直接指配的方式。②一些用于特殊领域的无线电频谱须由政府直接指配。应急通信等非赢利性组织、公益活动和射电天文等特殊的无线电业务使用的无线电频谱是由政府指配的。③引导新业务的发展。从欧美国家制定频谱指配政策的经验来看，通常政府对频谱管理的积极作为将有助于该国通信传播产业与传播新兴业务的发展。例如，FCC为鼓励新传播服务的发展，决定优先将无线电频谱指配给能提供创新通信服务，且需要无线电频谱的公众用户。这项1991年实施的措施推出后受到通信产业的好评，也鼓励了不少像低轨卫星等的新兴服务。

政府直接指配的优点：①政府直接指配程序较为简单，花费时间短，成本低；②获得频谱资源的用户没有经济负担。但政府直接指配也有很多缺点：①缺乏公开和透明的机制，容易产生暗箱操作；②获得资源的用户无经济负担，导致频谱使用效率可能比较低，不一定会履行服务承诺，同时，频谱资源的巨大经济价值不能体现；③不符合公平竞争的原则，与市场经济的发展形势不相适应。

二 频谱评审分配

1. 频谱评审分配简述

早期的频谱分配是由政府行政评审或者随机分配来决定的，分配后就交给企业免费使用。评审是由国家无线电频谱管理部门选择有关专家组成评审委员会，对申请者的资格、经济实力、技术支撑、网络运营经验、服务状况等情况进行综合评审与权衡后，确定获得频谱或执照的最佳对象，并收取相应的费用。频谱评审针对多个申请者，以特定的行政程序和条件来确定频谱许可证的获得者。一般来说，频谱评审分配方式的评审方法和评审标准通常是由政府管理机构来制定的，比如 3G 移动电话频谱分配，在目前已发放 3G 牌照的国家中，有跨国型通信运营商的芬兰与瑞典等国家，都是以评审制发放牌照给通信运营商，主要是考虑协助运营商降低成本负担，提升运营商的服务竞争力，使他们不仅在国内提供服务，也可将触角延伸至国外。

2. 频谱评审分配优缺点

频谱评审的优点是：①入选门槛可以降低，能够让具有资质的企业提前做好频谱规划和工程设计，有利于筛选出综合实力较强的申请者；②能够事先制定好评审的标准，在评选时能做到有据可依，清晰明了地判断出该频段适合哪个企业；③综合考虑了申请者的各个方面，有利于通信业务的开展；④能够降低运营商的经济成本。

其缺点是：①在获得频谱资源使用权后，申请者的计划书可能难以实现或无法产生实际效益，其计划书有纸上谈兵之嫌；②由于行政机构可事先制定标准，企业难免受到掣肘，可能变相被剥夺资格；③难以避免贪污腐败、走后门现象的出现；④审查标准易受评审委员会专家的主观影响。

三 频谱招标分配

1. 频谱招标分配简述

频谱招标是指频谱管理机构发出招标通知，说明频段范围、频段大小、在该频段开展的业务及其他条件，邀请投标者在规定的时间、地点按照一定的程序进行投标的行为。招标与拍卖的不同在于，拍卖一般是价高者得，而竞标却是所提出的方案最符合的（不一定是价格最高的，也不一定是价格最低的）赢得。

招标是在评选的基础上衍生出来的，招标与评选方式都需要申办业务的运营商提交申请书和相关资质资料供政府部门评估，但不同点在于，招标中申请者还需对许可证报出相应的价格。评审即由无线电频谱管理部门先制定评审方法和依据，而后由专家组成的评选委员会对申请企业进行综合评分，得分较高者获得进入拍卖程序的资格，在确定许可证获得者时，出价的高低也将作为参考因素。招标可以说是在前期采用评审，在后期参考拍卖的一种混合方式。若直接进行拍卖，由于在拍卖过程中，除法律有明确规定外，拍卖者不得限制竞拍者的范围，通常拍卖者也希望竞拍者越多越好。但是，如果竞拍者数量很多，各方面能力参差不齐，就有可能出现经营能力不足但资金雄厚的竞拍者获得许可证的情况，这样不利于业务的最终发展。若无线电频谱管理机构首先确定一定的标准，并对申请者进行资格评审，再由数量相对较少的申请者参与许可证的拍卖，这样就能避免拍卖所产生的弊端，以确保那些资金、技术、经验等综合实力较强的运营商获得许可证。

　　招标一般分为公开招标和邀请招标。公开招标是指招标者以招标公告的方式邀请不特定的法人或者其他组织投标。公开招标又叫竞争性招标，即由招标人在报刊、电子网络或其他媒体上刊登招标公告，吸引众多企业或单位参加投标竞争，招标者从中择优选择中标单位的招标方式。按照竞争程度，公开招标可分为国际竞争性招标和国内竞争性招标。邀请招标是指招标人以投标邀请的方式邀请特定的法人或其他组织投标。邀请招标也称为有限竞争招标，是一种由招标人选择若干供应商或承包商，向其发出投标邀请，由被邀请的供应商、承包商投标竞争，从中选定中标者的招标方式。

　　2. 频谱招标分配优缺点

　　招标的主要优点在于：①能够中和评审与拍卖的优缺点，达到商业利益和公共利益的平衡，即一方面能增加财政收入，促进通信市场的良性竞争，另一方面能满足社会群众的需求，为社会创造价值；②一定程度上满足了公平、公正、公开的原则，能有效避免暗箱操作的产生；③其每个环节都有规范的程序，能够受到法律的约束。

　　招标虽然具有一定的优势，但它也只能应用在公共移动通信等商业频段，抢险救灾等非盈利业务和射电天文等学术研究业务无法采取频谱招标模式，而且它也存在着流程复杂、行政成本高等缺点。

四 频谱拍卖分配

　　1. 频谱拍卖方式简述

　　罗纳德·科斯1959年就频谱分配问题撰写了《联邦通讯委员会》，该文指出：频谱与土地一样都是稀缺资源，因此，对资源的分配和使用应由市场决定而不是由政府指导，政府指导是低效的；频谱的产权界定十分重要，频谱的使用权可以在市场上获得，市场会自发地把频谱交给最合适的人。

　　其实，科斯并不是第一位讨论频谱问题的经济学家，但科斯以他的论文终结了有关频谱问题的争议，该论断成为了各国频谱执照拍卖的理论基础。从20世纪90年代开始，欧美各国政府为了保证频谱分配的效率和公平，纷纷立法要求频谱管理机构在频谱分配中用拍卖代替原先的政府指配。

　　交易就是买卖双方对某一样产品或商业信息进行磋商谈判的生意。频谱交易即围绕频谱进行的一系列商业活动，主要包括：频谱拍卖、频谱投标、频谱租赁、频谱二级交易等。频谱拍卖即规划某一频段，对外进行公开拍卖，以公开竞价的方式将该频段的使用权转让给最高应价者。

　　20世纪90年代初期，频谱拍卖在许多国家得到了广泛应用，当时的拍卖是为了缓解核发商业无线电牌照时出现的竞争。拍卖具有彻底的透明性，有效推动了频谱资源的充分利用，原因是竞拍成功者因为出价最高而有强烈的向收益更丰的无线电新业务投资的动机。拍卖并非真正将频谱卖掉，而是租给出价最高的申请者一定年限，在此期间他们可以自由使用频段。也不意味着全部的频谱都用于拍卖，而是将其中的一部分频谱公开拍卖，其对象可以是移动通信系统和广播电视系统等。

拍卖也有很多种类：第一价格密封拍卖、第二价格密封拍卖、公开拍卖、封闭式拍卖、同步拍卖、相继拍卖、英国式拍卖（价格上行拍卖）、荷兰式拍卖（价格下行拍卖）。目前，以拍卖方式分配频谱的无线电通信业务主要涉及蜂窝移动通信业务、宽带固定无线接入寻呼业务和3G业务等。随着技术的发展以及市场的开放进程，4G许可证采用拍卖方式也是大势所趋，每个国家可以根据拍卖频段的不同和国情来决定具体的拍卖方式。

2. 频谱拍卖方式优缺点

作为一种以市场机制分配频谱资源的方式，拍卖方式具有公开透明的特点，它可以避免政府直接支配方式可能出现的不公开或腐败的现象，还可以为政府部门带来一定的财政收入。频谱通过拍卖的分配方式，很大程度上提高了资源配置的效率。当然，原始的拍卖方式是一柄双刃剑，频谱拍卖提高了进入壁垒，有可能人为地排挤了中小型运营企业的参与，反而使得不具备技术、运营及管理能力的企业竞拍到了牌照。此外，拍卖可能抬高了频谱使用的价格，企业会将频谱牌照的价格计入运营成本中，最终转嫁给消费者，从而导致用户受损。

频谱拍卖方式的优点：①降低政府频谱资源配置工作的行政成本，价高者得，行政效率高；②体现了公平、公正、公开的原则，促进了无线电通信领域的市场竞争；③具有彻底的透明性，可以避免暗箱操作，减少了行政机关的主观决议；④体现了频谱的经济价值，能够使政府部门获得一定的财政收入；⑤有利于高效利用频谱资源；⑥促进科技的发展与服务的应用，加速新通信技术的市场化。

然而，拍卖不可避免地存在一些弊端：①价高者得容易导致那些资金雄厚但综合能力较差的企业获得许可证，不利于业务最终的发展；②拍卖使得经营成本上升，运营商可能将高额的成本转嫁到消费者身上；③一些公共业务使用的频段不适宜拍卖，以避免运营商为谋求经济利润而损害公共利益；④主管机关欲调整频谱规划时，容易产生未来频谱不易收回的问题；⑤无法对获得频谱资源的企业事后的通信服务质量进行约束，运营商可能会降低对用户的服务质量。

五 频谱分配方式发展趋势

1. 频谱分配方式向市场化转变

随着电信市场开放的步伐日益加快，通过制定和下达规划对频谱进行分配的行政审批方式越来越无法满足运营商对频谱资源的迫切需求。为此，重新确立与经济体制相适应的频谱资源分配模式，使市场在遵循国家相关规定的前提下，在频谱配置和使用权有偿出让中起到更加广泛的驱动作用，对于提高频谱分配的科学性，促进频谱资源的开发和利用，以及推动国家经济发展都是十分重要的。纵观全球无线电频谱资源的分配方式，从国际上无线电频谱分配方式的发展来看，美国、欧洲、亚洲各国相继迈开了频谱市场化的步伐，通过市场供需来提高用频效率，使空闲频谱得到充分利用。在充分完善市场机制与技术条件下，明确可交易的频谱使用权利与义务，制订多种交易形式，给用户更自由灵活的频谱使用权是各国频谱改革所追求的目标。根据美国国防部（Department of Defense，DoD）预测，无线电频谱的需求在未来10年内将成倍增长，对频谱的消费将增加70%，它将直接导致永久固定的频谱资源管理和使用模式发生改变。越来越多的国家认识到，无线电频谱政策必须作出相应的调整，使之适应新技术发展和市场业务需求，充分发挥高效频谱利用技术的潜力。

2. 频谱分配方式转变的必要性

随着电信市场开放的步伐日益加快，通过制定和下达规划对频谱进行分配的行政审批方式越来越无法满足运营商对频谱资源的迫切需求。越来越多的国家对无线电频谱政策作出了相应的调整，无线电频谱分配方式逐渐向市场交易机制转变。无线电频谱分配方式之所以由行政分配方式向市场交易机制转变，主要是基于以下三个方面的原因。

一是有利于提高频谱资源的利用率。目前，在频谱实际利用率上，一些频段内无线电业务拥挤繁忙，而另一些频段由于缺乏在规定时间和地点内的真正利用常常处于闲置状态。此外，一些运营商认为寻求新的可用频段比增加现有业务覆盖网的密度更省钱，这就导致部分已建成的网络工作方式独立，基本没有考虑频谱共享。以市场机制分配频谱，一方面运营商可以依据其经济实力、网络运营经验、服务水平等获得所需频段的使用权，并通过充分有效地利用频谱获得可观的收益。另一方面，这种配置方式也有利于运营商竞争的有序化，在鼓励他们参与市场竞争的积极性的同时，也极大地提高了频谱的利用率。

二是有利于改进现有频谱分配手段。近几年，随着频谱需求的急剧增加，单一行政审批的方式已不能顺应电信市场经济发展的趋势，凸显出频谱资源配置方式跟不上市场变化的问题，阻碍了无线电新技术的推广。市场经济体制的确立必然要求市场在资源配置中起基础性作用，因此，改变传统的频谱分配方式只有与市场经济体制相接轨，才能使新的分配方式在解决频谱资源配置问题时更加公平、公正、公开，特别是在解决商用和公共业务存在的频谱竞争时，才能够在平衡商业和公共利益的基础上作出更符合实际的评判。

三是有利于发展无线电新技术、新业务。下一代无线通信的发展催生了UWB、软件无线电等诸多新兴的无线电通信技术。面对新技术巨大的市场潜力，基于市场机制的频谱分配方式在规定运营商市场准入资格时应更加灵活和开放，使更多符合条件的运营商纷纷跻身无线电新业务的市场竞争行列，激活各种无线电新业务的发展空间，促进无线电新技术的应用和进步。

第二节　无线电频谱拍卖的形成机理

无论是东方、西方国家，中国还是外国，发达国家还是发展中国家，都面临或将面临对无线电频谱这一稀缺资源如何进行配置的问题。对于无线电频谱分配方式，是用"看得见的手"还是用"看不见的手"？抑或两手都要抓？公平和效率这两只市场经济的"兔子"，能不能同时追赶与捕获？国际研究文献、社会名流以及相关企业等对无线电频谱的评论，可以梳理归纳为两种观点：一是支持频谱拍卖交易方式，二是反对频谱拍卖交易方式。

支持频谱拍卖一般基于以下三点：一是，如果频谱拍卖交易方案设计得好，可以有效地分配频谱资源，将频谱资源分配给最需要频谱资源的那些人，提高频谱资源的使用效率。无线电频谱拍卖让在位的电信运营商或潜在的进入企业提交自己的报价，一定程度上迫使竞拍企业"如实地提交自己的价值"，可以避免通过政府机构或无线电管理机构单一地评估不同的运营商这一方式存在主观性等缺点。因此，无线电频谱拍卖，可以使政府或无线电管理机构获取单一行政指配方式无法反映的信息。二是，行政指配的标准并不是唯一的，具有一定的主观性和不公开性，这将导致企业等多方的争论，而且容易给社会公众留下不公平和政府暗箱操作等负面印象。三是，从英国、美国等国家的无线电频谱拍卖案例中可以发现，无线电频谱拍卖方式可以获得大量的收益，这一大笔收益为国家财政提供了保障。

反对频谱拍卖的观点主要认为拍卖产生了价格效应和投资效应。关于价格效应，他们认为无线电频谱拍卖对运营商并不公平，运营商为了获得频谱使用资格将支付更高的成本，而这些成本将最终被转嫁给用户或消费者，这就导致消费价格提高。但是，运营商一次性支付费用的话，电信运营商将会选择利润最大化，与他们在过去支付的频谱资源的成本无关。对于投资效应，他们担心巨额的频谱资源使用费将减少运营商的投资。但是运营商不会因为融资困难而放弃好的投资机会。因此,从本质上分析,这两个理由是不成立的。

综上所述,无线电频谱拍卖交易方式成为频谱交易的主流方式,是国际经济、社会、技术、政策法律以及管理效益等诸多因素共同作用的结果。

一 经济上的贡献

(一)无线电频谱经济价值理论

1. 劳动价值论

英国古典经济学家威廉·配第(William Petty)于17世纪提出了"劳动时间决定商品价值"这一思想,随后成为大量学者研究的热点,具体研究进展如表2-1所示。

表2-1 劳动价值论研究进展

学者	研究进展
威廉·配第	17世纪英国古典经济学的创始人威廉·配第在他的著作《赋税论》中第一次提出了"劳动时间决定商品价值"的思想
亚当·斯密	亚当·斯密(Adam Smith)在他的《国民财富的性质和来源》一书中得出了"劳动是一切财富的源泉"的著名论断。大卫·李嘉图(David Ricardo)发展了亚当·斯密的理论,他指出决定商品价值的并不是每个生产者在生产时实际消耗的劳动量,而是必要劳动量
马克思	马克思在批判与继承亚当·斯密和大卫·李嘉图对劳动价值论研究的基础上,在《资本论》中提出了"商品二因素"和"劳动二重性"学说,创立了完整的科学劳动价值理论
胡昌暖	"劳动价值论"中的"价值"指的是"凝结在商品中的一般的、无差别的人类劳动"。基于劳动价值论,存在着自然资源有无价值的争论。胡昌暖认为自然资源是无价值但有价格的,自然资源的价格就是地租的资本化
罗丽艳	罗丽艳的观点是,认识和利用自然资源,反映人与自然的关系,并不是马克思主义政治经济学研究的对象,因此不在劳动价值论的解释范畴之内,在劳动价值论中自然资源的价值是缺失的
安晓明	安晓明基于劳动价值论,以恩格斯曾提出的"价值是生产费用对效用的关系"为出发点,提出了自然资源的定价理论

无线电频谱作为一种经济资源,从开发直到被人们使用,投入了大量的人力、物力及财力资源,基于劳动价值论,无线电频谱资源是具有经济价值的,而且它的价值与社会必要劳动时间以及投入成本有着密切的关系。

2. 效用价值论

效用价值论是从物品满足人的欲望的能力或人对物品效用的主观心理评价角度来解释价值及其形成过程的经济理论。19世纪60年代之前的研究主要为一般效用价值论,而后则主要研究边际效用价值论。具体研究进展如表2-2所示。

表 2-2 效用价值论研究进展

学者	研究进展
尼古拉斯·巴本	英国早期经济学家尼古拉斯·巴本(Nicholas Barbon)被认为是最早明确表述效用创造价值观点的学者之一。他认为一切物品的价值都来自于可产生的效用；不具备有用性的物品也就没有价值
埃蒂耶纳·邦诺·德·孔狄亚克	法国经济学家埃蒂耶纳·博诺·德·孔狄亚克(Eacutetienne Bonnot de Condillac)被认为是效用价值论的开创者，他在《论商业与政府的相互关系》中进一步阐明了边际效用价值论的观点，认为价值是由效用和稀少性两种因素决定的，效用决定价值的内容，稀少性决定价值的大小
赫尔曼·海因里希·戈森	德国经济学家赫尔曼·海因里希·戈森(Herman Heinrich Gossen)是边际效用价值论的先驱者，他在《人类交换规律与人类行为准则的发展》中重申了效用价值论，提出了人类满足需求的三条定理(后来被称为"戈森定理")，为边际效用价值论奠定了理论基础
威廉姆·斯坦利·杰文斯	19世纪70年代，英国威廉姆·斯坦利·杰文斯(William Stanley Jevons)的《政治经济学理论》、法国莱昂·瓦尔拉斯(Leon Walras)的《纯粹经济学要义》、奥地利安东·门格尔(Anton Menger)的《国民经济学原理》这三本著作的出版，标志着边际价值学派的诞生及作为新古典经济学核心的效用价值论的形成

基于效用价值论，很容易得出频谱资源具有价值的结论。因为频谱资源已经是人们生活必备的无形资源，无疑对人们生产生活具有巨大的效用。此外，自20世纪90年代以来，频谱资源供给与需求处于严重不平衡状态，无线电频谱资源短缺已成为全球性问题，频谱资源既稀缺又实用，具有价值。

3. 价值工程论

价值工程论起源于20世纪60年代末的美国。价值工程论中的"价值"概念很复杂，它与政治经济学中的价值的含义不同，它所追求的是经济与技术之间的动态平衡，是一种技术经济指标。这里的"价值"经常被作为评价事物有益程度的尺度，或者用来评价产品给企业、用户带来的经济效益，是对产品的功能所作的一种综合测评。对于频谱这种特殊商品，从价值工程角度来理解，其价值大小可用如下公式表示：

$$V = F/C$$

式中，V 为频率资源的价值；F 为频率资源的功能值；C 为实现此功能所应花费的费用。

(二)无线电频谱对国民经济的贡献

随着无线电技术的飞速发展，无线电频谱资源得到了不断的开发和利用，逐渐释放出所蕴藏的巨大经济价值。频谱资源经济价值的体现主要来自无线电业务的运营和无线电通信产业的生产两个方面。无线电技术的发展带来了无线电运营的繁荣，特别是自20世纪90年代以来移动通信技术的发展，在给人们生活带来巨大便利的同时，无线电业务和无线电通信产业在整个国民经济中占的比重不断增加，成为世界各国经济发展的一个新的增长点，同时在社会就业和福利中所起的作用也越来越显著。无线电频谱资源蕴含着巨大的经济价值的事实迫切地需要频谱分配方式向市场交易机制转变。只有在市场交易机制下，通过市场手段合理地分配频谱，频谱的经济价值才可以直观地体现，更好地发挥频谱使用效率。

诺贝尔经济学奖获得者罗纳德·科斯在1959年提出了"频谱必须被看做另一种生产要素，并且它的价值必须在自由市场中予以确定"。由此，大量的国内外学者逐渐开始研究无线电频谱的经济价值，他们的研究，可以归纳为两个方面：一是从微观经济学的角度，将无线电频谱看做产品的原材料。这个原材料的经济价值可以被计算为使用频谱的运营商愿意为这个原材料付出的价钱。二是从宏观经济学的角度，将无线电频谱看做一种经济要素。它对GDP的贡献与任何其他要素是一样的，它的经济价值可以通过计算将无线电频谱用于生产的经济活动的价值来估算。

宏观视角方面，有大量的文献研究无线电频谱对GDP的影响。英国是最早研究无线电频谱对GDP贡献的国家。2002年和2006年，英国无线电管理署（简称RA）通过消费者剩余与生产者剩余理论，测算了频谱资源对GDP的直接贡献，研究结果表明，无线电频谱推动英国GDP每年以1.1%的速度增长，这种增长还在继续加速，并且2006年无线电行业对GDP的净贡献在370亿英镑左右，占英国全国GDP的3%左右。丹麦无线电管理局也对不同领域应用无线电频谱所产生的经济价值作了计算，研究报告指出，无线电频谱最重要的应用是移动通信和广播，这两个应用共占无线电频谱直接经济价值的85%以上，其结论与英国的经济价值研究相仿。国内学者关于无线电频谱对GDP贡献的研究包括朱小丽等利用CD生产函数进行多元回归，首次对我国无线电资源投入对GDP的贡献开展了实证研究；孙静等引入频谱开发投入变量，构建柯布-道格拉斯(C-D)生产函数模型对频谱开发对我国经济增长的贡献进行了实证分析，结果显示频谱开发对我国GDP的贡献率为6.3%。上述研究都发现频谱对国民经济的贡献是显著的正面影响，并且有些学者已经注意到频谱在不同的行业中应用所带来的贡献具有连带效应。

随着频谱资源分配方式向市场化、多样化方式的转变，频谱资源蕴含的巨大的经济价值也逐渐体现出来。频谱资源对GDP巨大的拉动效应，引起了世界各国对频谱分配方式的重视。

二 技术与模式的创新

（一）无线电技术发展

无线电频谱资源作为宝贵的资源，在近几年引起了全球的高度重视，这是由于无线电频谱资源利用的问题越来越突出,整体频谱利用效率低,频谱需求和供应之间的矛盾日益突出。当前人们对无线电频谱的认识还存在一些误区,而旧的无线电频谱利用技术不能满足通信行业对无线电频谱资源的迫切要求。要改变无线电频谱资源紧缺的局面,首先要重新认识无线电频谱。国际上有新观点认为,无线电频谱资源是一种抽象资源,其利用效率的高低取决于所采用的技术,探索能够充分利用无线电频谱资源的高效频谱利用技术是解决当前无线电频谱资源瓶颈问题的关键。高效频谱利用技术是无线电业务发展的引擎,必然影响到无线电频谱分配方式以及政策。

为了充分发挥高效频谱技术的潜力,有效缓解无线电频谱资源的紧张状况,无线电频谱管理必须由现行静态、一维的管理向多维、动态、多系统共享的管理方向转变。无线电频谱资源复用技术的出现,极大地提高了无线电频谱利用效率,推动了移动通信产业的快速发展。在改善无线电频谱利用率的新技术中,无线电系统动态频谱分配与共享技术已经取得了很多突破性的发展,能显著地提高频谱利用效率,已成为解决无线电频谱资源紧缺问题最有潜力的技术之一。因此,近几年各国频谱管理机构较重视这一技术,工业界和学术界对该技术的探讨也较活跃。

动态频谱管理与分配通过利用多维(频谱、时间、空间)频谱资源,以及感知某一地理区域过去和现在的频谱利用情况,实现频谱动态共享,是目前最具潜力的高效频谱利用技术,是公认的缓解频谱资源紧张的有效途径,与之相适应的频谱管理方式是动态频谱管理方式。目前,国内外对动态频谱技术和认知无线电技术已经开展了相关研究,国际电信联盟无线电通信部门(Radiocommunication Sector of ITU,ITU-R)也开展了关于认知无线电技术相关议题的研究工作。

研究发现,无线电频谱的一些频段在很多时候和/或很多地方有很大部分没有被利用,一些频段只是被部分利用,而另一些频段在同一时刻和/或同一地方严重紧张,频谱共享技术正是考虑到这种频谱资源利用的不平衡,采用共享的方式充分利用未被利用的无线电频谱资源。

现有的频谱共享技术,如 ISM 频段开放接入,工作于 3~10 GHz 频段的 UWB 与传统窄带系统共存技术通常应用于固定频段的共享,受限于发送功率的短距离通信,在提高无线电频谱利用率的同时却增加了干扰,限制了无线电通信系统的容量和灵活性。认知无线电中的动态信道分配技术能够对无线电频谱资源进行频谱感知,智能地学习和有效地利用空闲频谱,自适应地调整系统参数,从而大大提高频谱的利用率和系统的容量。认知无线电系统与其他系统最大的不同是传输的媒介(无线电频谱)不是自有的,而是利用授权用户系统当前未使用的空闲频段进行接入,而且无线电频谱的空闲状态随着空间、时间的变化而改变。

将不同的频谱分配技术按性质进行分类,具体如图 2-1 所示。

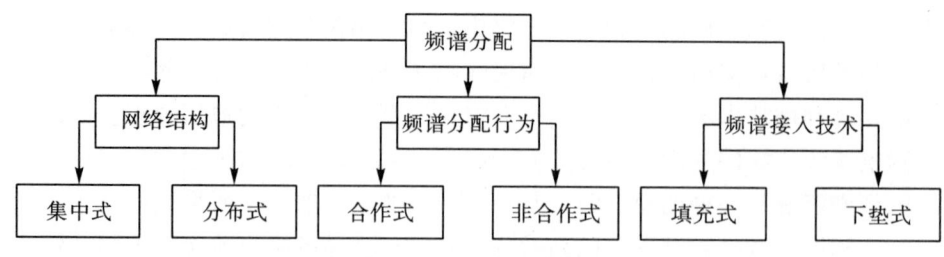

图 2-1 动态频谱分配技术的分类

1. 基于分配方式分类

频谱分配技术按分配方式分类可以分为静态频谱分配、动态信道分配。静态频谱分配是指按固定的频谱分配表将频谱分配给系统内各用户，用户不能按自身需要改变可获得的频谱资源，这种方式较为简单，系统开销小，但分配不灵活，不能满足用户不断变化的需求。动态信道分配是指系统能够通过一个自适应策略有效(高效率以及可实施)地利用频谱资源，满足不同用户对频谱资源的需求，增大系统容量，提高频谱利用率。

在认知无线电中，频谱分配算法设计要求以对可用频谱的检测以及发射功率控制的要求为基础，选择适应无线环境时间变化特征的频谱分配策略，因此，认知无线电中的频谱分配采用动态信道分配技术。利用动态信道分配可以提高无线电通信的灵活性和信道使用效率，可避免授权用户和次用户之间的冲突，使其共享频谱。

2. 基于网络结构分类

频谱分配技术按网络结构分类可分为中心式频谱分配和分布式频谱分配。中心式频谱分配是指网络中存在一个中心控制节点(如基站等)，完成对网络中各认知用户的频谱分配。在认知无线电中，要求各认知用户能够周期性地进行频谱感知，将检测到的频谱结果报告中心控制节点，中心控制节点由此生成频谱分配表，并完成频谱的分配。

分布式频谱分配主要是针对那些没有基础设施的网络，采用分布式结构，无中心控制节点，网络中每一个认知用户都参与可用频谱的检测和频谱的分配工作，频谱分配结果与节点采用的策略有关。

3. 基于合作方式分类

频谱分配技术按合作方式分类可分为合作式频谱分配与非合作式频谱分配。合作式频谱分配是网络中各认知用户相互合作，认知用户的频谱分配策略不仅考虑本节点的应用需求，还考虑此策略对其他用户造成的影响。因此，中心式频谱分配都属于合作式分配方式，当然，在分布式网络结构中也存在合作式的频谱分配。

非合作式频谱分配指节点的频谱分配策略只考虑节点本身的需要，这类用户可定义为自私用户,在这类分配方式下,系统的频谱利用率较合作式分配方式会有所下降。

认知无线电中采用哪种合作方式的频谱分配技术主要取决于关键算法的需要以及对系统性能的要求,对两种方案的比较经常从系统的频谱利用率、公平性和吞吐量方面考虑。

4. 基于接入技术分类

频谱分配技术按接入技术的不同可以分为填充式频谱分配和下垫式频谱分配。填充式频谱分配指的是认知用户使用授权用户没有使用的无线电频谱接入认知无线网络,如 ISM 上某段空闲的频段,这样可以最小化对授权用户系统的干扰。下垫式频谱分配使用扩频技术在授权用户的某段频谱上接入认知无线网络,接入时,授权用户将认知用户在某一段频谱上发送的信号当做噪声,这个技术需要复杂的扩频技术,但是相对于填充式技术能够增加可用的带宽。

UWB 技术由于其自身的优点被认为是下一代宽带无线通信中最有前途的解决方案,而认知无线电系统具有无频谱使用许可证即可接入频谱的特性使得 UWB 与认知无线电结合具有特殊意义,因此 UWB 认知无线电及其演进将是一个全新和充满希望的无线通信技术领域。

(二) 交易模式的创新

无线电频谱资源作为一种特殊的经济资源,需根据其不同频段的特点采取不同的分配方式,以达到合理、有序、高效利用的目标。随着市场经济快速稳健地发展,传统的行政审批的资源配置方式面临着挑战,它不公开、不透明,难以公正平衡各方面的利益。市场经济就是以市场驱动为导向的配置资源的经济,是市场经济内在调节机制,是价格、供求、竞争三个市场要素相互联系、相互制约、互为因果的自动联结系统、运转形式和调节方式。市场机制实际上是市场诸要素功能的自动耦合过程。供给与需求通过竞争形成一定的市场价格。供求通过竞争而引起价格的不断变动,引导着资源在各生产部门之间流动,从而达到资源在各部门之间配置适应社会变化的需求,进而实现资源的优化配置。

目前无线电频谱市场交易模式有行政指配、评审、招标以及拍卖等方式,市场分配方式可以运用市场经济规律的杠杆,调节热点无线电频谱资源需求,同时也可增加国家无线电频谱资源使用费的收入。但必须保证这些通过拍卖或招标出让的无线电频谱资源的用途符合国家的无线电频谱资源规划。由传统的单一的政府指配方式到无线电频谱拍卖交易方式是一个巨大的创新,不管是理论还是实践,无线电频谱拍卖对于频谱分配是一项创新的交易方式。拍卖理论与拍卖模式已经非常广泛地应用于各行各业,如古董拍卖、土地使用权拍卖、碳排放权拍卖等,世界各国也纷纷采用拍卖方式分配频谱资源,取得了较好的经济和社会效益。拍卖方式与机制也非常成熟,主要分为第一价格密封拍卖、第二价格密封拍卖、英国式拍卖、荷兰式拍卖、同步升价拍卖等模式。

无线电频谱资源分配中,世界各国采用同步升价拍卖方式的较多。FCC首先采用同步升价拍卖的形式转让频谱的使用权,欧洲随后也采用了拍卖的方法,拍卖的办法很快就被复制到其他领域,包括公有资产的处置、政府采购,甚至机场起飞和降落的时间安排等。美国和英国的频谱拍卖机制都是由一些经济学家在幕后操刀设计,拍卖的成功实践也使得拍卖的经济学理论声名鹊起。其实拍卖理论作为经济学机制设计和激励理论的一个分支在实践中取得成功不是偶然的,这是因为人们在拍卖中行为规则是明确的,经济学家在明确的规则约束下推断人的行为是很有把握的,而在更一般的经济学问题上,经济学家只能对人的行为规则作出种种假定和猜测,规则约束的不明确自然使得对人的推测误差较大。一个非常精彩的例子就是维克瑞拍卖,维克瑞拍卖里出价最高者赢得竞标,但只需支付第二高的出价。这种机制下经济学家断定每个厂商都会诚实报出底价,实际上在维克瑞拍卖中厂商的最优策略确实就是报出底价,这是什么道理读者可以思索一下。维克瑞拍卖已被广泛应用了,威廉·维克瑞也因为在经济激励理论上的贡献获得了1996年诺贝尔经济学奖。印度于2010年5月进行了3G无线电频谱牌照的拍卖,拍卖共获得约150亿美元的收入。而早期美国和欧洲各国的3G无线电频谱也都进行了拍卖,英国的3G频谱拍卖额高达220亿英镑,德国的高达450亿美元,同时发达国家的运营商通过拍卖也进入了更多的发展中国家市场。

■三 社会进步的要求

无线电频谱是一种珍贵的资源,但和土地等资源的显而易见不同,人们对频谱是稀缺资源的认识有个逐渐的过程。在早期的美国和部分欧洲国家,频谱的分配是由专门的管理机构通过行政评审进行的,评审后就交由某公司免费使用。1958年,美国一位议员质询哥伦比亚广播公司的总裁:"要是政府给你一块土地畜牧,政府是会收费的,但为什么土地收费而给你使用的频谱却不收费?"总裁回答:"你的观点很新奇,我从来没想过这个问题。"确实如此,频谱与土地和矿藏资源不同,频谱是一种看不见摸不着的无形资源,当时人们还很难将频谱和资源联系在一起。随着互联网的普及与社会文化的进步,人们对无线电频谱是一种珍贵的经济资源的认识逐步加深,越来越意识到无线电频谱的重要性。

事实上,一个无线通信系统产生的信号总是要占据一定的频谱的,在同样的频谱上,如果其他通信系统也产生信号,信号间的互相干扰会使得每个系统都不能正常工作,那么应该如何决定由哪个系统来使用特定的频段呢?1959年,英国经济学家罗纳德·科斯就频谱分配问题写出了著名的论文《联邦通讯委员会》,

该文指出频谱是一种大家都想用,而且你用了我就不能用的资源,其使用应由市场决定而不应由政府指导,政府指导是低效的,频谱的使用权可以在市场上成交,市场会把频谱交给最有效率的人。科斯一文,石破天惊,不仅使如何看待频谱这类资源的问题豁然开朗,更为后来科斯定律(科斯定律:产权是市场交换的前提)的提出奠定了基础。科斯由这篇论文发端成为新制度经济学的领袖人物,并于1991年获得诺贝尔经济学奖。对频谱管制的放松,将频谱的产权市场化的变革使得全球电信产业的发展面貌焕然一新,先进廉价的无线电服务开始遍布全球。

四 政策法律的完善

1. 国外频谱交易政策的发展

新西兰制定的频谱管理政策允许采用市场机制分配频谱使用权,于是1990年最先进行频谱交易方式的探索,开始了以拍卖方式分配频谱的实践。美国对于频谱管理政策的改变始于1993年,当时国会通过了综合预算调节法案,给予了相应机关对于特定应用的频谱牌照进行招标的权利,这比之前的两种发放频谱牌照的方式(听证会的方式和抽签的方式)更高效。1997年,国会又通过了平衡预算法案,既而扩大了 FCC 的权限,使其拥有拍卖频谱的权利。1994年至今,FCC 已经成功地举行了93次频谱拍卖,获得了超过780亿美元的收益,拍卖出了数以千计的频谱执照。英国 Ofcom 于2005年发布频谱执行计划书,书中表明英国的频谱政策将从以前的频谱管制政策向市场管理机制方向发展,鼓励对频谱进行更高效的利用,具体措施包括引入拍卖制度、开放频谱自由买卖、解除频率使用限制等。在此之前,Ofcom 其实已经开始频谱拍卖,早在2000年3月,Ofcom 就策划了 3G 频谱的拍卖,共拍出220亿英镑的天价。2000年至今,Ofcom 从频谱拍卖中获得了近250亿英镑。Ofcom 于2012年年底拍卖了800 MHz 和2.6 GHz 频段,计划用于 4G 技术,筹款高达近百亿英镑。

印度拥有庞大的移动终端用户规模,其用户数仅次于我国,位居世界第二。在频谱政策上,印度也引进了频谱拍卖的政策,为政府谋取了巨额收益。在2010年4月开始的 3G 频谱牌照的拍卖中,经过为期34天、共计183轮竞标,印度 2.1 GHz 3G 频谱牌照拍卖获得6771.9亿卢比(约合146.1亿美元)。

除此之外,欧洲的大部分国家,包括西班牙、法国、德国、荷兰、瑞典等都已经开放频谱交易,亚洲地区,如新加坡等已经开放频谱交易,韩国政府也已经引入频谱拍卖制度。

从以上频谱交易的现状可以看出,市场为导向的频谱管理制度已经是大势所趋。特别是政府对频谱的拍卖政策已有众多成功的案例,为各国政府筹集了大量资金，并且有利于无线电新技术的发展。

2. 我国频谱交易政策的探索

我国 2000 年颁布的《中华人民共和国电信条例》第二十九条指出："分配电信资源，可以采取指配的方式，也可以采用拍卖的方式。"此条例给我国频谱拍卖提供了政策和法律依据。此外，1997 年 1 月 1 日起实施的《中华人民共和国拍卖法》和 2000 年 1 月 1 日起实施的《中华人民共和国招标投标法》，规范了我国施行拍卖的行为和程序，为无线电频谱资源有偿出让分配奠定了法律基础。

频段地面固定无线接入技术比较成熟，已经在国外得到广泛应用。国内进行的技术试验也比较成功，要求提供无线接入服务的企业较多，市场需求旺盛。但目前为该系统规划出的无线电频率却十分有限，只有 2×30 MHz。我国对频谱交易的探索始于 2001 年 7 月，信息产业部对 3.5 GHz 频段地面固定无线接入系统频率资源使用权限进行招标，这是我国第一次以招标方式分配频段资源。3.5 GHz 频段招标从 2001 年第一期南京、厦门、青岛、武汉、重庆 5 个试点城市开始，到 2002 年第二期扩大到北京、杭州、天津、石家庄、太原等 32 个城市，最后 2003 年第三期扩大到河北、山西、内蒙古等 27 个省(区)，其间我国将此频段 2×30 MHz 频带资源通过评选招标方式分配给了各个运营商。中国电信、中国网通、中国移动、中国联通、中国铁通、中国卫星、中电华通、厦门金桥、中信网络等运营商分别获得了部分省市的频率使用权，并获准经营相应电信业务。

此次招标是中国第一次探索以市场为导向的频谱管理政策，采用评选招标方式分配频谱，是频谱资源分配方式的一个重大改革和突破，不仅有利于电信运营商公平地获得频谱资源，提高资源利用率，也有利于促进新技术、新业务的发展与应用，获得了宝贵的频谱交易的经验。但是，由此也发现了我国在频谱交易上的很多不足。由于要引入市场竞争，故将 30 MHz 左右的频段一分为三，每个频段 10.5 MHz。但是从技术上看，10.5 MHz 的频带比较窄，用户容量有限，承载的业务量小，不好利用，一些中小运营商得到此频段后也难以开展大规模的业务；且 3.5 GHz 频段上的无线电信号衰减程度太厉害，信号的有效覆盖范围太小。相比之下，美国无线接入采用的是 700 MHz 频段，在传输性能上要大大优于 3.5 GHz 频段。宽带无线接入系统的运营成本相较于已经颇具规模的非对称数字用户环路(asymmetric digital subscriber line，ADSL)劣势也较明显，最后多种因素共同导致无线接入网络的建设没有达到预期的效果。

五 效益最大化的驱动

1. 经济效益驱动

从上文中可以了解到，实施无线电频谱资源拍卖，均为各国增加了巨额的财政收入。不仅如此，通过拍卖这种市场手段合理地分配无线电频谱，能使无线电频谱的使用效率大大提升，从而创造出更大的经济价值。

2. 社会效益驱动

（1）实施无线电频谱资源拍卖交易方式，促进经济利益的实现。无线电行业及其他行业都是从自身的经济利益出发从事生产、经营活动的。而经济利益的实现，不仅取决于企业本身的生产努力程度，还取决于市场状况和企业在市场竞争中的实力。市场机制客观上起着经济利益的实现和调节功能。同时无线电频谱资源市场经济中各经济主体经济活动的效果如何，不取决于这些主体的主观评价，而取决于其无线电业务及其他业务在市场上实现的程度。只有经过市场机制的检验，在市场上实现了的业务才是为社会所承认的，才是有效益的。这样，无线电频谱资源拍卖市场就成为无线电频谱资源各种经济活动效益的客观评价者。

（2）实施无线电频谱资源拍卖，推动国民收入的增长。随着无线电技术的快速发展，市场对于无线电频谱的需求越来越高。据欧盟统计，欧盟无线电频谱业务的总价值约为2500亿欧元，约占欧盟GDP总量的2%～2.5%。欧盟一项新的研究表明，欧盟即将进行的无线电频谱政策改革将会给欧盟GDP带来0.1%的增长。我国开展无线电频谱拍卖，符合国家"十二五"规划发展的政策，适应时代的发展，可调节供需平衡，具有良好的市场经济效益。根据预测，每年每兆赫兹可增加财政收入5390.0827万元，未来10年将产生收入逾1000亿元，无线电频谱拍卖收入占我国国民经济的比例将大幅度地增加。

（3）实施无线电频谱资源拍卖，增加社会就业的机会。实施无线电频率资源拍卖，引入竞争机制与价格机制，在市场经济中，各个经济行为主体之间为着自身的利益而相互展开竞争，通过价格竞争或非价格竞争，按照优胜劣汰的法则来调节市场运行从而给企业增添活力和发展的动力，促进生产，使消费者获得更大的实惠，同时有助于提供社会就业岗位，为构建和谐社会贡献力量。

无线电频谱拍卖方式是一个国家乃至世界社会效益最大化的要求，无线电频谱拍卖交易增加了全社会福利，达到了频谱资源的优化配置，提供了更多的社会就业机会，推动着国民经济增长，促进了无线电技术的发展。

3. 技术效益驱动

面对无线电设备激增导致电磁环境日益复杂的情况，为了有效减轻新业务对现有电磁环境的影响和现有业务的干扰，在新的无线电业务开发之初，必须对新业务的频谱分配以及准入标准进行严格管理。同时为了保障国与国之间互联互通，避免干扰，世界各国都强烈希望相同业务频段具有相同的业务以及分配标准，从而达到各国与国际接轨。

国家与国家的边境经常会发生干扰问题，如中国与越南的全球移动通信系统（global system for mobile communications，GSM）的相互干扰、中国与俄罗斯边境网络的干扰。世界各国都强烈建议规划一套统一的标准解决干扰问题,促进国际互联互通。一方面,应开展贯穿新业务研制全过程的频谱使用论证工作。即在新业务的整个研制开发过程中,对它的使用频段、可用频谱和电磁兼容特性作出严格审核和监管,引导其采用高效频谱利用技术,提高新设备的带外辐射和杂散抑制的性能,以减小新设备使用后对电磁环境的影响,增强无线电设备的电磁兼容特性,减小干扰和互扰,提高设备的使用效能。这对净化电磁环境,提高无线电设备的使用效能具有十分重要的意义。

另一方面,必须加强无线电管理技术手段,加强无线电管理技术设施建设,提升技术监管能力,这是做好无线电管理工作的有力保证。无线电波看不见、摸不着,无线电管理是一项高科技的管理工作,面对日趋复杂的电磁环境、日益增多的重大无线电安全保障工作,需要进一步加强技术监管手段建设,充分发挥无线电管理的作用,切实提升无线电监测、无线电干扰查处能力。必须深化认识,着眼大局,将服务经济社会发展、国防建设作为无线电管理工作的出发点和落脚点,扎实开展无线电管理工作。

一个好的无线电频谱资源规划能反映出一个国家无线电频谱资源管理的水平和对无线电技术、业务未来发展趋势的把握和认知程度。近年来,我国在制定无线电频谱使用规划方面已经取得了实质性的进展,但我们丝毫不能松劲,必须坚持不懈地将其完善和细化。因为一个具有法律效力、与国际接轨、兼顾各国国情、紧密跟踪无线电技术发展趋势,并具有前瞻性、科学性和可操作性的无线电频谱资源使用规划,是我们实现合理开发使用无线电频谱资源,提高无线电频谱利用率,实现可持续发展的最起码的前提和法律保证,没有它,其他一切都无从谈起。

第三节 国际无线电频谱拍卖回顾

一 无线电频谱拍卖的探索阶段(1990~1999年)

1990~1999年是无线电频谱拍卖的探索时期,在这个阶段,全球范围内主要进行了4次拍卖实践。但由于频谱拍卖完全属于新生的频谱分配方式,几乎没有前人的经验可以借鉴,在这个时期的拍卖尝试因拍卖机制设计不当或竞拍规则设置不合理,拍卖结果很不理想。

新西兰于1990年首先开始了无线电频谱拍卖的实践,并采用威廉·维克瑞提出的维克瑞拍卖规则。但新西兰拍卖的设计者们没有估计到竞拍者数量不足的情况,也没有对无线电频谱设置底价,导致了一些尴尬拍卖结果的出现。例如,一家公司投标 7 万多美元，但只支付了 4 美元；一家公司投标 500 多万美元，但只支付了 3600 美元。

澳大利亚 1993 年对卫星电视频谱进行的拍卖采用了简单直接的"信封出价，价高者得"的规则。但因为没有对违约进行惩罚的规定，两家小运营商先以并不打算支付的高报价战胜了大运营商，获得牌照后这两家小运营商不断违约，利用规则的漏洞反复报出更低的价格，最后政府获得的收入不到违约前报价的一半。

美国 1993 年在《综合和解法案》中，最终确定 FCC 拥有举办无线电频谱拍卖的法定职权。美国 FCC 于 1993 年决定开始采用拍卖的方式转让无线电频谱使用权。1994 年 7 月，美国对 99 个无线电频谱许可证进行了拍卖，吸取了新西兰和澳大利亚的教训，美国进一步完善了拍卖规则，最终获得 70 亿美元的收入。但在 1997 年 FCC 组织的拍卖中，竞拍者利用规则允许报价金额到个位数的漏洞，通过在报价的尾数部分携带各自感兴趣的地区区号向对手传递瓜分牌照的信息以避免激烈的竞价，最终导致了拍卖收入的大幅缩水。

虽然无线电频谱拍卖的这个时期并没有多少成功的经验，但这种无线电频谱分配方式还是为国家经济发展作出了一定贡献。

二 无线电频谱拍卖的发展阶段（2000~2008 年）

无线电频谱拍卖在 2000~2008 年处于发展阶段，期间拍卖的成功经验主要出现在欧洲地区，特别是英国。

英国于 2000 年决定对 3G 牌照进行拍卖。考虑到当时已经存在英国电信、英国移动运营商 O2 公司、法国奥兰治电信和沃达丰四大 2G 运营商，英国电信管理机构有意分隔出了 5 组 3G 频谱以供拍卖，其中一组频谱专门供新运营商竞拍。同时，为了保证拍卖的竞争性，规则规定竞拍者在各轮拍卖中只能选择出价、完全退出和弃权，而且弃权的总次数只允许有三次。在此规则下，最终和记黄埔、沃达丰、英国电信、O2 和奥兰治电信各获得了 1 张牌照，拍卖收入达到 225 亿英镑。

随着英国 3G 牌照拍卖的成功，荷兰、德国、奥地利、意大利、瑞士在 2000 年均进行了 3G 牌照拍卖，德国拍卖的总价再创新高，总计 988 亿马克。2000 年欧洲对第三代移动通信技术通用移动通信系统（universal mobile telephone system，UMTS）牌照进行了拍卖，英国拍卖获得了 300 亿美元，而德国的拍卖获得了 430 亿美元。在欧洲 3G 牌照拍卖中，没有出现因为规则设计不当而导致频谱被贱卖的情况，但在英国和德国的 3G 牌照拍卖中出现了新的问题——"赢者的诅咒"效应。

2000 年，电信业界对 3G 的前景产生了错误的判断，竞拍者以乐观的出价获胜，却陷入了 3G 的经营困境。竞拍者根据对频谱的估值出价，估值最高者胜出，但这个最高的估值可能来源于竞拍者超强的经营能力，也可能来源于竞拍者因为过于乐观而产生的高估，竞拍者由于估计误差而获胜即被称为"赢者的诅咒"。事实上，3G 牌照拍卖中"赢者的诅咒"的来源并不是拍卖制度本身，而是运营商对 3G 前景集体性的严重高估。

英国 2006 年无线电行业对国家 GDP 的净贡献在 370 亿英镑左右，占英国 GDP 的 3%。RA 对英国无线电工业经济效益进行了评估，结果表明最有效益的两部分是公众移动通信和广播，它们总共占了全部效益的 73%。丹麦无线电管理局也对不同领域应用无线电频谱所产生的经济价值作了计算，研究报告指出，无线电频谱对经济的直接贡献占 GDP 的 1.2%，大约 1/3 来自设备生产，2/3 是由业务提供的。同时指出，无线电频谱最重要的应用是移动通信(包括 NMT450、GSM900 和 GSM1800)，广播占第二位，这两个应用共占无线电频谱直接经济价值的 85% 以上。

三 无线电频谱拍卖的主流阶段(2008 年至今)

经过近二十年的无线电频谱拍卖实践，拍卖已成为频谱资源分配的主流，今天的无线电频谱拍卖在规则设计中出现重大问题的概率已经很小。例如，在 2008 年英国的 10~40 GHz 的频谱拍卖中，英国政府出于扶持电信业的考虑有意压低拍卖金额，最后向运营商送出了隐性补贴。作为运营商，也吸取了对 3G 前景严重错估的教训，业界对无线电技术经济价值的估计越来越有经验，"赢者的诅咒"效应自然也就减弱了。

随着规则设计者和竞拍者在拍卖实践中的成长，拍卖从理论、实践上都已成为了保证频谱分配公平、效率最优的手段，是经济学理论应用于实践的一次重大胜利。

2008 年 1 月 24 日至 3 月 18 日，美国对 700 MHz 频段进行了拍卖，共售出了 1090 张牌照，总金额约 190 亿美元。

2010 年 5 月，印度对 3G 牌照进行拍卖，9 家印度公司以 6771.89 亿卢比(约合 144 亿美元)的价格完成了竞拍。

2010 年 4~5 月，德国对 4G 频谱进行拍卖，经过 27 天 224 轮的角逐后，德国电信集团、沃达丰、O2 和德国移动运营商 E-Plus 以总计 43.8 亿欧元分享了主要频谱。

2010 年 6 月，印度完成了对 4G 牌照的拍卖，印度电信运营商 Infotel、印度移动电话运营商 Aircel、印度固网宽带服务提供商 Tikona、印度最大电信运营商 Bharti 和高通以总计 55 亿美元的价格分享了牌照。

另外,英国 2011 年开始对 4G 牌照进行拍卖;美国计划在未来 10 年通过拍卖释放 500 MHz 的频谱。

1991 年至今,FCC 将通信频段划分为上千个频段牌照,利用先进的拍卖机制将这些牌照在全美所有电话公司、无线通信和有线电视公司之间进行分配,每年拍卖的税收(年收入)保持着几个至十几个百分点的增长势头。其拍卖频谱的类型涉及移动通信、广播电视、广播电台等领域,其拍卖收入总计金额已超过 780 亿美元。由此可以看出通信卫星工业对美国经济的贡献是重大的,也是稳定增长的。

上述世界各国的无线电频谱拍卖实践,表明了拍卖已成为无线电频谱分配的主流方式。

第三章 拍卖理论综述

第一节 拍卖的概念

一 经典案例

公元193年3月28日上午，罗马禁卫军发动兵变，杀害了当时的皇帝波蒂纳斯（Pertinax）。事变之后，禁卫军必须另找一个皇帝作为保卫的对象，他们希望从元老院有名望的议员中找一个替代者，但是所有的议员都拒绝坐上皇椅。因为先皇是个诚实正直、深孚众望的皇帝，议员和百姓们认为禁卫军的反叛行为是大逆不道的，谁戴上皇冠，无异于自取灭亡。禁卫军无可奈何，竟然异想天开地建议公开拍卖皇位。拍卖那天，一位高嗓门的士兵爬上城墙，边跑边喊："罗马皇位拍卖了，罗马皇位拍卖了！"在罗马禁卫军把持的拍卖场，展开了一场争夺皇位的恶斗。短暂的竞价之后，只剩下两位竞争者，其中一位是靠海上贸易发了财的富翁朱利埃纳斯（Julianus）。两人互不相让，价码直线抬高。最后，随着一声槌响，朱利埃纳斯夺得皇位，并付清了价款。在禁卫军的刀戈下，元老院的所有议员只得表示向他效忠。当时驻扎在奥地利维也纳的大将西维勒斯（Severus）听到这个耻辱的消息，立即率兵杀回罗马。当他把刀架在新皇帝的脖子上时，朱利埃纳斯全身颤抖地说："难道皇位不是我用钱买来的吗？"他从拍卖场上买到了皇位，但却因此丧失了性命。

二 拍卖的定义

对于拍卖的定义，有多种解释，如1979年版《辞海》中定义："拍卖也称竞买，是资本主义制度下的一种买卖方式。"10年后出版的第二版《辞海》中又这样定义："拍卖也称竞买，商业中的一种买卖方式，卖方把商品卖给出价最高的人。"《中华人民共和国拍卖法》这样定义拍卖："以公开竞价的方式，将特定的物品或财产权利转让给最高应价者的买卖方式。"麦卡菲(McAfee)和麦克米伦(Mcmillan)对拍卖作了如下描述:"拍卖是市场参与者根据报价按照一系列规则决定资源的分配和价格的一种市场机制。"经济学界认为:"拍卖是一个集体(拍卖群体)决定价格及其分配的过程。"

总的来说,拍卖是通过一系列明确的规则和买者竞价所决定的价格,并以价格来配置资源的一种市场机制,即在确定的时间和地点,通过一定的组织机构,以公开竞价的形式,将特定物品或者财产权利转让给最高应价者的买卖方式。

三 拍卖的特点

拍卖这种特殊竞争形式的交易行为,与一般的买卖行为相比,具有以下特点:

(1)拍卖必须有两个以上的买主。拍卖应有许多可能的买主,这样才具备使买主相互之间能够为拍卖物品展开价格竞争的条件。

(2)以买者竞价的方式交易。一般商品交易的竞争是在卖者之间进行的,是生产厂家和经营商为吸引买家、占领市场而产生的同行业之间的竞争,他们之间竞争的优势在于谁的产品质量更好、价格更低,但这种竞争对买者来说不具备公开性。拍卖这种买方竞争的机制,可以最大限度地保证价格的公平、公正、公开。一般买卖的商品价格是固定的,或者由买卖双方讨价还价成交,不像拍卖是由买主以卖主当场公布的起始价为基准报价,直至最后确定最高价为止。

(3)在一定的机构内有组织地进行。拍卖一般是在拍卖中心或拍卖行的统一组织下进行。目前,世界著名的拍卖中心主要有伦敦(皮毛、茶叶、羽毛)、利物浦(羊毛)、阿姆斯特丹(茶叶、烟草)、鹿特丹(茶叶、木材、烟草)、纽约(裘皮、皮革、地毯)、悉尼(羊毛)、新加坡(木材)等。

(4)以公开竞买的方式交易。拍卖都是不同的买主在公开场合针对同一拍卖物品竞相出价,而倘若所有买主对任何拍卖物品均无意思,没有任何竞争行为发生,拍卖就将失去意义。

(5)具有独立的法律和规章。拍卖活动从其诞生以来,经过了两百多年的发展和完善,已形成了一套具有鲜明特点的交易方式和交易原则。许多国家的民商法对拍卖业务都有专门的规定,我国的拍卖法也于1996年诞生,并于1997年1月1日起正式实施。

(6)在一定的时间内集中进行。国际拍卖一般是特定商品集中在一定时间、地点内进行,每次时间长短不一,从每周几次到每年一次不等。例如,伦敦茶叶拍卖,每周进行三次,星期一、三拍卖印度茶叶,星期二拍卖斯里兰卡茶叶;伦敦羊毛拍卖每年8次,每次两周。举行拍卖的时间一般都与产品生产的季节有关。

第二节 供需关系

春节前后,菜市场的菜价猛涨;炎热的夏天,各大小超市、零售店都会大量出售冰淇淋;北方的面食供应量远远大于南方,而价格却比南方要低。这些生活中看似稀松平常的现象,都表明了供给与需求的关系。供给与需求是市场运行的基础,供给与需求的关系通过每种物品的产销量及其出售价格表现出来。供给与需求理论是微观经济学中最基本的理论。

一 市场和竞争

经济学家认为,正是有了供给与需求,才有了市场和竞争;与之对应,市场和竞争也推动着供给与需求的持续进行。为了更好地理解供给与需求之间的关系,首先须充分了解市场和竞争的含义。

"市场"这个词包含了三层不同的含义:一是商品交换的场所和领域;二是商品生产者和商品消费者之间构成的经济关系总和;三是有购买力的需求。而经济学意义上的市场是第二层含义,不同于人们日常生活中所谈论的市场,不涉及市场中具体的交换对象,也不涉及市场的具体位置。

竞争是指经济主体在尚未实现自身的经济利益和既定目标的情况下而不断进行的博弈过程。大多数市场,都是具有高度竞争性的。

二 需求

1. 需求与需求量

需求是指在每一个价格水平上,消费者愿意并且能够购买的商品或劳务的数量。它既包含消费意愿,同时也包含支付能力。消费者如果只有消费意愿而没有支付能力,或者只有支付能力而没有消费意愿都不会构成对某种商品的需求。例如:一个人想要一辆轿车,但是他却没有足够的支付能力,又或者一个人有购买一辆轿车的能力,但是他并不想去购买那辆轿车,这两种情况都不能形成对轿车的需求。

需求量是指消费者在某一价格水平下,愿意并且能够购买的商品或劳务的数量。需求的变动是指由该商品价格以外的其他因素引起的变动,比如消费者习惯、工资变动等,它在供给曲线图上表现为需求曲线的平行移动。需求量的变动是指由该商品的价格变动所引起的变动,表现为同一条需求曲线上不同的点。

2. 影响需求的因素

影响消费者需求的因素有很多,主要影响因素包括以下 6 类。

(1)商品的价格。一般来说,一种商品越贵,消费者对该商品的需求量就会越小。

(2)消费者的收入水平。对于多数消费者来说,收入水平越高,对商品的需求量越大。

(3)消费者的偏好。消费者对某种商品的偏好程度增强时,对该商品的需求量就会增加。

(4)相关商品的价格。通常情况下,一种商品的价格保持不变,而和它相关的商品价格发生变化时,这种商品本身的需求量也会发生变化。相关商品分为两种:替代品和互补品。

(5)消费者的价格预期。当消费者预期某种商品的价格在未来会上升时,就会增加现期需求量。

(6)人口数量。人口本身并不创造需求,但人口数量的多寡在相当程度上决定着市场规模。

3.需求定理与需求函数

在以上诸多影响因素中,有一个因素起着中心作用,即物品的价格。如果其他因素不变,一种商品市场需求量 Q_d 与该商品的价格 P 的关系为:降价使需求量增加,涨价使需求量减少,即需求量与其价格之间呈反方向变化,这被称为需求定理。需求量 Q_d 可以看成是价格 P 的单调递减函数,称为需求函数,记作 $Q_d = f(P)$。

需求函数表示一种商品的需求量与其价格之间存在着一一对应关系。这种函数关系可以用商品的需求曲线表示。需求曲线是平面坐标上表示商品价格与需求量之间的对应关系的曲线。该曲线表示一定时期内消费者在各种可能的价格下愿意且能够购买的商品或劳务的数量,也可以表示为消费者购买相应数量的商品或劳务所愿意支付的最高价格。如图 3-1 所示,需求曲线可能是直线,也可能是曲线,且通常情况下向下倾斜,斜率为负,表示需求量与商品价格呈负相关关系。

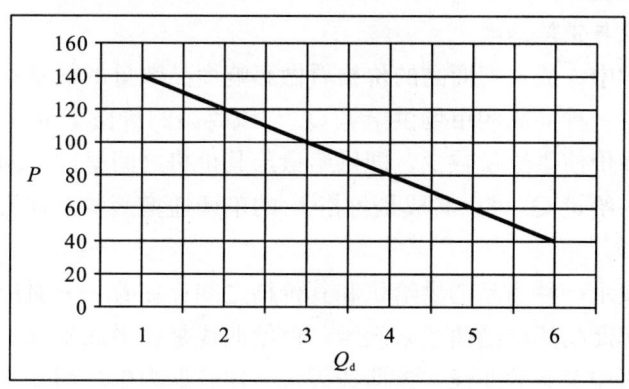

图 3-1 需求量与价格的关系

三 供给

1. 供给与供给量

供给是指在每一个价格水平下,生产商愿意并且能够生产的商品或劳务数量。它既包含生产意愿,同时也包含生产能力。生产商如果只有生产意愿而没有生产能力,或者只有生产能力而没有生产商品的意愿,都不会构成对某种商品的供给。

供给量是指生产商在某一价格水平下,愿意并且能够生产的商品或劳务的数量。供给的变动是指由该商品价格以外的其他因素引起的变动,比如生产技术变化、法律政策变动等,它在供求曲线图上表现为供给曲线的平行移动。供给量的变动是指由该商品的价格变动所引起的变动,变现为同一条供给曲线上不同的点。

2. 影响供给的因素

一般来说,影响供给的因素有以下 5 类。

(1)商品的价格。一般来说,一种商品越贵,生产商对该商品的供给就会越大。

(2)商品的成本。商品价格不变时,商品的成本上升,利润减少,商品的供给量减少。

(3)技术水平。生产技术水平的提高意味着生产要素生产率的提高和生产成本的相对降低。因此,如果技术水平上升,该商品的供给量就会提高。

(4)相关商品的价格。一般而言,如果互补品的价格上升,商品的供给量将下降。替代品的价格上升,商品的供给量将上升。

(5)生产者的价格预期。当生产者预期某种商品的价格在未来会上升时,就会减少现期供给量。

3. 供给定理与供给函数

微观经济学中,通常把商品的价格看做影响商品数量的最基本的因素。如果其他因素不变,一种商品的市场供给量 Q_s 与该商品的价格 P 的关系是:涨价使供给量增加,降价使供给量减少,即供给量与其价格之间呈同方向变化,这被称为供给定理。供给量 Q_s 可以看成是价格 P 的单调递增函数,称为供给函数,记作 $Q_s = f(P)$。

供给函数表示一种商品的供给量和其价格之间存在着一一对应关系。这种函数关系也可以用商品的供给曲线来表示。供给曲线是在平面坐标上表示商品价格与供给量之间对应关系的曲线。该曲线表示一定时期内生产商在各种可能的价格下愿意并且能够生产的商品或劳务的数量,也可以表示为生产商生产相应数量的商品或劳务所必须的最低成本。如图 3-2 所示,供给曲线可能是直线,也可能是曲线,且通常情况下向右上方倾斜,斜率为正,表示供给量与商品价格呈正相关关系。

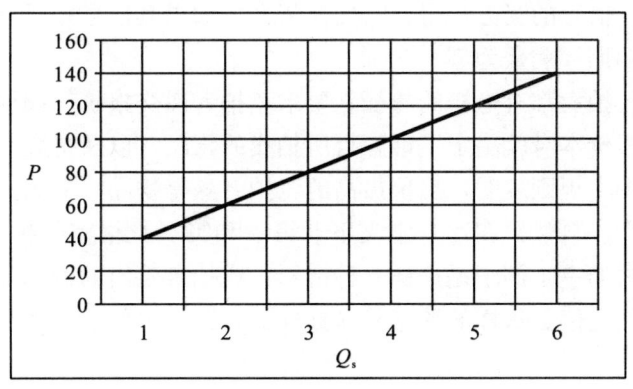

图 3-2　供给量与价格的关系

4. 买方价值与卖方成本

买方价值是指买方购买商品时所愿意支付的最高价格。买方总是希望以低于买方价值的价格水平对商品进行购买,即使市场价格等于买方价值时,买方仍然具有进行交易的可能性;买方价值减去实际交易价格的差价,可以用来衡量消费者在市场交易时获得的利益,这部分利益称为消费者剩余。

卖方成本是指卖方生产商品时所花费的最低成本。卖方总是希望以高于卖方成本的价格水平对商品进行销售,即使市场价格等于卖方成本时,卖方仍然具有进行交易的可能性;实际交易价格减去卖方成本即为卖方在交易过程中获得的利益,这部分利益称为生产者剩余。

5. 供给与需求曲线

商品的市场价格低于消费者认为的买方价值时,消费者愿意且能够购买此商品,则满足消费者需求。而这个商品的市场价值高于卖方成本时,生产商愿意且能够生产此商品,则满足生产商供给。

第三节　等 价 收 入

一　等价收入的定义

罗杰·迈尔森(Roger B. Myerson)和弗兰克·赖利(Frank K. Reilly)、保罗·萨缪尔森(Paul A. Samuelson)几乎同时证明,维克瑞有关不同拍卖方案会产生相同期望收入的结论(等价收入定理)在一般的情形下都成立。等价收入定理是指给定买方人数,假定所有买方都是风险中性的,各买方的价值都相互独立取自同一严格递增的连续分布函数。那么,任何满足下列两个条件的拍卖机制都会产生相同的期望收入(从而每一买方的期望支出,作为信号的函数,也是相同的):①标的物总被最高信号的买方获得;②任何买方,如果其信号是所有可能信号中最低的,那么他的期望剩余为零。

换句话说,拍卖都有这样的特征,要求竞拍者递交报价,即他们愿意支付的货币额。这些报价本身就决定了谁赢得所拍卖的物品,以及得胜一方需要支付的货币额。如果拍卖规则表明,出价最高的竞拍者赢得物品,那么称这一类拍卖形式为标准型拍卖。自然,在这一定义下,第一和第二价格密封拍卖都是标准的。非标准拍卖形式的一个例子是这样一种博彩:竞拍者胜出的概率等于他的报价与所有报价总和的比值。这样的博彩是非标准的,因为出价最高者并不一定赢得拍卖品。

二 等价收入定理的证明

给定某一标准拍卖形式 A,以及该拍卖的某个对称竞价策略 β^A,令 $m^A(x)$ 表示具有价值 x 的竞拍者的均衡期望支付。令人称奇的是,只要价值为 0 的竞拍者的期望支付为 0,期望支付函数 $m^A(\cdot)$ 就不依赖于特定的拍卖形式 A。其结果是,任何标准拍卖方式的期望收益相等,即所谓的等价收入定理。

命题:假设竞拍者的价值服从独立同分布($i.i.d.$),而且所有竞拍者均是风险中性的,那么只要价值为 0 的竞拍者期望支付为 0,对卖者而言,任何形式的标准拍卖的任意对称、递增的均衡策略,均产生相同的期望收益。

证明:考虑某一标准拍卖形式 A,并给定 A 的一个对称均衡策略 β,令 $m^A(x)$ 表示具有价值 x 的竞拍者的均衡期望支付。假设 β 满足 $m^A(0)=0$。

考虑某个竞拍者,例如竞拍者 1,假设除了竞拍者 1 之外其他人都遵循均衡策略。先不关心拍卖的具体细节,而考虑如果具有价值 x 的竞拍者 1 不遵循均衡策略 $\beta(x)$,而是按照策略 $\beta(z)$ 出价,他的期望收益是多少。当竞拍者 1 的出价 $\beta(z)$ 超过最高的竞争性价格 $\beta(Y_1)$,或者等价地,当 $z>Y_1$ 时,他将胜出。他的期望收益为

$$\prod\nolimits^A(z,x) = G(z) - m^A(z)$$

式中,$G(z)=F(z)^{N-1}$,是 Y_2 的分布函数。关键的一点是,$m^A(z)$ 依赖于其他竞拍者的策略 β 与 z,而独立于真实价值 x。

优化上述问题,可得到一阶条件

$$\frac{\partial}{\partial z}\prod\nolimits^A(z,x) = g(z)x - \frac{\mathrm{d}}{\mathrm{d}z}m^A(z) = 0$$

在均衡时，出价 $z=x$ 是最优策略，因此，对所有 y，都有

$$\frac{\mathrm{d}}{\mathrm{d}y}m^A(x) = g(y)y \tag{3.1}$$

因此，由假设 $m^A(0)=0$，可得

$$m^A(x) = m^A(0) = +\int_0^x yg(y)\mathrm{d}y = \int_0^x yg(y)\mathrm{d}y = G(x) \times E(Y_2|Y_2<x) \tag{3.2}$$

所以等式右边与特定的拍卖形式 A 无关，证明结束。

【例1】价值服从 [0, 1] 上的均匀分布。

如果 $F(x)=x$，那么，$G(x)=x^{N-1}$，并且对于任何满足 $m^A(0)=0$ 的标准拍卖形式，由式(3.2)可知

$$m^A(x) = \frac{N-1}{N}x^N$$

并且

$$E[m^A(x)] = \frac{N-1}{N(N+1)}$$

而期望收益

$$E[R^A] = N \times E[m^A(x)] = \frac{N-1}{N+1}$$

三 等价的拍卖方式

1. 荷兰式拍卖与第一价格密封拍卖的等价关系

因为荷兰式拍卖等价于第一价格密封拍卖，而英国式拍卖的均衡结果又与第二价格密封拍卖相同，所以对这四种标准拍卖的比较实际上只是对荷兰式拍卖和英国式拍卖的比较。维克瑞证明了一个非常有趣的结论：即使是这两种拍卖，它们的均衡支付也是等价的。

荷兰式拍卖与第一价格密封拍卖之间的战略等价关系是显而易见的。这是因为同一竞拍者在两种拍卖中所面临的局势恰好相同：他必须在不清楚其他竞拍者的决策的情况下选择自己的报价高低，如果他选择了最高价格并获胜，他所支付的价格等于自己的报价额。因此，这两个拍卖博弈在战略上是等价的：参与者的战略与支付函数完全相同，均衡报价函数及均衡报价结果自然也是相同的。具体而言，在荷兰式拍卖中，一个竞拍者应该耐心等待，直到价格正好下降到他参与第一价格密封拍卖中的赢家身份对应的支付额。不仅如此，荷兰式拍卖与第一价格密封拍卖之间的这种等价关系还具有一般性，无论有关风险态度和估价关系的假设如何，荷兰式拍卖所产生的结果都与第一价格密封拍卖相同。因此荷兰式拍

卖有时又称为公开的第一价格密封拍卖。

尽管可以将荷兰式拍卖描述为一个动态博弈，每个竞拍者所面临的问题本质上却是静态的，每个人最多只有一次出价机会。貌似负责的荷兰式拍卖竞价战略其实只是一种妄想：竞拍者唯一正确的决策就是选择一个自己愿意支付的最高价格。

2. 英国式拍卖与第二价格密封拍卖（私人价值情形）的等价关系

英国式拍卖与第二价格密封拍卖也是等价的，但这个结论只是在私人价值的框架中成立。与第二价格密封拍卖不同的是，英国式拍卖中的竞拍者可以对竞争者的报价作出反应，因此，这两种拍卖博弈在战略上并不等价。但是，在这两种拍卖中，竞拍者都有明显的（弱）占优战略，那就是递交自己的真实估价或将报价限制在真实估价之内。

很明显，在英国式拍卖中，竞拍者一直参与竞价直到价格达到他的估价是一个占优战略，即直到赢与不赢是无差异时才退出。当价格达到次高估价时，次高估价竞拍者退出拍卖，于是最高估价竞拍者赢得拍卖品，价格就等于次高估价竞拍者的估价。而且，在第二价格密封拍卖的私人价值模型中，不管其他人行为如何，竞拍者真实报价是其最佳选择。换句话说，"说真话"是（弱）占优策略均衡，当然也是纳什均衡。下面予以说明。

当竞拍者真实估价是 v 时，考虑他给出的报价是 $v-x(0<x<v)$。假定其他人的最高报价是 w，如果 $(v-x)>w$，则他赢得拍卖，支付 w，这正如他报价是 v 的情况一样。如果 $w>v$，则他在拍卖中失利，没有任何所得，这也与他报价是 v 的情况一样。但如果 $v>w>(v-x)$，报价 $v-x$ 会导致他失去拍卖品，且无所得。然而，只要他报价是 v，就能够赢得拍卖，支付是 w，净收益等于 $v-w$。于是，报价为 $v-x$，他将无盈利，甚至失利。

现在考虑竞拍者的真实估价是 v 时，他的报价是 $v+x(x>0)$。假设其他人的最高报价是 w，如果 $v>w$，则他赢得拍卖并支付 w，这与他报价为 v 的情形一样。如果 $w>(v+x)$，则他在拍卖中失利，也没有支付，这也与他报价为 v 的情形一致。但如果 $(v+x)>w>v$，那么他报价是 $v+x$，对他无益。于是，真实报价 v 是他的最优策略。这也就是上升拍卖有时叫公开第二价格密封拍卖的缘故。

然而，这种等价关系仅适用于私人价值或者正好有两个竞拍者的情形。在共同价值和两个以上竞拍者的情形中，英国式拍卖中的竞拍者可从其他竞拍者退出拍卖的信息中了解他们的估价，并根据信息决定自己的行动，不断对自己的估价进行调整。但在密封拍卖中不存在这样的重新估价问题，因为竞拍者在观察到他人的行为之前就已经递交了报价。可见，如果拍卖品有共同价值的特点，英国式拍卖与第二价格密封拍卖中的均衡结果将不再相同。

第四节 博 弈

一 合作博弈

合作博弈是指参与者从自己的利益出发与其他参与者谈判达成协议或形成联盟，其结果对联盟方均有利，比如人们分工与交换的经济活动就是合作博弈。

二 非合作博弈

非合作博弈是一种参与者不可能达成具有约束力的协议的博弈类型，这是一种具有互不相容味道的情形。非合作博弈研究人们在利益相互影响的局势中如何选择决策使自己的收益最大，即策略选择问题。比如囚徒困境以及公共资源悲剧都是非合作博弈。

目前经济学家们所谈的博弈论一般是指非合作博弈，非合作博弈又分为完全信息静态博弈、完全信息动态博弈、不完全信息静态博弈和不完全信息动态博弈4类。

1. 完全信息静态博弈

完全信息静态博弈即各博弈方同时决策，且所有博弈方对各方得益都了解的博弈。完全信息静态博弈属于非合作博弈中最基本的类型，囚徒困境、田忌赛马、古诺产量决策等都属于这种博弈。

2. 完全信息动态博弈

完全信息动态博弈是指博弈中信息是完全的，即博弈各方都对其他参与者的策略空间和战略组合下的支付函数有完全的了解，但行动是有先后顺序的，后动者可以观察到前者的行动，了解前者行动的所有信息。

3. 不完全信息静态博弈

不完全信息博弈是指参与者对其他参与者的特征、策略空间及收益函数信息了解得不够准确，或者不是对所有参与者的特征、策略空间及收益函数都有准确的了解的情况下进行的博弈。

4. 不完全信息动态博弈

不完全信息动态博弈主要讨论贝叶斯博弈中的动态部分，即动态贝叶斯博弈。动态和非动态的主要区别在于动作是否同时发生，是否有先后次序。不完全信息动态博弈是以完美贝叶斯均衡为核心概念的信号博弈。

古玩交易就是一种不完全信息动态博弈。实际上不是只有古玩交易是不完全信息动态博弈，任何交易在一定程度上都可以说是不完全信息动态博弈，因为多数情况下交易一方对另一方究竟有多想做成这笔买卖是无法完全弄清楚的。

三 博弈均衡

博弈均衡是指使博弈各方实现各自认为的最大效用，即实现各方对博弈结果的满意，而各方实际得到的效用和满意程度是不同的。博弈均衡是指所有参与者都不想改变自己的策略的这样一种相对静止的状态。

非合作博弈理论中最基本的均衡概念就是纳什均衡，但它只能描述均衡点的局部静态性质；进化博弈理论中的基本均衡概念就是进化稳定策略，它也是一个静态概念，但可以描述系统的局部动态性质；进化博弈理论中的另一个重要的均衡概念是随机稳定状态，它是一个动态概念，能够描述系统的全局动态性质。与前两者不同，随机稳定状态并不是不动的，它只能描述系统的一种长期行为，从长期来看，系统在随机因素影响下绝大多数时间都处于某种均衡。

非合作博弈理论研究利益冲突的个体互动时参与者的策略反应。假定利益冲突中的每一个参与者必须从既定的选择集中作出选择。在博弈论中选择就是策略，选择集就是策略集。每一个参与者对选择集中的各个策略都有既定的偏好，所有参与者的选择决定了博弈的结果。

博弈论关心的一大问题便是：面对特定博弈，其解是什么？博弈论的最重要的解就是约翰·纳什（John Nash）在研究非合作博弈问题时提出来的纳什均衡。

纳什均衡定义：假设有 n 个局中人参与博弈，如果某情况下无任何参与者可以独自行动而增加收益（即为了自身利益的最大化，没有任何单独的一方愿意改变其策略），则此策略组合就称为纳什均衡。所有局中人策略构成一个策略组合。纳什均衡从实质上说，是一种非合作博弈状态。其实求解纳什均衡，就是解联立的偏微分方程组。显然，纳什均衡是一个局部最优而非全局最优的均衡概念，因此，纳什均衡并不能保证就是支付最高的不动点。由此便引出了帕累托效率均衡：在没有使任何人境况变坏的前提下，也不可能再使某些人的处境变好。这个概念是以意大利经济学家维弗雷多·帕累托（Vilfredo Pareto）的名字命名的，他在关于经济效率和收入分配的研究中最早使用了这个概念。

与 3.4.2 中 4 种博弈（完全信息静态博弈、完全信息动态博弈、不完全信息静态博弈、不完全信息动态博弈）相对应的均衡概念分别为：纳什均衡、子博弈精炼纳什均衡、贝叶斯-纳什均衡、精炼贝叶斯-纳什均衡。

四 占优策略

每一个博弈中的企业通常都拥有不止一个竞争策略，其所有策略的集合构成了该企业的策略集。在企业各自的策略集中，如果存在一个与其他竞争对手可能采取的策略无关的最优选择，则称其为占优策略，与之相对的其他策略则为劣势策略。显然，在拍卖过程中，具有占优策略的一方无疑拥有明显的优势，处于竞争中的主动地位。

第五节 拍卖标准模型

拍卖之间存在着很大的差别，因此有必要把它们分成若干类别。常根据竞拍者赋予被拍卖物品的不同价值将拍卖分为对称独立私人价值模型、共同价值模型和关联价值模型。对拍卖的具体分析主要取决于这样几个因素：①卖方的特征（对风险的态度）；②竞拍者的特征（对风险的态度及其估价类型的差异性）；③拍卖品的价值特征。

一 对称独立私人价值模型

维克瑞在其发表于1961年的经典论文中初步建立了私人价值模型，这一模型被不断完善，最终成为一个主流的拍卖分析框架，拍卖理论中的大多数成果和结论都是利用这一模型得到的。

对称独立私人价值模型是最简单的拍卖模型。例如，有一个卖方要销售一件物品，这件物品对他自己来说估值是 v_0，并假定这是公开信息；有 n 个买方对该物品感兴趣，用 v_i 来表示第 i 个人对物品的估价。这个模型具有如下特征：

(1) 单物品拍卖。把单个不可分割的物品卖给 n 个竞拍者中的一个。

(2) 私人价值。每个竞拍者都知道他自己对物品的估价，但其他人不了解他的估价。即对买方 i 来说，只有他自己知道 v_i 的大小，卖方及其他买方均不知道 v_i 是多少。但是他们会把 v_i 当做在某一区间上分布的连续型随机变量，并知道其分布函数和分布密度。

(3) 独立性。每个竞拍者的个人信息（在此情况下是每个人的估价）是独立于其他竞拍者的个人信息的。即随机变量 $v_1, v_2, \cdots, v_i$ 是独立的，即

$$F(v_1, v_2, \cdots, v_n) = F_1(v_1) F_2(v_2) \cdots F_n(v_n)$$

(4) 对称性。所有竞拍者的概率分布函数都相同，即

$$F_i(v) = F_j(v) = F(v), \qquad i, j = 1, 2, \cdots, n$$

(5)风险中性。竞拍者和卖方都是风险中性的(除非另加说明),即他们的目标都是最大化期望收益。

(6)非合作博弈。任何竞拍者独立决定自己的竞价策略,不存在具有约束力的合作协议。

(7)不存在交易费用。即竞拍者的决策和递交竞价费用均忽略不计。

上述特征中描述的知识均属买卖双方的共同知识。私人估价还隐含了这样的事实,即一旦一个竞拍者使用他自己的信息去估计拍卖品的价值,这种估价将不会受到后续所了解的任何其他竞拍者的个人信息的影响,每个竞拍者个人的信息对于决定他自己的估价是充分的。

上述拍卖模型通常被称为基准模型。早期的多数拍卖文献如米尔顿·弗里德曼(Milton Friedman)和维克瑞的分析中都暗含着这个模型的前提。上述假定大大地简化了数据的收集及拍卖模型的构造和求解,但却未能准确地描述现实的拍卖环境。因此,基准模型所描述的拍卖世界相当于物理学中没有摩擦力的"真空"世界。尽管如此,该模型仍然是分析拍卖问题的理想基准。

当对称性不满足时,称为独立私人价值模型。独立私人价值模型描述了另一种环境,每个竞拍者对拍卖品有特别的偏好,而且不受别人偏好的影响。

二 共同价值模型

在具有共同价值特征的拍卖中,拍卖品的真正价值对每个竞拍者都是相同的,拍卖品具有共同价值 v,但竞拍者都不知道 v 的大小,在竞拍时共同价值是未知的。然而,每个人都有自己对拍卖品的估价,并且这个估价只有他自己知道。竞拍者关于拍卖品的价值有不同的私人信息。例如,油田开采权的价值取决于地下石油储量大小,以及竞拍者关于储量的各种地质"信号"。在这种情形中,一个竞拍者如果了解另一个竞拍者的信号,他就会改变自己对价值的估计。这与私人价值情形相反,即使竞拍者知道其他人的信息或偏好,也不会改变自己的估价。美国的国库券拍卖也是一种共同价值拍卖。因为所有的竞拍者都试图估计被拍卖物品的真实价值,所以某个竞拍者会悄悄地获知其他竞拍者的估价,因为他们都试图估计为相同的价值。

通常假设 v 是一个随机变量,其概率分布函数为 $G(v)$,密度函数为 $f(v)$。每个人的私人估价 x_i 服从条件分布,概率分布函数为 $H_i(x_i \mid v)$,密度函数为 $h_i(x_i \mid v)$。v 越高,x_i 高的可能性也越大。假设这些条件分布是独立的,于是随机向量$(x_1, x_2, \cdots, x_n, v)$的联合密度函数为

$$f(x_1, x_2, \cdots, x_n, v) = h_1(x_1)h_2(x_2)\cdots h_n(x_n)g(v)$$

巴泽尔曼(Bazerman)和萨缪尔森于1983年做了一个著名的实验。实验中,

每个罐子中都装有 8 美元的硬币，然后把它们拍卖给波士顿大学的工商管理硕士，但学生们都不知道罐子里的美元数量。他们采用第一价格密封拍卖方式出售罐子。在同样的拍卖重复多次后，统计结果显示：所有拍卖的平均竞价是 5.13 美元，赢家的平均竞价是 10.01 美元，所以赢家的平均损失是 2.01 美元。这就是"赢者的诅咒"——拍卖品的赢家遭受了损失。

实际上，上述试验中罐子里的硬币数目是相同的，拍卖物的价值对每个竞拍者都一样。这里的拍卖与前面的拍卖的根本区别在于，竞拍者对拍卖物估价是未知的相同价值而不是已知的私人估价。假设所有竞拍者都能对拍卖品的价值作出无偏估计，并且投标是这种估计的递增函数，那么对拍卖品作出最乐观估计的竞拍者将成为赢家，这会导致赢家的平均估价高于拍卖品本身的价值。赢家的出价将只能给他带来低于平均利润的收益，甚至还会造成损失。这是产生"赢者的诅咒"的根本原因。

共同价值模型的典型例子是保罗·克伦佩雷尔（Paul Klemperer）提出的皮夹子拍卖和卡彭（Capen）等研究的开采权拍卖。

一个包含上述两种模型的更一般的模型是，假设每个竞拍者得到一个私人信息信号，但每个竞拍者的估价是所有信号的一般函数。例如，对一幅画的估价不仅取决于自己的私人信息（你喜爱这幅画的程度），而且依赖于其他人的私人信息（他们喜爱的程度），因为这会影响这幅画的转卖价值或拥有它的声望。

假设竞拍者 i 得到信号 t_i，他的估价是 $v_i(t_i, \cdots, t_n)$，在私人价值模型中，$v_i(t_i, \cdots, t_n)$ 仅仅是 t_i 的函数。在纯共同价值模型中，对所有 t_i，$v_i(t_i, \cdots, t_n) = v_j(t_i, \cdots, t_n)$ 成立。如果 i 的真实价值 $V_i(t_i, \cdots, t_n, s_1, \cdots, s_k)$ 也是其他信息 $s_1, \cdots, s_k$ 的函数，则当然有

$$v_i(t_i, \cdots, t_n) = E\{V_i(t_i, \cdots, t_n, s_1, \cdots, s_k) \mid t_i, \cdots, t_n\}$$

这正是 i 的估计值，无论 $v_i(t_i, \cdots, t_n)$ 是估计值还是真实值都无关紧要。

三 关联价值模型

更一般的模型是把独立私人价值模型和共同价值模型结合起来的情形，即关联价值模型纯粹的独立私人价值模型和共同价值模型是两种极端的情况。假设竞拍者的估价同时受自己的偏好和其他竞拍者评估的影响，由于每个竞拍者只知道自己对拍卖物的估价，所以他其实并不完全了解其他人对拍卖物的估价。

通常假定竞拍者 i 的估价是所有竞拍者的质量信号 $x = (x_1, x_2, \cdots, x_n)$ 和卖方质量信号 x_0 的函数：

$$v_i = u(x_0, x)$$

式中，u 是非负、连续的，关于 $\{x_j\}_{j \neq i}$ 对称，且随 x_0，x 中的任何一个变量的

增加而增大。

上述模型包括了独立私人价值模型和共同价值模型这两种特殊情况。当 $v_i=x_i$ 时，对应独立私人价值模型；当 $v_i=x_0$ 时，对应共同价值模型。

如果竞拍者事先不知道被拍卖标的准备价值，就可能出现粗心的竞拍者中标的情况。这不是因为他对此标的估价最高，而是因为他比任何其他竞拍者都过高地估计了它的价值。那么，不管此标的最终值多少，中标者不得不支付超过实际标价的价格。对这种现象具有防范心理的竞拍者，将会通过"赢者的诅咒"的估计效应来纠正他们的标价。风险规避的竞拍者对"赢者的诅咒"的防范，可能导致他们消极地竞拍和拍卖者的低收入。在其他方面，博弈论考察了在拍卖之前和拍卖过程中，拍卖者应该给竞拍者传递多少信息。一方面，披露尽可能多的信息有助于使"赢者的诅咒"现象最小化，从而防止风险规避竞拍者的消极投标，增加拍卖所得。另一方面，通过交换暗号，也增加了竞拍者串谋行为的机会。

在无线电频谱运营牌照的拍卖中，几个牌照可能或多或少是同质的，一个竞拍者可能会把它们看做替代品，认为这几个牌照的总价比每块牌照的单价的总和要低。然而，他也可能把它们看做互补品，认为这几个牌照的总价值比每块牌照的单价的总和要高。

第六节 拍卖基本类型及其扩展

拍卖是具有明确规则的市场制度，在参与者竞拍的基础上，通过拍卖规则来决定资源的配置和价格。拍卖作为一种交易方式，是价格发现方式之一，它具有很多吸引人的性质，比如分配有效性、收益最大化、低交易成本、公平。

任何物品或财产付诸拍卖，都必须采用相应的拍卖机制来进行。拍卖机制是拍卖机构从事拍卖活动的具体运作手段。对于拍卖机构来说，拍卖品确定之后，必须根据拍卖品的不同种类，有针对性地选择最合适的拍卖机制进行拍卖。长期以来，世界各国的拍卖机构中流行四种主要的拍卖机制，即一级价格密封拍卖（第一价格密封拍卖）、二级价格密封拍卖（第二价格密封拍卖）、英国式拍卖（价格上行拍卖方式）和荷兰式拍卖（价格下行拍卖方式）。

一 第一价格密封拍卖

第一价格密封拍卖也被称为一级价格密封拍卖，是一种密封式竞价拍卖，参与其中的竞拍者提交密封报价，但不知道其他人的出价。需要强调买方出价是同时性，而非序贯性，拍卖者按各个标价的大小排序，最后在规定的时间、地点宣布标价，出价最高者将以其出价水平获取拍卖品。在这种拍卖中，竞拍者的出价策略受拍卖品对竞拍者自己的价格,以及他对其他竞拍者估价的先验信息的影响。赢得拍卖品的竞拍者的收益等于物品对他的价值减去他的出价。需要注意的是,这种拍卖竞价过程中,竞拍者不知道参加竞拍的总人数及标的物价格,竞拍者的出价绝对应该低于拍卖品对他的价值。第一价格密封拍卖常被用于政府资源的分配,如国有土地使用权、资源开采权的出让,以及经营牌照、车牌牌照拍卖等。

二 第二价格密封拍卖

第二价格密封拍卖即维克瑞拍卖,也叫二级价格密封拍卖。在这种拍卖中,竞拍者同样以密封的形式独立出价,拍卖品也出售给出价最高的竞拍者。但是,获胜者支付的是所有投标价格中的第二高价,所以它被称为第二价格密封拍卖。尽管理论上这种拍卖有优势,但在实际中很少被采用。邮票拍卖和某些网络拍卖通常用第二价格密封拍卖。

三 英国式拍卖

英国式拍卖也称"增价拍卖"或"低估价拍卖",是一种价格上行的拍卖方式。在这种拍卖中,拍卖人宣布拍卖标的物的起叫价及最低增幅,竞拍者以起叫价为起点,按约定的增幅由低至高竞相应价,直到只剩下最后一个报价者。这表现为"低开高走",竞价时不封顶,每个竞拍者都知道当前的最高报价,每个竞拍者都可以多次报价,最终获胜的竞拍者成为唯一的买受人,他支付的成交价就是他的最高报价。需要注意,如果被拍卖的是单件物品,拍卖过程将持续到该件物品出售给喊价最高的人为止;如果拍卖的是同类多件物品,拍卖过程则将持续到一个特定价格,在这些价格上总需求量正好与多件物品的数量相等,但成交价不得低于保留价。英国式拍卖易于操作,特点突出,广泛应用于手工艺品、文物、艺术品、专利技术等的拍卖中。

四 荷兰式拍卖

荷兰式拍卖也称"降价拍卖"或"高估价拍卖",是一种价格下行的拍卖方式。在拍卖过程中,拍卖者宣布拍卖标的物的起叫价及降幅,并依次叫价,第一位应价人响槌成交,但成交价不得低于保留价。有时还采用按电钮的方式来表示竞拍者愿意接受的价格。减价拍卖成交的速度特别快,经常用来拍卖易腐的农副产品和有保质期的商品,如水果、蔬菜、鲜活产品、烟草等。

如果拍卖的是同类的多件物品,买主一般会随着价格的下降而增多,拍卖过程则一直进行到拍品的供应量与总需求量相等为止。降价拍卖曾在罗马尼亚应用于再融资贷款的分配，而玻利维亚、加纳、牙买加和赞比亚曾用这种方法来拍卖外汇。

五 其他拍卖类型

除了上述四种标准拍卖类型外，还有许多其他的拍卖类型，这里仅介绍几种常见的拍卖类型。

第 k 级价格密封式拍卖指 N 个竞拍者把自己的报价做了密封处理后递给卖者。最高竞拍者获胜并支付第 k 高报价，$k=1, 2, \cdots, N$。

因此，第一价格密封拍卖和第二价格密封拍卖是第 k 级密封式拍卖在 $k=1$，2 时的特例。

全支付拍卖指所有的竞拍者无论是否中标都要支付自己的报价，报价最高的竞拍者赢得拍卖物品。

正规拍卖指主拍人是卖者，竞拍者是买者。有时候主拍人不是卖者，如担保拍卖。

担保拍卖指卖者把拍卖物品全权委托给拍卖行，并同时与拍卖行协商一个价格，称为担保价；若拍卖的成交价低于担保价，拍卖行就支付给卖者担保价；若拍卖的成交价高于担保价，拍卖行除了支付给卖者担保价外，还要将成交价超出担保价格那部分按一定比例支付给卖者。在这个拍卖过程中涉及初次拍卖和再拍卖，如果初次拍卖失败（如最高报价低于拍卖行的保留价），可进行再拍卖。如果再拍卖仍然失败，拍卖行只能自己持有被拍卖物品，同时向卖者支付担保价。

同步升价拍卖，这种拍卖形式指同时拍卖多种商品，分多轮进行，每轮每一个竞拍者都将出价记录在一张纸上，由竞拍主持人公布每种商品的最高价及其出价人，如此反复，直到连续两轮都没有任一竞拍者对任意一个商品进行出价为止，此时，出价最高的人将以其出价获得商品。同步升价拍卖在无线电频谱拍卖领域的应用非常普遍。研究者们通过对同步升价拍卖模型的大量探索研究，提出了很多基于同步升价拍卖模型的改进模型，例如适应性用户选择机制、时钟代理拍卖等。

第七节 其他一些基本概念

一 估价

拍卖这种方式得以采用，就是因为卖者无法确定竞拍者在待售物品上的价值，即竞拍者愿意支付的最高价格。如果卖者完全知道这些价值，他就会按最高价（或者比最高价略低）的价格把物品出售给出价最高的竞拍者。买卖双方对价值的不确定性，是拍卖的固有特征。

如果在竞价时，竞拍者知道待售物品对其个人来说有多少价值，这种情形用私人知道的价值或私人价值模型刻画。这其中隐含着每个竞拍者都无法确切地知晓其他竞拍者的价值，而且其他竞拍者价值的知识并不能影响该物品对特定竞拍者的价值。待出售物品对竞拍者的价值，如果仅仅来自于独自使用或消费该物品，那么私人价值的假设就是十分合理的。例如，一幅油画、一张邮票、一件家具，竞拍者赋予它们的价值完全以拥有它们之后可以获得多少效用为基础，也许仅仅就把它们看成消费品，此时物品的私人价值假设较为合理。另一方面，如果竞拍者将该物品当成投资品，给它富余的价值是基于他在转卖市场出售该物品所能获取的收入为基础，那么物品的私人价值假设就不合理了。

很多情形下，在竞拍时竞拍者自己都不知道待售物品对他来说值什么价。他可能只是有个大概的估计或是一些私人掌握的信息，如专家的估计，或者与真实价值有关联的实验结果。一旦获得这些信息，将会影响特定竞拍者对待售物品的估价。因此在拍卖时，价值是未知的，并会受到其他竞拍者估价信息的影响。这种模型属于关联价值假设，尤其适用于这样的情况，即待售物品是某种资产，拍卖过后还要转手卖出。其中一个特例是拍卖时价值虽然是未知的，但对于所有竞拍者而言价值是相同的，这种情形被称为一种纯粹共同价值模型。如果待拍卖物品的价值取决于竞拍时尚属未知的市场价格，那么共同价值模型是最合适的。其原型是一块地下石油储量未知的土地的出售，竞拍者可能通过私人实施的实验对石油储量有不同的估计，但这块土地最终的价值，取决于未来石油的销售所得，因此在大体上，对于所有竞拍者都是相同的。

注意，"关联"这个词只是表示价值及其如何受其他竞拍者拥有的信息影响的结构。它并不表示这类信息的任何统计特性，即竞拍者观察到的信号是如何分布的。因此会遇到这样的情况，价值是相互依存的，竞拍者的估价依赖于其他竞拍者观察到的信号，而同时这些信号在统计上是相互独立的。类似的，也可能存在这样一种情形，竞拍者的价值也许仅仅依赖于他自己观察到的信号，但是大家的信号是相关的。

1. 商品内在价值

物品的内在价值是指物品本身的固有价值，对所有竞拍者都是相同的。

2. 竞拍者的估价

竞拍者的估价是指竞拍者愿意为某个拍卖品支付的最高金额。竞拍者的社会阅历、偏好、收入水平、财富、测试仪器的不同，导致他们对同一物品的固有价值有不同的估计值。比如，某块地下储藏的石油对所有人来说，它的使用价值都是相同的,但不同的人拥有的知识水平和所使用的测试仪器的不同,致使他们对地下石油储藏量的估计不同,因而他们对这块地的石油开采权价值的估计也不同。再比如,某件艺术品或古董的固有价值很难以量化,竞拍者据自己的偏好给出不同的估价。

拍卖可以通过竞拍者的报价来诱导出竞拍者的估价。为了达到整个社会的效用最大化,可以把物品分配给最高的估价者;为了使卖者的收益最大化,可以把物品分配给最高的报价者,最高的估价者与最高的报价者有时候是同一个竞拍者,有时候可能不是同一个竞拍者。

3. 保留价

保留价指卖者愿意接受的物品的最低成交价。保留价可以是公开的,也可以是保密的。保留价是拍卖的一个参数,这个价格决定于卖者可以接受的报价的下限。

二 风险规避

在第二价格密封拍卖(或升价拍卖)中,风险规避对买方的最优策略(仍然是参与竞拍直到价格等于价值,然后退出)没有任何影响。但在第一价格密封拍卖中,稍微提高买方的出价会稍微提高其获胜的概率,而代价则是稍微减少了获胜时的剩余。因此,如果现在的出价策略对一个风险中性的买方是最优的,稍微提高一点出价对风险规避的买方来说就应当也是合算的。因此,在第一价格密封拍卖中,风险规避会使所有买方在出价时更为凶猛。由于对风险中性的买方来说,所有的标准拍卖都是收入等价的,风险中性的卖方在面对风险规避的买方时,应当选择第一价格密封拍卖,而不是第二价格密封拍卖或升价拍卖。

如果卖方是风险规避而买方是风险中性的,结果又会怎样?注意到,在第二价格密封拍卖或升价拍卖中,赢者的支付价格由第二高的价格决定。根据等价收入定理,在第一价格密封拍卖中,赢者的出价必须等于第二高价格的期望值。也就是说,在第一价格密封拍卖中,基于赢者的实际信息,其支付价格是确定的。但是在第二价格密封拍卖中,这一价格是随机的(尽管它具有相同的期望值)。因此,第二价格密封拍卖中的价格风险比第一价格密封拍卖中的要大(尽管有相同的期望值)。从而,风险规避的卖方应当选择第一价格密封拍卖,而不是第二价格密封拍卖。由于类似的原因,同样的,卖方会选择第二价格密封拍卖拍卖,而不是第一价格密封拍卖拍卖。

三 收入与效率

贯穿拍卖理论的主要问题是比较各种拍卖形式的绩效。这些比较主要有两套标准。哪一套更合适，要视具体情况而定。从卖者的角度考虑，比较不同拍卖形式的基本标准自然而然的是他们可以获取的收益，或是期望卖价。然而，就全社会的角度而言，效率（即待售物品最后落入愿意出最高价的竞拍者手里）就显得更为重要。特别是当拍卖涉及将公有资产卖给私有部门时，效率准则尤为重要。此时卖者（在此情形指政府）可能要选择某种拍卖模式以确保资源得到有效配置（即使通过另外某种低效率的拍卖形式所获得的收益更高）。

然而，为什么一定要以效率作为标准？在拍卖无法保证效率时，为什么不能依靠市场来有效地重新配置资源？毕竟如果拍卖这种交易方式中存在未实现的利润，那么中标者可以将待售物品转卖给愿意出更高价的人从而实现效率。问题的答案基于以下几个方面：首先，拍卖结束后的交易常常涉及少数几个交易者（尤其在私有化的背景下），因此他们会就转卖价格引发谈判。这类谈判往往在不完全信息的条件下进行，因此不能指望它产生有效配置。其次，转卖可能需要较大的交易成本，因此即使存在潜在利润，转卖也可能根本不会出现。再者，转卖无法保证效率，因此立志实现效率的决策者，在选择拍卖方式时必须慎之又慎。

当然，收益与效率标准并不是选择拍卖形式的唯一标准。例如普通拍卖方在形式上很简单，规则明白易懂，这在实践中可能是很重要的考量因素。另一个需要考虑的重要因素是竞拍者之间的合谋可能性。通过以往的研究发现，不同的拍卖方式对合谋的抵抗力是不同的。

四 合谋

在实际拍卖中，一个重要的问题是买方之间能否合谋。遗憾的是，对这一问题的理论研究非常有限。

罗宾逊（Robinson）阐述了简单但是极其重要的一点：合谋在第二价格密封拍卖中比在第一价格密封拍卖中更容易形成和保持。简单起见，假设所有买方可以在没有任何困难的情形下达成合谋协议或分享合谋的利益，且不考虑任何合谋被发现的风险等。在第二价格密封拍卖中，最优合谋是协定的赢家出任意高的价格，同时其他所有买方出价都为零，在此合谋下，没有任何买方会试图违反协定。但是在第一价格密封拍卖中，要想达到上述合谋结果，协定的赢家需出任意小的价格，同时其他所有买方出价为零，在这种情况下所有其他买方都有很大的积极性去违反协议。

一个重要的问题是能否在买方具有私人信息时找到一种（激励相容的）有效机制，来协定谁是赢家并恰当地划分合谋得利。普雷斯顿·麦克阿菲（Preston McAfee）和约翰·麦克米伦（John McMillan）的主要结论是，如果拍卖的所有买方都是合谋团伙的成员，并且所有买方的私人信息都取自同一分布，那么这一机制是可能的，并可以通过一个简单的预备拍卖来实施。这一结果非常接近于克莱蒙顿（Gramton）、吉本斯（Gibbons）和柯伦柏（Klemperer）关于合伙制可以有效分拆的讨论。

第四章 无线电频谱拍卖应用研究

国际上首次无线电频谱拍卖是 1989 年在新西兰进行的。从 1994 年 7 月到 2013 年 2 月 FCC 共开展了 93 次无线电频谱拍卖。2000~2001 年欧洲发起了 3G 牌照拍卖。1994 年，美国首次进行同步多轮拍卖。1999 年，加拿大进行了第一次无线电频谱拍卖，随后在 2001 年举行了第二次拍卖。2000 年，美国、德国、意大利等国家先后对无线电频谱拍卖机制进行改进。2002 年，英国的马丁·凯夫（Martin Cave）教授向政府提交了一份报告，认为英国需要从根本上改变频率交易制度和频率自由化、闲置频率的拍卖制度。这份报告随后被政府采用，并在一定程度上促进了 2003 年英国《电信法》的出台。尼日利亚在 2001 年 1 月使用混合拍卖（时钟阶段以及封闭投标阶段）颁发了 3 个 GSM 频谱牌照。

总的来说，目前无线电频谱拍卖被广泛采用的地区和国家主要集中在欧洲和美国，欧洲国家的无线电频谱拍卖大都借鉴和沿用了英国的无线电频谱拍卖模式。因此充分研究和了解美国和欧洲地区尤其是英国的无线电频谱拍卖有利于更好地研究我国无线电频谱资源拍卖交易机制。

第一节 美国无线电频谱拍卖研究

一 美国无线电频谱拍卖概况

美国在 1994 年 7 月第一次试行以拍卖方式分配通信运营商争夺的热点——窄带个人通信频率（也称 BP 机频率）。经过 29 个运营商历时 5 天共计 47 轮竞拍，首批 10 个全国漫游频点拍卖到了 6.17 亿美元，远远超出了政府的预料，也超过了以前任何一次单项政府资产拍卖，引起了美国国内各界以至世界各国电信主管部门的关注。这促进了人们对无线电频谱资源潜在经济价值的再认识，影响了下一代个人通信频谱使用政策的制定。

1993 年，美国国会采取以预算和解综合法案作为通信法案增加条款的方式，授权 FCC 对一部分用于无线通信服务的频谱许可进行拍卖。频谱许可拍卖的补充性条款相继出现在1997年平衡预算法案、2002年拍卖改革法案、商用频谱增强法案以及2005年削减赤字法案之中。被拍卖的主要服务类别称为商业移动无线电服务(cellular mobile radiotelephone service，CMRS)，包括先进的无线电服务、个人通信服务(personal communication service，PCS)、移动电话、专业移动电台(specialized mobile radio，SMR)以及移动卫星服务(mobile satellite service，MSS)。除一些特例外，CMRS供应商在管理上被看成是平等的共同运营商，在市场上通过竞争方式争取客户。1994年至今，FCC成功举行了93次无线电频谱拍卖，其中规模比较大的几次拍卖包括：第4号拍卖(宽带PCS A、B频段)、第5号拍卖(宽带PCS C频段)、第11号拍卖(宽带PCS D、E、F频段)、第35号拍卖(宽带PCS C、F频段)、第58号拍卖(宽带PCS C频段)、第66号拍卖(AWS-1频段)、第73号拍卖700 MHz频段)，如图4-1所示。

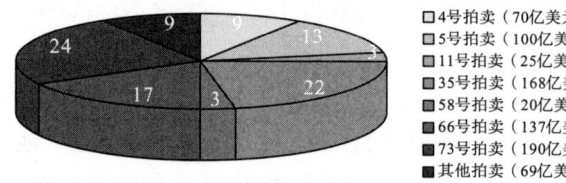

图4-1　美国无线电频谱拍卖情况(单位:%)

从图4-1中可以看出，以上7次拍卖共计拍得711亿美元，共占总拍卖金额的91%，且频谱用途都是PCS，这说明PCS的商业价值最大，频谱需求量最高，拍卖竞争也最为激烈。根据每次拍卖的不同设计，以及参与拍卖的人数和牌照数量的差异，每一次拍卖持续的时间会有所不同，短则一天，长则数周，每一轮竞价一般平均持续1~2 h。拍卖一般在周一至周五举行，完全电子化拍卖流程，即有资格的竞拍者可以在任何地方通过登陆自动拍卖系统连接网络进行在线竞拍，以及查询每轮拍卖结果。

最近进行的93号拍卖是关于调频广播(frequency modulation，FM)频段，此次拍卖的流程如表4-1所示。

表4-1　美国93号FM频段拍卖计划

时间	事件
2011.10.7	收集拍卖频段相关意见
2011.10.17	对各方意见进行回复
2012.1.3	网络发布关于拍卖的相关信息
2012.1.3	竞拍者报名
2012.1.12	报名时间截止
2012.2.22	停止接受预付款(未付者视为弃权)
2012.3.23	模拟拍卖
2012.3.27	正式拍卖

FCC官方网站介绍,拍卖一般采用两种方式,即多轮同步拍卖和封装拍卖。在多轮同步拍卖中,竞拍者可以同时对所有的牌照竞价。但不像大多数拍卖是持续进行的,同步多轮拍卖是离散和连续并存的,每一轮拍卖由FCC规定持续的时间,每一轮结束后会对实时结果进行处理然后公开。这样竞拍者会由实时的拍卖结果看到目前各个牌照的竞争情况,以此调整自己的战略,最后达到最大化频谱经济效益,提高总体频谱使用效率。封装拍卖是在多轮同步拍卖的基础上改进的,目的是将相关度极高的一些频谱搭配拍卖,不但可以提高频谱利用率,而且可以避免竞拍者只拍到两段必备频谱中的一段而产生不必要的损失。

美国无线电频谱拍卖还有一个特点是无线电频谱牌照区域化。一张许可证覆盖的地区包括小区域、大区域甚至全国。许可证覆盖的区域有基本贸易区(basic trading areas,BTAs),相当于市区;主要贸易区(main trading areas,MTAs)与BTAS的组合(全美分成51个地理上近似的贸易区域);美国商务部用于经济预测的大都市统计区域(metropolitan statistical areas,MSAs);农村服务区域(rural service areas,RSAs)等。

例如FCC在73号的700 MHz拍卖中,为了不与3G产生冲突,拍卖的频谱用区域牌照来区别区域以及用途。FCC将700 MHz中的B频段(704~710 MHz、734~740 MHz)划分为734张牌照,适合发展当地的应用服务,例如地区电视或无线接入服务。覆盖地区最大的分区牌照700 MHz(746~767 MHz、776~787 MHz)共划分了12张牌照,频宽也较大,适合发展全国性的移动通信业务(表4-2)。之前的66号3G频谱拍卖中,考虑到提供的是全国性的移动通信服务,所以频谱牌照也以区域较大的REAG牌照较多。

表4-2 700 MHz频谱和3G频谱牌照对比

区域名称	3G		700 MHz	
	频宽/MHz	百分比/%	频宽/MHz	百分比/%
CMA[①]	20	22.2	24	34.3
EA[②]	30	33.3	18	25.7
REAG[③]	40	44.4	28	40
统计	90	100	70	100

二 美国无线电频谱拍卖研究

FCC在采用拍卖机制分配无线电频谱牌照之前采用的是行政比较听证会或

---

① CMA表示按照移动通信市场进行的区域划分标准,英文全称为Cellular Market Areas。
② EA表示按照经济发展水平进行的区域划分标准,英文全称为Economic Areas。
③ REAG表示按照地理位置进行的区域划分,英文全称为Regional Economic Area Groupings Map。

者随机抽彩方式。行政比较听证会通常包括三个部分：行政法律审批、外部专业机构审查和 FCC 内部委员会审查，有时还会附加高级法庭的审查。随机抽彩方式用于首次移动电话牌照的分配，但是该分配方式缺陷非常多，比如需要调节大量的纠纷、存在严重的投机转售问题等。

1985 年，FCC 时任主席马凯特·福勒(Market Fowler)首次向国会提出允许频谱牌照按拍卖方式进行分配的建议，但该建议被否决。1993 年，在《综合和解法案》中，国会最终确定 FCC 拥有举办频谱拍卖的法定职权，并在 2006 年 2 月将 FCC 的频谱拍卖权延长至 2011 年。

在美国无线电频谱拍卖的进程中，大量理论经济学家参与了对电信频段拍卖机制的研究，首先被 FCC 考虑到的问题是选择上升价格式拍卖还是选择单轮标单密封式拍卖。因为美国联邦政府曾经在海上石油和天然气开采权的拍卖中普遍采取标单密封式拍卖，所以 FCC 的主管们确信他们应该采取这种方式——先将各个竞拍者的标价封闭进行报价，然后打开标单，选择出价最高的人。但是当时有很多人建议将拍卖机制安排得更复杂一些以达到更好的结果。最终 FCC 选择了同时上升式拍卖。这主要是因为在一个相对公开的竞价环境中，各竞拍者之间会有信息的传递，竞拍者掌握的信息越多意味着最终的分配结果会更有效；并且，这样的拍卖方式会减轻"赢者的诅咒"。FCC 电信频段的拍卖机制设计俨然成为经济理论政策应用课程的一个完美案例，无论从效率还是从收入和竞争的角度来看，FCC 频谱拍卖的结果都大大超出了既定目标，以至于有媒体称之为"有史以来最伟大的拍卖"。

1994 年，FCC 首次采用拍卖机制分配无线电频谱牌照，并最终选用了同步升价拍卖机制对 99 个无线电频谱牌照进行拍卖。FCC 在吸取了新西兰和澳大利亚无线电频谱拍卖失败的教训的情况下，通过对拍卖规则的优化，最终获得 70 亿美元的收入，如表 4-3 所示。

表 4-3　宽带 PCS A、B 频段拍卖

拍卖类别	宽带 PCS A、B 频段	预计拍卖牌照数/张	99
开始日期	1994 年 12 月 5 日	实际拍卖牌照数/张	99
持续时间/天	60	净收入/美元	7 019 403 797
总轮数/轮	112	单位频谱收入/(美元·MHz^{-1})	116 990 063
参与竞拍人数/人	30	平均每张牌照收入/(美元·牌照$^{-1}$)	70 903 069
获得牌照人数/人	18	牌照使用期限/年	10

随着无线电频谱拍卖的不断发展，其拍卖方式在实际操作过程中也暴露出了一些问题。例如 1997 年的蜂窝服务拍卖(简称 12 号拍卖，由于 FCC 对每场频谱拍卖都有相应的编号，故下文将用其编号区分不同拍卖)，竞拍者利用规则允许

报价金额到个位数的漏洞，通过在报价的尾数部分携带各自感兴趣的地区区号向对手传递瓜分牌照的信息以避免激烈的竞价，最终导致了 FCC 拍卖收入的大幅缩水，如图 4-2 所示。因此，FCC 重新规定了竞拍时报价金额的最小位数。

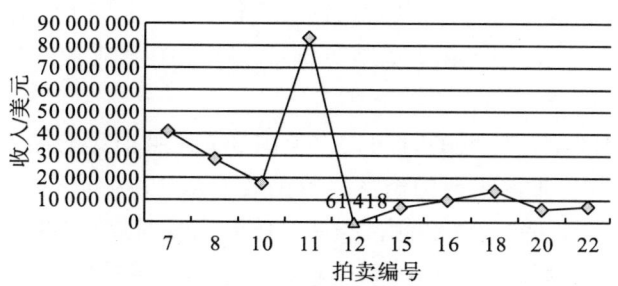

图 4-2　12 号拍卖与前后拍卖收入的对比

除此之外，FCC 在同步升价拍卖模型的基础上不断进行新的改进以避免需求减少、暴露、买家合谋等问题。例如，适应性用户选择机制就是采用打包竞价的方式对同步升价拍卖模型进行的改进，而 2004 年提出的时钟代理拍卖更是在同步升价拍卖模型的基础上结合了时钟拍卖与代理拍卖的混合拍卖模型。

总之，美国无线电频谱拍卖作为世界无线电频谱拍卖的典范，在其发展的过程中不断被优化从而避免了拍卖的部分问题。在 1994 年至今的拍卖中，尽管 FCC 组织的无线电频谱拍卖并非一帆风顺，但总体来说美国无线电频谱拍卖值得全世界广泛借鉴。

第二节　英国无线电频谱拍卖研究

英国是欧洲第一个开展无线电频谱拍卖的国家，产生了欧洲无线电频谱拍卖中最成功的案例。研究英国无线电频谱拍卖，有助于对无线电频谱拍卖成功的因素进行总结。

一　英国无线电频谱拍卖概况

在决定拍卖 3G 频谱的前一年，英国政府委托著名经济学家肯尼斯.宾莫（Kenneth Binmore）教授组织研究团队对英国的无线电频谱拍卖方案进行研究并设计具体的拍卖机制。经过充分研究，宾莫教授提出了美国 FCC 同步升价拍卖方式的一个修订版，每个竞拍者最多只能购买一个牌照，并增加了"活跃性规则"。这种拍卖机制不仅具有高度的透明度，便于竞拍者随价格的变动在各个牌照之间进行套利，而且大大简化了竞拍者的竞价策略，有利于实现牌照的有效配置。英国政府最终决定采用修订版的同步升价拍卖方式。

在经过充分准备之后，2000年2月15日，英国开始了5张3G牌照的拍卖，总共有13个竞拍者角逐5个3G牌照，竞争空前激烈。在经过150轮竞价后，拍卖于2000年4月27日结束，总共筹得约225亿英镑（约340亿美元），是最初估计收入的5~10倍。从政府角度总结英国3G牌照拍卖成功的原因，共有以下几点。

(1) 开始的时间早，计划的时间长。英国3G牌照拍卖的结果证明，在拍卖之前提早计划是一个非常明智的做法。英国政府从1997年开始研究3G牌照拍卖，因此有大量的时间来思考和测试想法。此外，英国政府在拍卖之前对牌照进行了充分的市场推广活动，从而吸引了包括香港和记黄埔等的大量潜在投资者，形成了对3G牌照的激烈竞争。

(2) 拍卖时间点选择非常明智。到2000年2月15日，想获得牌照的企业达到最多：共计13个买方获得了参与竞价的资格。媒体预测拍卖将筹得总共20亿~50亿英镑（30亿~70亿美元）的收入。第一轮拍卖在2000年3月6日举行，买方的总报价为5亿英镑（约7.5亿美元），略高于最小保留价之和。第一个退出发生在第94轮，当时最便宜的牌照的价格已经超过20亿英镑（约30亿美元）。随后，另外4个买方也立即退出了拍卖。不过，最后3个退出的时间要长很多。在最后一轮报价时，最便宜的牌照价格也超过了40亿英镑（约60亿美元）。

(3) 中标者分布结构合理。英国的3G牌照拍卖中，4个在位运营商和1个非在位运营商获得了牌照。沃达丰公司在支付了约60亿英镑（约90亿美元）后获得了牌照B，而其他3位在位运营商各自支付了约40亿英镑（约60亿美元），分别获得了牌照C、D和E。为进入者保留的牌照A为进入者TIW（主要由和记黄埔拥有）获得，价格大约是44亿英镑。

(4) 拍卖因势利导，加价规则合理。首先，每次拍卖加价幅度、规则设置合理。随着拍卖的进行，拍卖设计者对最小加价比例提出建议，加价比例依买方的偏好为5%~15%。其次，拍卖速度调整合理。根据需要，拍卖执行者增加了每天举行的拍卖轮数，加快了拍卖的进度，以防止外部事件引发买方降低牌照的估值。最后，豁免和休会（使买方有时间与融资顾问商量）的安排合理。

二 英国无线电频谱拍卖背景

1. "2G"网络在位运营商众多

1997年，英国有4个使用2G的通信运营商，在位的运营商包括英国电信、O2、奥兰治和沃达丰。

2. 移动电话业务激增

使用移动电话的人口急剧增加。而且，和世界上其他地方一样，移动通信产业被视为巨大成功的范例；随着允许高速数据网络接入的 3G 技术的引入，整个产业变得更加重要。

三 英国无线电频谱拍卖方案设计：同步升价拍卖

1. 拍卖牌照

根据通用移动通信系统（Universal Mobile Telecommunications System，UMTS）的规定，有关 3G 牌照的标准，波段必须以 5 MHz 计。因此，拍卖中买方对某些牌照的估价会非常不同于其他买方的估价。最大的是牌照 A，包括两组 15 MHz 的波段和一组单独的 5 MHz 的波段。牌照 B 稍小些，只包括两组 15 MHz 的波段。牌照 C、D、E 大体是相同的，每一张牌照包括两组 10 MHz 的波段和一组 5 MHz 的波段，但是，人们认为这三张牌照比前两张牌照的价值要低得多。

2. 拍卖方式——同步升价拍卖

5 张牌照解决了进入的基本问题，尤其规定了 2G 产业的在位运营商只能竞争牌照 B、C、D 和 E，从而保证了至少一个最大的牌照会归新进入者所有，因此，选择英国式拍卖和荷兰式拍卖方案的理由不再成立。而且，当牌照规模不同时，英国式拍卖和荷兰式拍卖的效果可能不如当牌照规模相同时来得好。

因此，由于有 5 张牌照和 4 个在位运营商，英国政府放弃英国式拍卖和荷兰式拍卖方案，转而采用一个首先被 FCC 应用的同步升价拍卖的修改方案，每一买方最多只能赢得一张牌照。这一规定避免了美国拍卖中出现的合谋问题。

该方案包括多轮同步报价。在第一轮，每一买方选择一张牌照并对其报价。为了保留自己继续竞价的资格，任意一位买方必须在此后的每一轮中都是"活跃"的。一个活跃的买方要么是某张牌照当前最高价格的报价人，要么在最高价格的基础上增加一个最小加价。买方如果在某一轮报价中不活跃，就将被踢出拍卖。买方如果是某张牌照的最高报价人，那么他既不能增加或撤销报价，也不能在该轮对其他牌照报价。在每一轮的最后，拍卖方公布所有买方的报价，确定每张牌照的最高报价人和下一轮的最小加价。当只剩 5 个买方时拍卖结束。然后，每一赢家获得其报价最高的牌照，支付价格是其对该牌照的当前报价。

这一方案确保即使新进入者只对两张最大的牌照感兴趣，对大牌照的竞争也会促进对小牌照的竞争。在位运营商会在不同牌照之间进行套利，变换对不同牌照的报价以最大化自己的利润。因此，如果大牌照的价格随竞争提高，小牌照的价格也会随之上涨。每张牌照的价格会由真正的竞价确定。

除了透明度和产生竞争性价格之外,这一方案还有两个重要的优势,现以假设最小加价可以忽略来说明这一问题。第一个优势是买方策略的简单性。考虑"私人价值"的情形,也就是每一买方完全知道牌照对自己的价值,而且这些价值与谁以什么价格赢得那张牌照无关。假设报价是无成本的,而且在每一时间点,每一买方都认为没有人愿意继续出价的可能性不为零(可以是任意小),从而每一报价都可能成为最后的报价。在每一轮,买方应当选择假设其报价为最后价格时使利润最大化的报价。因此,买方的加价永远都不会超过最小加价,而且总会选择价格和价值差最大的牌照。在一般的情形中,放松"私人价值"假设复杂些。特别是如果前一轮竞争对手的报价影响买方对自身前景的信心,买方必须调整其对牌照的估计价值。但是作出这种调整后,像前面所说的那样报价仍然是非常合理的策略。

第二个优势是这种方案在买方具有"私人价值",且不存在预算约束从而会选择上述策略时,能够产生最优结果。为了明白这一点,注意到拍卖结束时的价格使得每一买方,包括每一输家,在给定价格下恰好愿意购买分配给他们的牌照。因此,在给定价格下,在所有买方之间重新分配牌照不能增加任何个体的剩余。由于价格只是在买卖双方之间的一种转移,买卖双方的总剩余也不能通过牌照的重新配置和改变价格而增加。因此,即使最终价格是不同的,拍卖的结果也必然最大化所有赢家的价值和,而这正是拍卖需要的效率。

当然,在其他假设下这些优势未必存在,特别是当买方因为竞价成本或知道自己不太可能赢得牌照而很早退出或根本没有参加拍卖时。因此,只有当有第五张牌照可以吸引进入时,同步升价拍卖方案才有意义。

◪ 四 英国无线电频谱拍卖过程的思考:英国电信运营商的出价行为

英国电信的出价策略是使得大牌照 B(2×15 MHz)和小牌照 C、D 和 E(2×10 MHz)(1×5 MHz的波段属于上行波段,且波段太小,不列入以下讨论范围)的价格差在拍卖的早期不变,然后在拍卖的晚期,价格差则变为一个大约固定的比例(小牌照价格的 50%)。这一模式似乎比较反常,但是仔细阅读分析师的报告可以得到一些线索:一些分析师认为,大牌照的价值在小牌照价值的 1.5 倍左右(它反映了一个假设,即 1.5 倍的波段可以提供 1.5 倍的服务),而其他一些分析师则坚持认为,大牌照比小牌照的价值要多一个固定额(它反映了用小牌照提供同样服务所需要的额外成本——基站等)。业内人士似乎非常清楚,不同的买方选择了不同的估价模型。

当然，如果一个或更多的买方对大牌照的估价是小牌照的 1.5 倍，他本身也不能解释为什么价格差是小牌照价格的固定比例。例如，如果英国电信对小牌照和大牌照的估价分别为 40 亿英镑和 60 亿英镑，而沃达丰的估价分别为 60 亿英镑和 90 亿英镑，同时牌照大小对其他买方没有区别，那么，在"直接报价策略"下，价格差的绝对值应当很快上涨到 20 亿英镑（因为只要价格差低于 20 亿英镑，英国电信和沃达丰就会将大牌照看成最好的买卖，从而对其报价）。

但是，非常可能的是，英国电信对大牌照的估价比其对小牌照的估价多一个固定数额，但该数额远低于小牌照最后价格的 50%。英国电信也有可能非常确信，沃达丰对大牌照的估价比小牌照至少多 50%（不考虑拍卖之外的信息，沃达丰从来未对大牌照之外的其他牌照报过价）。而且，英国电信也有可能希望沃达丰为牌照支付尽可能高的价格。这有两个原因：第一，它会减少沃达丰的预算约束，从而使沃达丰在此后的拍卖中成为一个更弱的竞争者（英国拍卖是西欧 9 个 3G 拍卖中的第一个，世界上其他地区的拍卖也在英国拍卖后才进行的）。第二，使沃达丰支付更高的牌照费用，会使得"市场"认为沃达丰在拍卖中并不比英国电信做得好。坊间相传的证据表明，英国电信非常关心股票市场对其拍卖表现的理解，以及市场对其与沃达丰相对位置的看法。允许沃达丰以比英国电信支付的价格更低的价格赢得大牌照，可能暗示着英国电信的经理做了一笔坏交易。这也可能意味着英国电信不能像沃达丰那样有效使用大牌照，从而英国电信认为自己在一个弱势位置，而沃达丰则是明显的"老大"。因此，将大牌照的价格抬高至当前小牌照价格的 1.5 倍，给英国电信带来的风险并不是很大，即使在可能以比自己估计的多支付几个亿的情况下获得大牌照时亦如此。

当然，即使赢得大牌照的风险很小，也意味着很大的期望成本。但是，同样可能的是，如果英国电信确实赢得了大牌照，那么它可以将部分牌照转卖。由于拍卖已经很明确地确立了牌照每兆赫兹的价格，因此英国电信的损失会很小，甚至没有损失。（转卖的可能性尚不明确，但和记黄埔的确在拍卖后不久转卖了部分牌照给荷兰的 KPN 公司和日本的 DoCoMo 公司，其价格和英国电信和沃达丰支付的价格几乎相同）。无论结果如何，观察家可能会认为英国电信的经理作出了明智的决策，即使英国电信最终以比小牌照价格高 50% 的价格赢得（且持有）大牌照。

这一理论没有回答一个重要的问题，那就是为什么英国电信没有在拍卖的早期抬高大牌照的价格？一个原因是早期拍卖中的报价，尤其是当拍卖明显不可能会在短期内很快结束时，多数都是很不严肃的。实际上，一些报价可能纯粹是出于好玩或试图吸引媒体的注意等目的。例如，O2 公司在拍卖的第 76 轮的报价是 121 210 万英镑。英国电信在第 99 轮仍然有 9 个买方（从而需要再有 4 个买方退出，拍卖才会结束）时开始抬高大小牌照的价差，一直到第 112 轮才停止这种做法。此时，大牌照的价格已经比小牌照的价格高一半多（价差超过 15 亿英镑）。

英国电信在拍卖早期没有抬高价差的一个更重要的原因是，英国电信可能不愿太早影响其他买方对牌照的价值判断，使其他买方认为牌照的价值很高（因为这些买方可能需要时间来调整他们的估价，以及得到董事会的批准来使用更多的资金等）。例如，如果英国电信对小牌照的估价是 50 亿英镑，那么他可能会相当肯定沃达丰对小牌照的估价在 40 亿英镑以上，因此，沃达丰至少要为大牌照多付 20 亿英镑。但是，将大小牌照价格差立即抬高至 20 亿英镑，将立即传递一个非常清楚的最终价格将是多少的信号。但是如果小牌照的价格很低，这样做就可能损害英国电信的利益。

最后一个可能的原因是，在拍卖早期，英国电信可能并没有把握沃达丰对大牌照的估价是对小牌照估价的 1.5 倍。

最可能的原因是，英国电信以为拍卖早期的出价无关紧要，他的最优策略是基本上模仿低估价值，从而大小牌照的价值差也很低。

第三节 瑞士无线电频谱拍卖研究

一 瑞士简介

1. 瑞士概况

瑞士是一个位于欧洲中部（或归类于西欧）的联邦制国家，与德国、法国、意大利、奥地利及列支敦士登接壤。瑞士是全球经济很发达和生活水准很高的国家，人均国民生产总值居世界前列，旅游资源丰富，有世界公园的美誉。截至 2009 年，瑞士人口总数是 770.02 万，人口密度是 186.5 人$/km^2$。伯尔尼是联邦政府所在地，而该国的两个著名全球性都市苏黎世和日内瓦分别被列为世界上生活品质最高城市的第一和第二名。瑞士也是世界著名的中立国，历史上一直保持政治与军事上的中立，但瑞士同时也参与国际事务，许多国际性组织的总部也设在瑞士。

2. 瑞士经济简史

瑞士是高度发达的资本主义工业国，在富有国家中以人均财富 64.8241 万美元傲居榜首，人均 GDP 和人均收入都超过美国和日本，居世界第一位。瑞士外贸发展见图 4-3。

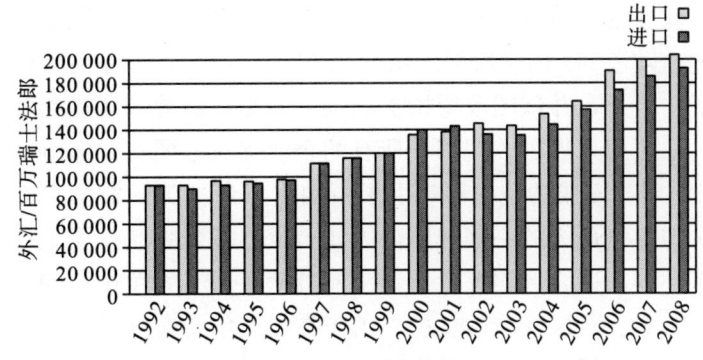

图 4-3　瑞士外贸发展图①

截至 2009 年，瑞士各主要经济指标如表 4-4 所示。

表 4-4　瑞士经济指标

国内生产总值	35 190 亿元人民币
国民人均收入	359 508 元人民币
通货膨胀率	2.4%
失业率	2.6%

二　瑞士无线电频谱拍卖简介

2000 年 11～12 月，瑞士政府采用了英国的 3G 牌照拍卖方案，举行了全国性的 3G 牌照拍卖，但结果却很不理想。拍卖的成交价格以人均来算，只有英国和德国人均拍卖收入的 1/13，是瑞士政府期望值的 1/50。

瑞士政府 3G 牌照拍卖在经济上失败的原因是只是简单模仿英国的拍卖方案，没有考虑到竞拍者对英国拍卖方案的学习产生的合谋行为，竞拍者联合起来以最低价获得了 3G 牌照。

瑞士政府采用升价拍卖出售 4 张 3G 牌照，然而瑞士的在位运营商就有 4 家。很多潜在买方最初都对此表示出很强的兴趣，但由于在位运营商明确表示一定要获得牌照，4 张牌照的拍卖方案使得潜在买方打消了参与拍卖的念头。例如，德意志电信和和记黄埔都赢得了德国、奥地利、荷兰、英国以及其他国家的 3G 牌照，但却在瑞士拍卖开始前一周退出了拍卖。调查还发现，至少有 1 家公司聘请了拍卖咨询公司，并在得知自己在升价拍卖中很难胜出后也放弃了竞拍。

瑞士政府还允许企业在拍卖结束前一分钟进行联合竞拍，这实际上是允许公

---

①　1 瑞士法郎＝6.6061 元人民币。

开的合谋。因此在拍卖前一周,竞拍企业数从 9 个迅速降到了刚好 4 个。雪上加霜的是,从此前欧洲 3G 拍卖所得的信息来看,政府设立的保留价极其低。政府将拍卖推迟了一个月,并试图改变拍卖规则。但是,这种做法遭到了剩余竞拍企业的强烈反对。政府未能更改规则,所有的企业都只需要支付保留价。

英国 3G 牌照拍卖成功是由于吸引了新的进入者。英国的拍卖方案明确在位运营商不能参与竞争最大的一张牌照,因此至少有一张牌照归属于新进入者,这吸引了大量潜在的新进入者相互竞争,由此带动了所有牌照价格的上升。而瑞士的方案没有明确对于新进入者的支持,由于在位竞争者宣称无论什么价格都要获得牌照,而牌照数量等于在位竞争者数量,因此其他潜在竞争者由于缺乏竞争优势而退出了竞拍。参与竞拍的 4 家在位企业迅速达成默契,每个企业选择了一张牌照,并且价格等于政府设定的保留价格。由于政府设定的保留价格太低,因此牌照拍卖的最终结果在经济上是失败的。

事实证明,在瑞士设计的牌照数量下,使用密封拍卖方式更好。在密封拍卖中,每个报价人只能一次报价,如果在位的运营商联合起来报低价,潜在的进入者的报价就有可能成功,这会导致在位运营商失去牌照,因此,密封拍卖在瑞士方案中是更恰当的。

第四节　德国无线电频谱拍卖研究

一 德国无线电频谱拍卖概述

德国对于频谱交易的探索也始于 2000 年的 3G 牌照拍卖。德国的 3G 牌照从 2000 年 7 月 31 日至 8 月 18 日,共历时 19 天,共进行了 173 轮竞拍,共计筹得 508 亿欧元。

和英国的 3G 牌照拍卖一样,德国的 3G 牌照拍得的金额巨大,单纯从收入来说达到了拍卖的目的。但是这也使得拍得频谱牌照的运营商在接下来的时间里陷入了极大的资金困境,不仅在频谱牌照上的花费巨大,建网所需的资金也十分巨大。结果在德国 3G 牌照拍卖后,各个运营商的运营情况都不是特别理想,一部分运营商被迫破产从德国撤资,另外一部分也经历了相当长时间的亏损。典型的例子是西班牙电信和芬兰索拉纳公司联合成立的合资公司 Group 3G。Group 3G 耗资 84 亿欧元拍得 3G 牌照,但之后宣布不会在德国部署 3G 网络,之后 Group 3G 被勒令交出了 3G 牌照,提起诉讼要求政府退回牌照费用也以败诉而告终,最后该公司宣布撤出德国市场。从这里可以看出,无线电频谱牌照费用存在一个合理的价格范围,太低不能反映无线电频谱的价值,不利于促进高效利用,太高对于运营商来说经济压力太大，不利于市场稳定以及电信运营商的正常发展。

德国最近的一次拍卖是 2010 年 4 月 12 日至 5 月 20 日的频谱拍卖，此次拍卖的频谱预计用于 4G 通信技术。经过 27 天共 224 轮的角逐，政府共计从中获得 44 亿欧元的收益，参与竞拍的全部 4 家运营商也都获得了一些频谱。此次拍卖的部分频谱及拍得的公司如图 4-4 所示。

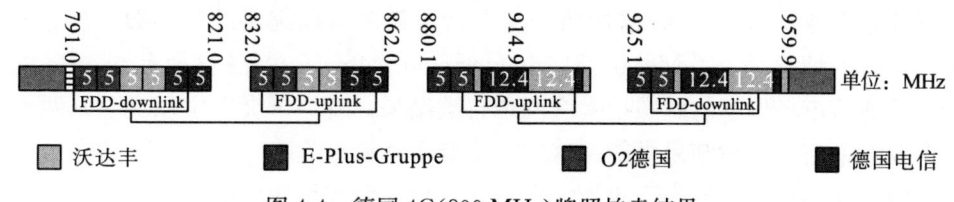

图 4-4　德国 4G(800 MHz)牌照拍卖结果

此次 4G 牌照拍卖虽从金额上和 2000 年进行的 3G 牌照拍卖的收入差异较大，但考虑 2000 年的 3G 牌照拍卖对电信市场的负面影响以及之后产生的电信泡沫，此次拍卖是对电信市场的真实反映，是成功的拍卖。

二　德国无线电频谱拍卖过程

德国的 3G 牌照拍卖的最大特点是在拍卖前最终会成交的牌照个数是待定的，4~6 张不定。开始阶段，待拍卖的频段范围已经被分成 12 个频段，每段基本上都是2×5 MHz，这 12 个频段就是拍卖标的物。拍卖时单个买方只能购买一个牌照，但牌照有大小之分。具体做法是：买方可以购买 2 个频段组成的一张小牌照或者购买 3 个频段组成的一张大牌照。显然，这种机制下，最终可能出现的牌照张数是 4~6 张，而德国的 2G 通信市场上已有的运营商有 6 家。买方人数在拍卖开始时，有些变动。一开始，有意向参与拍卖的买方是 13 家，但因为各种原因[1]，最终参与的只有 7 家。

此次拍卖结束于 2000 年 8 月 17 日，历时 3 周，共进行了 173 轮竞价。拍卖结果为12 个频段被市场自由组合成 6 张小牌照，分别被 6 家企业获得。这 6 家企业分别是 E-Plus Hutchison[2]，Group 3G，Mannesmann Mobilfunk[3]，Mobil

---

[1]　原因涉及德国政府高昂的保证金以及买方对拍卖机制的不信任。
[2]　E-Plus Hutchison 是由德国移动电信运营商 E-Plus 和香港和记黄埔(Hutchison)各出资 50% 成立的合资企业，成立于 2000 年前。
[3]　Mannesmann Mobilfunk，通常译作曼纳斯曼公司，成立于 1980 年。在 2000 年，曼纳斯曼被英国第一大电信运营商沃达丰以创纪录的 1200 多亿美元收购。在被收购前，曼纳斯曼一直是德国最大的电信运营商。

Com Multimedia、T-Mobile① 和 VIAG Interkom。拍卖直接收入总计逾 500 亿欧元。每家公司持有的牌照都是小牌照，只有两个频段，每个牌照的价格都约为 84 亿欧元。

此次拍卖的过程也很曲折。首先，在经过 125 轮竞价后，主要的"潜在进入者"② Debitel 公司退出了竞标，此时的每个频段（不是每张牌照）的价格已经升至 25 亿欧元，拍卖随时都有可能结束。因为随着 Debitel 公司的退出，拍卖场上只剩下 6 家企业，而 12 组频谱按照上文分析，最多可以提供的牌照数量恰恰是 6 张。当时的情况是，T-Mobile 和 Mannesmann Mobilfunk 各自拥有约 40％的德国无线通信市场份额。牌照拍卖有两个自然结果，哪一个会发生取决于这两个主导企业的策略。一种结果可能是这两个主导企业抬高价格，迫使剩余的小企业退出竞争。这种结果会产生高收入，但是同时会导致非常集中的市场结构。另外一种结果可能是，这两个主导企业引导其他小企业默契"合谋"。每一企业分得两组频段，从而很快结束拍卖。这种可能的结果是政府会获得很低的收入，但市场将更具竞争性。

不过，拍卖并没有就此戛然而止，因为 6 个买家各有自己的盘算。一方面，场上的两个较大买家 Mannesmann Mobilfunk 和 T-Mobile 显然不甘心"屈尊纡贵"地和那些小企业一样拿张只有两个频段的小牌照。另一方面，剩下的 4 家较小的公司也不愿意就此退出而丧失分享德国 3G 市场这块"大蛋糕"的机会。

拍卖的结果令买方啼笑皆非。拍卖并没有在第 125 轮截止，而是一直进行到了第 173 轮。最终成交时，每家企业还是只拿到了一张小牌照，他们为了这个原本在第 125 轮就可以实现的结果，共多支付了 200 亿欧元。

第五节　挪威无线电频谱拍卖研究

一　挪威 2.6 GHz 频谱拍卖简述

挪威采用同步升价拍卖方式开展 2.6 GHz 频谱的拍卖。此次 2.6 GHz 频谱拍卖以 2500～2690 MHz 频段为主，历时 7 天，共经过 78 轮竞价，有 8 家公司参与，总收入 NOK（挪威克朗）22 8881 000。

此次拍卖技术中立，运营业务无限制，可买卖、可租售，但需经过挪威邮电

---

① T-Mobile 是一家跨国移动电话运营商。它是德国电信的子公司，属于 FreeMove 联盟（FreeMove 联盟是一个旨在降低跨国漫游费的多国电信运营商联盟）。T-Mobile 在西欧和美国运营 GSM 网络并通过金融手段参与东欧和东南亚的网络运营。该公司拥有 1.09 亿用户，是世界上最大的移动电话公司之一。

② "潜在进入者"在这里的含义是：意图进入德国 3G 市场开展业务的企业。Debitel 是德国 2G 市场最大的电信运营商之一，2000 年以前，市场份额最高时一度达到 47％。

管理局（Norwegian Post and Telecommunication，NPT）许可。频谱使用的有效期为 15 年（2008～2022 年），没有购买许诺及限定时间内的布网要求。任何企业及个人均可参与，每个竞拍实体只允许唯一代表。

竞拍频率被分为 5 个子带，编号 A～E，每个子带内频段划分不同（表 4-5），用数字进行编号。

表 4-5　挪威 2.6 GHz 频谱划分

牌照划分	A 牌照	B 牌照	C 牌照	D 牌照	E 牌照
子牌照	A	B1，B2，B3，B4，B5	C1，C2，C3，C4，C5，C6，C7，C8	D1，D2，D3	E1，E2，E3
频段范围/MHz	2010～2025	2570～2602	2500～2540，2620～2660	2540～2570	2660～2670

每个频段再分为 6 个不同区域，编号为（i）～（vi），如图 4-5 所示。

区域	人口/人
i	1 957 946
ii	673 027
iii	808 290
iv	371 729
v	407 905
vi	462 237

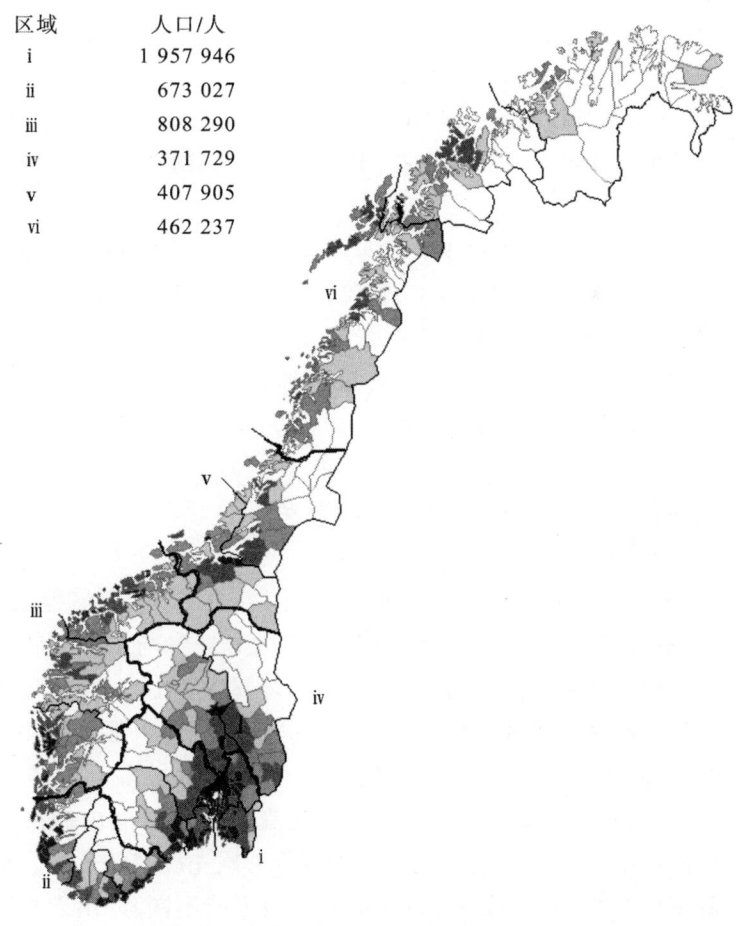

图 4-5　挪威 2.6 GHz 频谱拍卖区域编号

(1)A(i)～A(vi)——2010～2025 MHz；

(2)B1(i)～B1(vi)，B2(i)～B2(vi)，B3(i)～B3(vi)，B4(i)～B4(vi)，B5(i)～B5(vi)——2570～2620 MHz；

(3)C1(i)～C1(vi)，C2(i)～C2(vi)，C3(i)～C3(vi)，C4(i)～C4(vi)，C5(i)～C5(vi)，C6(i)～C6(vi)，C7(i)～C7(vi)，C8(i)～C8(vi)——2500～2540 MHz、2620～2660 MHz；

(4)D1(i)～D1(vi)，D2(i)～D2(vi)，D3(i)～D3(vi)——2540～2570 MHz；

(5)E1(i)～E1(vi)，E2(i)～E2(vi)，E3(i)～E3(vi)——2660～2690 MHz。

二 挪威无线电频谱拍卖年度管理费用计算

年度管理费用取决于该频段的最终中标者数量，总额为固定部分+变化部分（由带宽和该地区人口数量决定），公式如下：

(NOK 25 000×连续块数量)+(NOK 1600×带宽 MHz)×(区域人口密度)

对于年度管理费用的计算，例如全国牌照 1 为 10 MHz(双工)频段，则年度管理费用为

NOK 25 000×2+(NOK1600×10×4.7/4.7)=NOK 66 000

例如全国牌照 2 为 20 MHz(单工)频段，则年度管理费用为

NOK 25 000+(NOK 1600×20×4.7/4.7)=NOK 57 000

例如区域牌照 1 为 10 MHz(单工)频段，则年度管理费用为

NOK 25 000+(NOK 1600×10×1.96/4.7)=NOK 31 672

三 挪威 2.6 GHz 频谱拍卖流程

挪威 2.6 GHz 频谱拍卖主要采用同步升价拍卖方式，主要流程如下。

(1)网上竞价准备工作。竞拍者以注册用户的方式参与：安装软件，注册成功后反馈数字认证信息、用户名和密码，系统测试及调试，提供注册表、保证金、非授权拒付声明和其他相应信息。所有材料英文填写，邮寄原件。

(2)逐轮竞价基本规则。初始报价时，每个竞拍者最多可申请 2500～2690 MHz 频段上的 90 MHz，每轮独立运行，竞拍者在固定时间内做决定。每轮结束，确定当前最高报价，公布结果。第一轮报价为预先设定的价格。从第二轮开始，各频段的报价为当前最高价+增量(不同区域可能不同)。出现相同报价时随机选取，确定等级序列。各竞拍者在每个区域的有效报价数量由第一轮报价确

定,整个拍卖过程不变。

(3)竞拍切换规则。竞拍者可将其在某个频段上的有效报价切换至同一区域的其他频段,在同一轮中放弃一些频段,同时新增一些频段报价,以此完成切换。

(4)活跃度及资格。活跃度,竞拍者在某区域的频谱竞拍中的活跃程度通常以数字表示,即每轮结束后,其初始拥有的当前最高报价数量+本轮新出价数量－取消的最高报价数量。各竞拍者在某区域允许的最大竞标资格数,逐轮不同,与活跃度有关。拍卖前,规定一个初始资格数(54),第二轮的资格数等于第一轮的有效报价数,此后根据活跃度调整。资格决定报价数量和范围,活跃度决定中标概率,两者相辅相成。

(5)拍卖中止。若某轮没有新报价,没有放弃也没有弃权声明,则拍卖中止。拍卖员也可声明某轮为最后一轮竞价。若最后一轮有相同报价,要么随机选取,要么增加额外报价次数,直至一人胜出。

(6)授权阶段。授权阶段主要包含拍卖结束时出价最高者将收到 NPT 的通知。中标者应在 10 个工作日内交齐全款。若出现延期支付或不完全支付,NPT 有权从保证金中提取或强制执行,且可将该频段划分给出价次高的竞拍者。所有牌照发放后,将公布频谱分配情况、中标者和各频段价格。

(7)频谱拍卖结果。经过上述频谱拍卖流程,最终拍卖结果如图 4-6 所示。

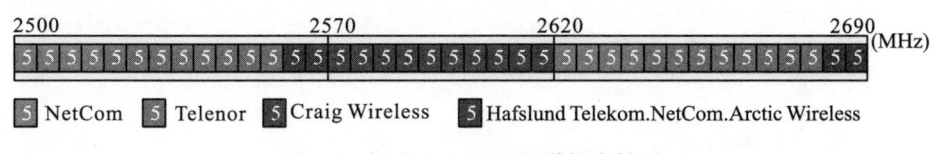

图 4-6　挪威 2.6 GHz 频谱拍卖结果

挪威 2.6 GHz 频率的拍卖过程可看做欧洲国家无线电频率拍卖的缩影。此次拍卖规则严格,流程复杂,但公开、透明,相对较成熟。竞拍者采取什么竞拍策略至关重要,需因时而动。拍卖流程可供我国后续研究新频率管理模式时参考和借鉴。

第六节　中国无线电频谱拍卖研究

香港无线电频谱拍卖追随着无线电频谱分配方式的大潮,引入了主流的拍卖方式。香港自 2001 年以来成功举行了多次无线电频谱拍卖,为香港特区政府筹集了巨额财政收入。本节首先从整体角度出发刻画香港无线电频谱拍卖的概况,而后通过对两次无线电频谱拍卖的详细阐释,进一步分析香港无线电频谱拍卖的特点,以及当今无线电频谱拍卖的趋势。

一 香港无线电频谱拍卖概况

1999年10月,香港特区政府正式考虑效仿美国公开拍卖无线电频谱筹集巨额收入,以解财政困境。OFTA在已呈交"立法会"审议的电讯(修订)条例草案内加入变相容许拍卖无线电频谱的修订条文,替政府日后拍卖无线电频谱建立了法理依据。

2001年香港进行了第一次无线电频谱拍卖,拍卖的频段为1.9~2.2 GHz,用于3G服务;相隔6年后香港在2007年进行了第二次无线电频谱拍卖,拍卖的频段为850 MHz,用于CDMA2000服务;而最近一次无线电频谱拍卖是在2011年2月进行的850 MHz、900 MHz以及2 GHz频段的拍卖。香港2001年至今进行的无线电频谱拍卖除了以上三场外,还有对用于手机电视服务频段的拍卖,以及被称为"准4G"的宽带无线接入(broadband wireless access,BWA)频段的拍卖。

相关资料显示,OFTA进行的几场无线电频谱拍卖均采用了同步多轮升价的拍卖方式。据不完全统计,香港政府通过拍卖拍得36.377亿港元,加上无具体拍卖收入数据的第一次、第二次无线电频谱拍卖,估计香港政府通过无线电频谱拍卖筹得的资金在70亿港元以上。

二 香港"准4G"牌照拍卖

1. "准4G"频段特征

2007年12月,OFTA公布,将启用2.3~2.4 GHz的频段以及2.5~2.69 GHz的频段,并于2008年第四季度对相关牌照进行公开拍卖。按照2007年ITU的相关决议,这两个频段在国际上分别被分配给了TD-SCDMA和WiMax(全球微波互联接入)。相关发言人表示,启动这两个频段,将有助于香港成为先进的无线城市,并帮助公众以更合理的价格随时随地接入互联网和多媒体服务。发言人表示所提供的无线电频谱资源一共可以容纳6张网络牌照,但是实际发放牌照数将取决于拍卖结果和竞拍者的意向。

这是香港第三次以公开拍卖的方式来分配无线电频谱资源。OFTA相关文件显示,上述两个频段被OFTA用来提供宽带无线接入服务(broadband wireless access,BWA),以实现广泛的高速传输、无线数据业务。BWA被认为未来能够取代传统固定电话线,能更有效完成移动网络的功能。在作出决议之前,OFTA局长曾就无线宽带服务向产业及公众进行了三轮的意见征询,并根据调查结果,宣布将启用这两个频段来提供无线宽带服务。在第二轮征询结束后,香港13家电信运营商曾联合提议，要求监管政策尚未完善前 OFTA 应暂缓拍卖，以保障运营商的利益。而在 OFTA 启动该项决议时，已经有不少国家启用了 2.3 GHz 或 2.5 GHz 来提供宽带无线服务，如澳大利亚、新西兰、德国、英国、日本、新加坡、韩国、美国等。

2008 年 10 月，OFTA 正式发出 BWA 牌照拍卖细则，频率为 2.3 GHz 和 2.5 GHz；最低频谱使用费定为每 5 MHz 频谱 2500 万港元。成功竞拍者须一次性支付频谱使用费，并在获批牌照后五年内提供通信服务。

OFTA 没有明确此次频谱拍卖所面向的技术制式，不过业界一般认为这就是 WiMax 牌照，WiMax 也是目前较适合此频段的 BWA 技术，可为固定和移动客户提供多种宽广区域的高速无线数据服务。较 2007 年进行的 CDMA2000 拍卖而言，WiMax 牌照由于其技术的中立性，给予了运营商较大的灵活度，因此市场反映也较佳。

这是香港首次通过互联网平台进行无线电频谱拍卖。在同步多轮升价的拍卖方式下，所有 12 个频段在多轮的拍卖中同时接受竞拍。每个频段的频谱使用费选取最高竞拍价。

OFTA 预计如果能成功出售所有频谱，政府可获得 9.75 亿港元收入。此次拍卖于 2009 年 1 月举行，共有 195 MHz 的无线电频谱供竞拍，分为 12 个频段，每个频段的频宽为 5~30 MHz，新进入运营商和固网运营商均可参与竞拍，每名竞拍者可以竞拍任何组合的频段，可竞拍的频谱上限为 30 MHz。

在此次拍卖进行之前，香港共有 6 家移动运营商，和 11 家固网运营商，因此此次 WiMax 牌照发放前，总共已经有 17 家运营商争夺电信市场。

2. "准 4G" 牌照拍卖结果分析

2009 年 1 月，OFTA 发出公告，已完成 2.3 GHz 和 2.5 GHz 频段的无线电频谱拍卖。此次拍卖共有 5 家公司参与了竞拍，3 家成功竞拍公司共花费 15.357 亿港元获得了 90 MHz 频段，其中中国移动以 4.947 亿港元拍得其中的 30 MHz 频段，也就是获得了香港 BWA 牌照。OFTA 规定这 3 家成功竞拍公司须在 30 个工作日内缴付无线电频谱使用费，提交 1.5 亿港元的履约保证金并满足其他有关的规定和管理要求。缴纳保证金的目的是为了确保持牌运营商会在有关牌照发出后五年内提供宽带无线接入服务。

此次频谱拍卖进行了 9 天，共进行了 56 轮的竞价，最终拍卖结果如表 4-6 所示。

表 4-6　香港 BWA 牌照拍卖结果

竞拍者	无线电频谱	无线电频谱使用费/亿港元
Genius Brand Limited	30 MHz(2500～2515 MHz 与 2620～2635 MHz 成对)	5.180
香港移动通讯有限公司	30 MHz(2540～2555 MHz 与 2660～2675 MHz 成对)	5.230
中国移动香港有限公司	30 MHz(2555～2570 MHz 与 2675～2690 MHz 成对)	4.947
总计	90 MHz	15.357

此次拍卖成交牌照均为 2.6 GHz 范围内的成对牌照，价格为 2.44 港币/MHz/pop(约合 0.24 欧元/MHz/pop)。可能是受信贷危机的影响，此次拍卖缺乏境外竞拍者。正如人们所期待的那样，此次拍卖的价格超出了最近一次 2.6 GHz 频段拍卖的价格，而且非配对频谱似乎完全不受欢迎。

香港 2.6 GHz 频段拍卖的价格高于挪威该频段拍卖的价格(配对频谱 0.03 欧元/MHz/pop)和瑞典该频段拍卖的价格(0.16 欧元/MHz/pop)。实际上，香港 2.6 GHz 频段拍卖的底价(0.07 欧元/MHz/pop)就已经高于瑞典和挪威拍卖的非成对频谱的价格。鉴于 2009 年信贷紧缩和不断恶化的经济环境，这种现象似乎有些令人吃惊。

然而以下列出的理由却很好地解释了其中的原因：最明显的一个原因是香港的人口密度高，这将有利于实现更大的成本节约。由于 2.6 GHz 频段很可能仅在城市地区部署，因此在整个地区范围内比较人口密度是不合理的。而且，瑞典的首都斯德哥尔摩市和挪威的首都奥斯陆市的人口密度都比不上香港，这就意味着香港 2.6 GHz 频段的价格会较高。另外，香港有比瑞典更多的运营商对较少的成对频谱进行竞争，且 2.6 GHz 频段只发放 3 张许可证，远远少于参加竞拍的运营商数量，如此激烈的竞争也意味着香港 2.6 GHz 频段的价格会较高。

三　850 MHz、900 MHz 以及 2 GHz 频段拍卖

2010 年第三季度 OFTA 的统计数字显示，能使用移动数据服务的移动通信用户数目已由 2007 年 12 月的 290 万增加至 2010 年 7 月的 580 万，增幅达 100%，人口普及率为 82%；同期移动数据流量则由 32 TB 激增 38 倍至 1236 TB。

为配合近年持续蓬勃发展的移动市场，满足需求和维持市场增长动力，移动通信业需要投入资源，扩充网络容量。适时向市场发放新的无线电频谱，有助于移动通信业扩充网络容量，对业界的健康扩展至为重要。因此，OFTA 在 2011 年 2 月进行了 850 MHz、900 MHz、2 GHz 频段的额外拍卖。

1. 拍卖频段特征

此次拍卖的频谱分为四段,即频段 A(832.5～837.5 MHz 与 877.5～882.5 MHz 的成对频段,合计为 10 MHz)、频段 B(885～890 MHz 与 930～935 MHz 的成对频段,合计为 10 MHz)、频段 C1(2010.0～2014.8 MHz,合计为 4.8 MHz)和频段 C2(2014.8～2019.7 MHz,合计为 4.9 MHz),共计 29.7 MHz。

此次拍卖将不设频谱上限,新运营商和现有持牌人均可参与竞拍,竞拍者可选择竞拍任何一段至全部四段频谱。拍卖定下最低频谱使用费(即拍卖底价),频段 A 和频段 B 各为 3000 万港币,频段 C1 和频段 C2 各为 1500 万港币,如表 4-7 所示。成功竞拍者须一次性付清频谱使用费,具体金额将通过拍卖确定。

表 4-7 四段频谱拍卖底价

频段	频段/MHz	带宽	底价/百万港元
A	832.5～837.5 877.5～882.5	5 MHz×2	30
B	885～890 930～935	5 MHz×2	30
C1	2010.0～2014.8	4.8 MHz×1	15
C2	2014.8～2019.7	4.9 MHz×1	15

此次拍卖的频段使用有效期为 15 年,成功竞拍者将获得综合传送者牌照,须在获得牌照起的五年内,就每段频谱提供服务并覆盖最少 50% 香港人口。为了保证各竞拍者按规定履约,OFTA 针对每段频谱规定了相应的履约保函,如表 4-8 所示。

表 4-8 四段频谱及其履约保函

频段	保函/百万港元
A	50
B	50
C1	25
C2	25

由于频段 B 已被指配给现有移动网络运营商以改善指定区域(包括郊野公园和指定偏远地区)的服务覆盖,因此频段 B 的成功竞拍者只许在位于指定区域以外的基站使用有关频谱。此外,频段 B 内的部分无线电频谱,将以共用的方式指配给铁路营办商,以供跨境铁路通信及控制运作使用。频段 B 的成功竞拍者须与这些营办商协调,以免给彼此造成有害干扰。

2. 拍卖结果分析

最终 OFTA 通过互联网软件平台,以同步升价方式拍卖频谱。拍卖自 2011

年2月28日起经过4天共计41轮竞价后于3月3日下午顺利完成。拍卖获胜者须按规定在公告发出后30个营业日内缴付频谱使用费和履约保证金。此次拍卖成功竞拍者、拍得的无线电频谱及其使用费如表4-9所示。

表4-9 拍卖结果

成功竞拍者	无线频谱	频谱使用费/亿港元
数码通电讯有限公司	频段A(832.5~837.5 MHz与877.5~882.5 MHz成对)	8.75
和记电话有限公司	频段B(885~890 MHz与930~935 MHz成对)	10.77
总数	20 MHz	19.52

此次拍卖与"准4G"牌照的拍卖结果有类似之处,最终成交的牌照仍为成对牌照且牌照拍出的价值较高。本次拍出牌照的带宽仅20 MHz,却拍得19.52亿港元的价值,与"准4G"拍卖90 MHz带宽拍得的15.357亿港元价值相比,每兆赫兹价值由0.17亿港元上升至了0.976亿港元。

造成无线电频谱单位兆赫兹价值激增的因素主要有以下两点:

第一,如本节拍卖背景所述,移动数据流量由32 TB激增38倍至1236 TB,用户需求的不断上升,正面增强了运营商对未来业务收入的预期,从而使运营商对无线电频谱的估价上升;

第二,全球经济复苏所营造的良好金融环境也促进了此次拍卖牌照价格的大幅提升。这一现象也正好从反面印证了信贷危机会影响频谱拍卖价格的观点。

第七节 无线电频谱拍卖中存在的问题

一 无线电频谱拍卖共性问题

1. 拍卖进入问题

在3G电信牌照拍卖中,根本的问题是在位者已经在2G市场上运营,他们和潜在进入者相比有着巨大的优势。因此,很难说服潜在的进入者参加竞拍。

在位运营商的2G业务不仅与3G业务互补,而且他们投资于3G必需的基础设施(无线塔等)的成本也比新进入者低很多,因为他们可以利用已有的2G网络设施运营3G业务。在位者的优势还包括已经建立的顾客群和品牌认知度。这些问题在计划初期显得很突出,因为当时的市场研究表明,还没有明显的潜在进入者对3G产业感兴趣,也没有理由对拍卖的进入感到乐观。

因此,例如英国,拍卖设计者最初的报告强调鼓励进入从而促进竞争的重要性。建议的两个措施(允许转卖和向进入者提供信用支持)由于各种原因被英国政府否决了。但是，政府要求企业提供"漫游"，它使得进入者可以以管制价格接入在位运营商的 2G 网络。

2. 分成收费还是一次性收费问题

另外一种吸引进入的方法是分成收取牌照费用，而不是一次性收取。一方面这可以使政府与运营商共同分担风险；另一方面，新进入者对于任何给定的分成比率都会支付更少的费用。但是，英国政府对分成费用拍卖并不是很感兴趣。分成费率必须根据某些真实并且可观测的变量来计算，而利润却不是这样的一个变量。因此，通常的做法都是根据收入来计算。例如，在美国的某些石油开采权拍卖中，分成费率是根据独立测量的油井产油量和当天的市场价格决定的。

然而，根据收入计算分成费相当于"增值税"，从而在电信这样的寡头市场会产生社会福利净损失，这和销售税不利于垄断者和寡头的道理是一样的。而且，每次通话收取一定的分成费，相当于一种特别税，其带来的扭曲更大。相比而言，石油价格更具竞争性，基本不受任何国家收取的分成费影响。

分成收费还使得买方可以违约，或在需求不如预计的那样高时试图进行分成费用复议。因此，政府面临着企业只是将购买作为一种"购买期权"的风险。美国的很多频段拍卖都受到了这种行为的影响，赢家不需要一次性支付牌照费用，一些赢家甚至分文未付，这给 FCC 带来了管理上的困难和政治上的难堪。

当然，在电信这样的寡头市场上，如果不同赢家支付不同的分成费率，就会产生进一步的扭曲。尽管存在这些问题，英国政府仍然考虑了同时包括一次性费用和收入分成的支付方案。但是，这种方案由于不同的技术和其他方面的考虑而最终被否决了。由于只能在分成收费和一次性收费这两种方案之间进行选择，一次性收费显然是政府的答案。这一方案虽然经济是有效的，但它招致了很多不能区分沉没成本和可变成本对价格决策影响的观察家的批评。

3. 拍卖牌照数量问题

从工程角度看，发放更大的牌照可以让运营商提供更好的服务。但是，发放更多更小的牌照却可以促进竞争并提高消费者福利。

在位运营商认为，应由"市场"决定到底应当有多少张牌照。很多政府官员也赞同这一观点。但是，这种看法混淆了两种不同的市场，电话服务市场的消费者利益在牌照拍卖市场中没有得到充分体现。有关设计者提供了牌照规模和张数由拍卖内生决定的几个方案，但在这些方案下，牌照的有效配置难以得到保证。而且，只有非常复杂的方案才可以防止出现产业过度集中的现象。因此，英国政府最后选择拍卖固定数目的牌照，且不允许任何买方获得一张以上的牌照。

4. 拍卖合谋问题

拍卖市场中的竞拍者通常趋向于合谋，合谋的竞拍者常被称为竞拍团伙或卡特尔，该团伙可以包括所有的竞拍者也可以只是一部分竞拍者。在拍卖开始之前，团伙成员互相协调自己的行动作为单一的实体进行竞价，这种合谋降低了拍卖中的竞争程度，而且能够创造额外的剩余，这些剩余在拍卖结束之后在团伙成员之间进行分配。例如德国无线电频谱的拍卖实践中，"合谋"是最主要的问题。德国无线电频谱拍卖的合谋主要体现在两个经典案例里。

案例一：在德国某次无线电频谱拍卖中，德国移动通信公司和德国移动通信运营商迪比特的关系在拍卖一开始就显得很暧昧。在拍卖初期，德国移动通信公司向迪比特公司提供了一个非常像合谋的邀约。德国移动通信公司告诉一家报纸，"如果迪比特一张牌照也不能获得，他可以利用德国移动通信公司的网络成为'虚拟的网络运营商'，同时节省牌照成本"。迪比特公司股价在此消息公布后上涨了12%。德国移动通信公司的这一声明，实际上等于在拍卖中提供单边支付。但是，由于政策和法律原因，德国政府未能惩罚德国移动通信公司。此外，如果取消德国移动通信公司竞拍资格，政府必须冒着立即结束拍卖的风险，而当时的价格只有最终价格的3%。虽然迪比特公司没有立即退出，但迪比特公司确实在相当低的价格上停止了竞价。

案例二：在德国另一次无线电频谱拍卖中，在拍卖竞价时，买方给出的价格也很蹊跷。曼内斯曼的好几个报价的末位数字都是"6"。普遍的看法是，这是他们的一个信号，表示他们愿意和剩余买方合谋立即结束拍卖。然而奇怪的是，在价格远低于弱势企业意愿价格水平时，T-Mobile① 拼命抬高价格，但在价格快接近弱势企业退出英国拍卖的价格水平但还没有将任何弱势企业赶出市场时却放弃了。一些观察家认为，T-Mobile 的目标由于其公司是由政府控股而受到了影响。无论如何，政府最后获得了高收入，并产生了一个分散的无线通信市场。

二 无线电频谱拍卖个性问题

1. 漫游问题

O2 和奥兰治成功地对英国政府强制"漫游"发出了一场法律挑战，使该计划陷于混乱。因为拍卖设计者并不清楚，任何进入者在不能保证可以漫游到现有 2G 网络时是否会竞价。

但是，新进入者只需要一个在位者的网络进行漫游，而且已经有一个在位者愿意在赢得 3G 牌照时提供漫游。因此，如果新进入者在该在位者没有获得牌照，且政府重新拍卖该牌照时可以取消报价，那么他们就会愿意参与竞拍。

困难在于，该在位者可能会策略性地避免赢得牌照，故意使获胜的进入者撤销报价，从而他可以在重新拍卖中以非常便宜的价格赢得牌照，因此可在拍卖中

---

① T-Mobile 是一家跨国移动电话运营商。它是德国电信的子公司，属于 Freemove 联盟。

增加一个阶段，以克服这一问题。如果该在位者未能赢得牌照，拍卖方会问其他的 2G 在位运营商是否愿意提供漫游。只要任何一个在位者表示愿意，那么拍卖结果就仍然有效。这一做法的意义在于，其他在位者都愿意将这看做一个不可错过的在 3G 市场排除强竞争者的机会。因此，第一个在位者就不太可能策略性地错过在最初拍卖中获胜的机会。最后，两个在位者——英国电信和沃达丰都同意提供漫游。

2. 相关买方问题

欧洲的电信产业错综复杂，很多组"相关买方"的所有权交叉的程度非常高，足以在双方都赢得牌照时破坏预期的竞争。例如，英国蜂窝网络公司当时由英国电信和 Securicor 公司联合拥有，因此，这三个公司中最多只有一个能够获得 3G 牌照。但是，英国政府并没有非常好的方法来修改规则以保证这一结果。因此，他们修正了方案，增加了一个预拍卖来决定两个交叉持股的公司哪一个可以继续参加主拍卖。

在实际拍卖中，预拍卖并没有被采用。在我们看来，预拍卖是一种权宜之计，可为各相关买方在解决交叉持股问题后的谈判中提供一个明确的参照价格。预拍卖也会使相关买方处于不利的地位，从而促使他们在拍卖前解决共同持股问题。最后结果是，英国电信在 1999 年 7 月购买了 Securicor 公司持有的蜂窝网络公司的股份，然后作为 BT3G 单独竞价，从而解决了最棘手的相关买方问题。

3. "沃达丰－曼纳斯曼收购"问题

曼纳斯曼公司是德国最大的两个无线通信运营商之一，在 1999 年 10 月，曼纳斯曼公司以近 350 亿美元收购了奥兰治公司。这使沃达丰公司非常失望，因为沃达丰一直在考虑与曼纳斯曼公司形成联盟，而奥兰治公司是沃达丰公司在英国 2G 市场最强的竞争对手之一。最后，沃达丰公司决定进行一场史无前例，也是德国现代公司史上最大的敌意收购。沃达丰向曼纳斯曼公司提出收购邀约，沃达丰公司同时还向政府提出，如果其收购成功，奥兰治公司和沃达丰公司应当可以在英国的 3G 拍卖中同时竞价。沃达丰公司还承诺在拍卖后立即撤出在奥兰治公司的投资。

这一要求使得英国政府深感为难。这一情况不再是一个普通的"相关买方"问题，因为沃达丰公司已经承诺撤出在奥兰治公司的投资，从而允许他们同时获得牌照并不会引起竞争政策方面的问题，而且这样做很可能是有效率的。和 BT、英国蜂窝网络公司、Securicor 的交叉持股问题不同，这里的共同持股问题不必立即解决，因为复杂的德国法律条款意味着，沃达丰在完成收购曼纳斯曼后的几个月内不能保证可以撤出对奥兰治公司的投资。

如果政府拒绝沃达丰的要求，按计划进行拍卖，那么就可能严重影响沃达丰收购曼纳斯曼。不过即使沃达丰成功收购曼纳斯曼公司，剥夺沃达丰或奥兰治甚至双方参与牌照竞争的机会,都会严重影响通信产业,且非常可能导致牌照的无效分配。

一种选择是推迟拍卖,但这种选择会增加市场的不确定性,从而延迟 3G 服务的开展。英国政府认为,后面的 3G 拍卖吸引的进入企业数会少很多,因为买方明白谁可能在将来的拍卖中成为赢家。如果买方形成联盟,后面的拍卖将更缺乏竞争。而且,如果买方认为赢得第一次拍卖会在未来的拍卖中给他们带来优势,那么他们在第一次拍卖中就可能选择出更高的价。结果证明,不推迟拍卖的决策是非常明智的。确实,再后来的荷兰、德国、意大利、奥地利、丹麦等国的无线电拍卖中,进入和参与竞争的通信企业都少很多,价格也低很多。

在决定是否同意沃达丰的要求时,英国政府的一个主要考虑是,如果允许双方在遵守公司内部需要保密的范围和规则的前提下报价,但禁止他们交换信息和协作报价,奥兰治公司和沃达丰公司的联合所有权会在多大程度上影响牌照的有效分配。这是因为,沃达丰公司作为奥兰治公司的临时拥有者,会在拍卖中选择最大化沃达丰和奥兰治公司利润总和的出价策略,而不是简单地最大化自己的利润。在整个拍卖设计过程中,要在很短的时间内处理这一事件的效率影响,是整个咨询过程中碰到的最困难的问题。不过,简单的理论计算和计算机模拟都表明,在牌照的相对价值范围内,这一问题对效率的影响是非常小的。

是否允许奥兰治公司和沃达丰公司在沃达丰成功收购曼纳斯曼后同时在英国 3G 拍卖中竞价是一个非常棘手的决策。考虑到这一点,政府趋向于采取适当的法律防范措施,允许他们同时报价。最后,沃达丰以 1750 亿美元成功收购了曼纳斯曼,没有证据表明这一决策导致了无效率的拍卖竞价。在拍卖后,法国电信以超过 400 亿美元的价格收购了奥兰治公司。

第八节　我国无线电频谱拍卖应用中的特有问题

上述世界各国无线电频谱拍卖案例的研究表明,无线电频谱拍卖交易方式使低效使用和未被使用的无线电频谱使用权得以转移,从而达到无线电频谱资源的最优配置,提高无线电频谱使用效率。无线电频谱拍卖交易方式为潜在用户提供了更多的进入无线电市场的机会,一定程度上减弱了当前通信运营商的垄断地位,促进了竞争。竞争的加剧将激励无线电频谱使用者不断创新,改进原有技术,开发新技术,推出新业务。无线电频谱拍卖通过市场机制根据需求原理来分配无线电频谱资源,提高了无线电频谱分配方式的公平、公正以及公开性。但世界各国无线电频谱拍卖中也发生了一些问题,例如合谋问题、拍卖牌照数量问题、拍卖进入问题、漫游问题、相关买方问题、分成收费问题以及收购问题等。我国无线电频谱拍卖过程中也可能同样出现这些问题。因此,针对我国国情,设计一套合理的拍卖方案，可以从一定程度上避免或减少合谋、进入等问题的副作用。

除了拍卖本身存在的问题，我国现有行政指配方式等因素影响开展无线电频谱拍卖交易机制。为了充分发挥市场的作用，通过市场机制来配置无线电频谱资源，尤其是开展无线电频谱拍卖交易方式分配无线电频谱使用权，则必须尽量减少或避免各国无线电频谱拍卖机制存在的问题以及我国开展无线电频谱拍卖的影响因素。和其他拍卖市场一样，我国无线电频谱拍卖也可能存在用户滥用市场支配力阻碍市场有效运作的现象。例如，用户在二级无线电频谱交易市场上获得无线电频谱，实施反竞争行为阻碍竞争对手接入无线电频谱，将严重阻碍无线电频谱交易市场的发展。其次，伴随着各国政府逐步引入无线电频谱拍卖机制和开放无线电频谱使用权，无线电频谱使用者可能改变原有无线电频谱的使用方式（如采用新技术或生成新应用），无线电频谱需求增加，使得无线电频谱牌照持有人在限制最大发射功率的前提下也可打破先前的均衡状态，产生无线电干扰问题。再其次，随着不可延期无线电频谱牌照使用期的减少，潜在无线电频谱买家的预期投资回收期缩短，用户购买无线电频谱的风险逐年增加，牌照价值在使用期内逐年降低，这将抑制无线电频谱交易市场的发展。综合来看，影响无线电频谱拍卖交易的主要因素包括行政指配、干扰问题、牌照期限和交易费用四大方面。

一 行政指配问题

1. 行政指配与频谱拍卖

"命令支配与频谱分配"频谱管理方法的支持者认为市场化无线电频谱管理可能导致一些企业获得市场支配力。原有的"命令支配与频谱分配"频谱管理方法其实保护了无线电频谱使用者免遭潜在进入者的威胁，使用户获得了一定的市场支配力。

作为市场化无线电频谱管理方法的初始分配方式，合理的无线电频谱拍卖方式可以促进竞争。英国的3G牌照拍卖就是很好的证明。在所有的升价拍卖中，英国的3G牌照拍卖无论是从拍卖收入还是从促进市场竞争结构上来说，都被认为是最成功的。它要求所有的参与者最多仅获得一个牌照，并在当时有4家2G运营商的情况下拍卖了5个牌照。牌照数量多于运营商数量，吸引了大量的参与者。结果9个新进入者与4家现有运营商进行了激烈竞争，最后包括当时4家运营商在内的5家公司各获得1个牌照，拍卖收益共计390亿欧元。瑞士的3G牌照拍卖则是反面证明。瑞士采用升价拍卖方式拍卖4个3G牌照，一开始吸引了很多潜在竞争者。然而，拍卖规则设计并不利于实力较弱的竞拍者，且允许最后一分钟联合竞拍协议——本质上来说就是正式批准了合谋。结果在预定的拍卖开始日期前一周，参加拍卖的公司从 9 家缩减到 4 家。政府不得不将拍卖推迟一个月并试图更改拍卖规则，但这却遭到了剩余竞拍者的强烈反对。最后竞拍者以保留价，同时也是政府预期价格的 1/15 竞拍到了无线电频谱。

另外，频谱帽技术①在频谱拍卖中的合理应用也能抑制无序竞争，它可以限制单个实体所允许拥有的无线电频谱的最大数量。例如，美国、澳大利亚和新西兰就曾经在频谱拍卖中使用频谱帽技术以抑制反竞争行为的产生。

不论采用何种初始无线电频谱分配方式，无线电频谱持有者为了获得或增加市场支配力，都可能驱动无线电频谱交易的产生。同其他任何市场一样，无线电频谱交易市场也可能存在用户滥用市场支配力阻碍市场有效运作的现象。例如，用户在二级无线电频谱交易市场上获得频谱以增加市场支配力，并实施反竞争行为阻碍竞争对手接入无线电频谱，从而抑制无线电频谱交易市场的发展。由此可见，市场支配力的获得或增加既能驱动二级无线电频谱交易的产生，又能抑制它的发展。然而，引入无线电频谱交易也可能降低潜在市场支配力的滥用，刺激无线电频谱持有者放弃频谱囤积。危地马拉引入无线电频谱交易促进竞争降低了无线电频谱价格就是一个很好的例证。

2. 频谱囤积

无线电频谱使用权开放使得无线电频谱用途得以在很宽的频段上发生改变。某无线电频谱持有者如果想排斥其他竞争对手，就必须购买相当宽的频段。这为用户囤积频段制造了困难，增加了额外成本。其次，无线电频谱持有者拒绝出售未使用或未充分使用的无线电频谱，或试图通过频谱囤积阻碍竞争对手接入无线电频谱是有前提条件的：①该持有者拥有很高的下游市场份额，无线电频谱囤积所得超额利润高于出售无线电频谱所得；②相应无线电频谱缺乏替代品。然而，澳大利亚生产力委员会指出，无线电频谱投入对下游服务并非至关重要，电信和广播服务都存在可行的替代无线电应用的传输手段。最后，麦高恩（McGowan）和希伯莱特（Seabright）指出，如果无线电频谱持有者想要排除竞争对手，控制下游市场比控制上游无线电频谱市场成本更低。总之，开放无线电频谱交易市场可能带来无线电频谱囤积现象，但是该现象的产生也是有条件的。

即使无线电频谱囤积现象很遗憾地发生了，竞争法也将发挥作用而限制无线电频谱交易市场的无序竞争。马丁·凯夫指出，根据有关法律来规范无线电频谱交易中的无序竞争比制定相关烦琐的规定更重要。英国 1998 年颁布的竞争法明文规定，禁止利用对资源的垄断来破坏市场的自由竞争，Ofcom 根据法律规定具有管理无线电频谱资源市场的权力。澳大利亚、新西兰和加拿大同样也是通过竞

---

① FCC 曾采用频谱帽技术限制用户获得频谱的最大数量，FCC 采用该技术旨在降低用户获得某地区所有相关频谱而获得市场力量的风险。

争法限制无线电频谱交易市场上反竞争现象的产生。另外,政府监管也可以作为解决反竞争问题的补充手段。例如,美国的许多无线电频谱交易必须事先通过监管当局的同意;加拿大为了达到某种政治目的(包括促进竞争),拥有相当大的权力选择是否干预无线电频谱的最大数量,美国就曾采用该技术以促进无线电频谱交易市场的竞争。

3. 无序竞争限制手段

先到先得、乐透和选美是"命令与控制"无线电频谱管理方法的主要初始分配方式,"命令与控制"无线电频谱管理方法是政府干预的集中化无线电频谱管理方法。政府运用"命令与控制"无线电频谱管理方法,只需在事前加以严格监管就能有效预防无序竞争现象的产生。合理的拍卖准则和频谱帽技术的有效运用将促进竞争。通过有关法律规定来规范无线电频谱交易市场中的无序竞争也十分重要。另外,政府监管也可以作为解决反竞争问题的补充手段,其他的预防措施如频谱帽技术可以限制单个实体所允许拥有的频谱的最大数量。

下面从无线电频谱分配次序和无线电频谱分配方式两个维度对现有的无序竞争限制手段进行小结,如表4-10所示。

表4-10 无序竞争限制手段表

无线电频谱分配次序	初始无线电频谱分配	二次无线电频谱分配
无线电频谱分配方式	先到先得、"乐透"和"选美"	拍卖	交易
市场支配力限制手段	政府事前监管	合理拍卖准则(主)+频谱帽技术(次)	相关法律(主)+政府监管(次)+频谱帽技术(次)

二 干扰问题

1. 干扰类型

无线电频谱干扰主要包括三种类型:地理干扰、带外干扰和带内干扰。地理干扰是指用户A和B位于不同地域,使用相同频段而在边界地区产生干扰,即A邻近B致使A的发射信号能够在B的信号覆盖范围边缘处被接收。带外干扰是指用户A和B位于同一地域,两者使用的频段相邻,即A在所属频段内发射信号,信号不慎泄露到相邻频段,被B的接收器接收。带内干扰是指用户A和B位于同一地域,使用同一频段的不同频谱,但B的接收器受到A的发射信号边带噪声干扰。

2. 干扰预防措施

目前,各国监管部门主要通过向无线电频谱用户颁发牌照来确保避免无线电干扰的产生,牌照通常限定了持有人的最大发射功率,以及相关发射特性技术要求,如带外杂散、占用带宽等参数。引发干扰的主要因素不仅与发射功率有关,还与干扰源间距及发射机与接收器间的障碍物性质有关。尽管如此,在过去的几十年里,通过限制最大发射功率来防止干扰产生的办法一直发挥着作用。这是因为过去不允许牌照持有者改变无线电频谱使用技术和应用方式,而且持有者使用的发射机密度也有相应的限定。

伴随着各国政府逐步引入无线电频谱交易方式和开放无线电频谱使用权限,无线电频谱持有者可能改变原有频段的使用(如采用新技术或生成新应用)。无线电频谱使用状况的改变、发射机密度的变化等都将打破先前的均衡状态,产生干扰问题。解决干扰的关键在于明确定义无线电频谱使用权。监管部门明确定义无线电频谱使用权,设定干扰参数限值,允许无线电频谱持有者通过多边协调和谈判或者通过行政申诉的方式修改参数,可有效预防干扰问题的产生。例如,美国、新西兰、加拿大和澳大利亚都设定了初始干扰参数,其中加拿大和澳大利亚允许用户通过双边谈判或行政申述的方式修改参数。英国通信办公室也有意效仿加拿大和澳大利亚,采用该方式来预防干扰的产生。当干扰问题出现时,引入无线电频谱交易的国家都是采用先交由当事人自行协商的方式解决,待当事人协商失败后,监管部门再出面进行和解或仲裁,或交由法院审理。

另外,英国通信办公室正考虑在全国范围内建成一个密集的无人值守监测网络。该网络可以觉察出全频段上任何异常活动,并能对信号进行检测,确定信号的调制特性。一旦确认是非法干扰,即使尚未收到干扰申诉,英国通信办公室也将主动开始调查。但是,英国这种前向型干扰管理方法仍有待商榷,只有在成本高于收益时才可取。

三 牌照期限问题

1. 牌照类型

依据使用期长短和可否申请延期,无线电频谱牌照可分为永久牌照、可延期牌照和不可延期牌照三类。永久牌照是指使用无线电频谱的无限期牌照;可延期牌照是指使用高延期预期的无线电频谱的有限期牌照;不可延期牌照是指使用低延期预期或无延期预期的无线电频谱的有限期牌照。

不可延期牌照随着可使用期的逐年减少,潜在无线电频谱买家的预期投资回收期不断缩短,无线电频谱持有者购买频谱的风险逐年增加,牌照价值在使用期内逐年降低。尤其是临近到期时,短投资回收期、高购买风险可能致使潜在无线电频谱买家放弃参与交易。总之,不可延期牌照不利于无线电频谱交易市场的发展。例如,澳大利亚的15年和新西兰的20年的不可延期无线电频谱牌照被认为是阻碍其无线电频谱交易市场发展的重要因素之一。其中澳大利亚的无线电频谱牌照只有被认定符合公众利益时才允许延期，其余都不存在延期的可能性。

可延期牌照在使用期满后存在高延期预期，这无形之中延长了牌照期限，降低了无线电频谱购买风险。这在一定程度上弥补了不可延期牌照的不足，促进了无线电频谱交易市场的发展。例如，危地马拉的无线电频谱牌照期限与澳大利亚一样同为15年，但是如果无线电频谱持有者需要还可申请延期，最多可再延期两期。危地马拉可延期牌照为该国活跃的无线电频谱交易市场作出了一定贡献。

永久牌照降低了无线电行业的进入、退出壁垒，让无线电频谱用户能够自由出入该行业。它使无线电频谱用户拥有充足的时间投资建设基础设施，从而对开展相应的无线电业务产生了积极影响。引入永久牌照降低了持有者的投资风险，鼓励了基础设施建设，还减少了监管部门的牌照再分配工作。引入永久牌照有利于无线电频谱交易市场的发展。如果开放无线电频谱交易市场，那么就无须再限制无线电频谱牌照期限。例如，澳大利亚生产力委员会于2002年建议2004年7月后发放的无线电频谱牌照为永久牌照。英国也倾向于引入永久牌照。

2. 牌照分配

无线电频谱资源与地球上有限的土地资源一样不是取之不尽、用之不竭的，而是有限的。因此，无线电频谱资源常被称为"空中的房地产"。我国土地有偿使用制度的实践证明实行所有权和使用权的分离是一种有效利用国有资源的方式。无线电频谱资源作为"空中的房地产"同样应该实行所有权与使用权的分离，以达到无线电频谱资源的最佳利用。

我国土地使用权出让的最高年限是按照土地的用途划分的，不同的土地使用方式拥有不同的土地收益。收益高的土地使用方式意味着投资回收期短，相应的使用权出让年限短；反之，对于收益低的土地使用方式，为了鼓励投资开发，相应的使用权出让年限长。要特别说明的是，我国的农民房多数为永久用地[①]。类比我国土地使用权出让最高年限可知，无线电频谱牌照期限也可以根据无线电频谱收益高低来划分，永久牌照相当于农民房，引入永久牌照并非不可能。

永久牌照、可延期牌照和不可延期牌照分别适用于不同价值的无线电频谱。低价值无线电频谱类似于农民房，用途小、收益低，频谱投资回收期长，管理部门可以通过颁发永久性牌照来鼓励无线电频谱持有者对其进行充分的开发利用。市场化无线电频谱管理方法主要适用于稀缺频谱资源的管理，而"命令与控制"无线电频谱管理方法主要适用于非稀缺频谱资源或特殊行业应用的管理。因此，低价值无线电频谱无须采用无线电频谱拍卖方式进行初始分配，采用"命令与控

---

① 资料来源：中华人民共和国城镇国有土地使用权出让和转让暂行条例，1990。

制"无线电频谱管理方法的先到先得、"乐透"和"选美"方式分配即可。再者，永久性牌照不存在牌照再分配问题，为了便于流通，可以开放相应的二级无线电频谱交易市场。引入永久牌照有利于促进无线电频谱交易市场的发展，而无线电频谱二次交易又有利于鼓励创新。这些低价值无线电频谱既可以在无线电频谱交易市场得以流通，又可以被无线电频谱持有者运用新方法、新手段加以充分开发利用。

高价值无线电频谱类似于商业、旅游或娱乐用地，用途广、收益高，无线电频谱投资回收期短，管理部门可以颁发不可延期牌照给相应无线电频谱持有者。这样，即使持有者未能充分利用该频谱，管理部门也可以在牌照到期后立刻收回，进行重新分配。与低价值无线电频谱的分配方式相反，这类频谱应该采用拍卖方式进行初始分配，但是限制之后的二次交易。首先，无线电频谱拍卖主要运用于稀缺频谱的初始分配，将频谱分配给最大化经济效益的使用者。那么，采用无线电频谱拍卖方式对这些高价值无线电频谱进行初始分配，能够充分发挥其经济效益。其次，根据前述可知，合理的拍卖可以促进竞争。采用合理的拍卖方式分配高价值无线电频谱可以优化市场竞争结构，提高无线电频谱利用率。再次，无线电频谱拍卖公开透明，采用拍卖方式对这些备受关注的高价值无线电频谱进行分配，可以彰显公平、公正、公开的原则。总之，采用拍卖方式对高价值无线电频谱进行初始分配是合情合理的。另外，限制高价值无线电频谱拍卖后的二次交易的原因主要为：①经济有效的无线电频谱拍卖和无线电频谱交易相互抑制。②使用者可以在二级交易市场上获得无线电频谱，增加市场支配力，并实施反竞争行为，阻碍竞争对手接入无线电频谱。采用拍卖方式对高价值无线电频谱进行初始分配，并限制之后的无线电频谱交易，这样对抑制市场支配力的滥用进行了双重保障。无线电行业，尤其是高价值无线电频谱的利用关乎国计民生。使用者滥用市场支配力，将影响高价值无线电频谱的利用率，从而对社会造成危害。这种双重保障方式降低了市场支配力滥用的风险。因此，管理部门应该采用拍卖方式初始分配高价值无线电频谱，同时也应抑制该频谱的二次交易。

大卫·布莱克(David Black)和海伦·雷(Helen Lay)指出，国家无线电频谱管理机构有权吊销无线电频谱牌照。例如，英国在市场失灵的情况下可以提前5年(拍卖所得无线电频谱使用的第一个10年时间，将不被包括在这个期限里)发出通知，告知牌照持有者其牌照被吊销。因此，无论是永久牌照还是其他牌照，管理部门都应该保留强制性收回或吊销牌照的权力。

3. 牌照分配表

对本小节的内容进行小结，无线电频谱牌照分配情况如表4-11所示。

表 4-11　无线电频谱牌照分配表

牌照类型	适用频谱	初次分配	二次分配
永久牌照	低价值无线电频谱	先到先得、"乐透"和"选美"	交易
可延期牌照	一般价值无线电频谱	拍卖/先到先得、"乐透"和"选美"	拍卖/交易
不可延期牌照	高价值无线电频谱	拍卖	拍卖

四　交易费用问题

最小化无线电频谱交易费用对于确保二级无线电频谱交易市场的有效性十分重要。无线电频谱交易费用主要来源于搜寻费用、协商费用和执行费用三方面。

1. 搜寻费用

一个功能完善的在线可查询登记注册系统有助于降低搜寻费用，减少搜索时间。例如，危地马拉和萨尔瓦多同为引入无线电频谱交易的国家，他们最大的区别在于是否拥有在线可查询登记注册系统。危地马拉拥有在线可查询登记注册系统，交易市场活跃；萨尔瓦多没有在线可查询登记注册系统，市场相对萧条。由此可见，一个在线可查询登记注册系统对于无线电频谱交易十分重要。

大多数引入无线电频谱交易的国家都拥有各自的在线可查询登记注册系统，但是仅有美国的在线数据库拥有交易无线电频谱的价格信息，且价格信息由交易主体自愿填写。交易无线电频谱价格信息的缺乏致使卖家担心自己以低于市场价出售无线电频谱，买家担心自己以高于市场价购买无线电频谱，这不利于无线电频谱交易市场的发展。与此同时，交易无线电频谱价格信息涉及企业机密，公开价格信息可能损害企业利益。因此，各国应该采用更为灵活的方式（如匿名方式）公开交易无线电频谱的价格信息，在同时解决以上两个问题的基础上促进无线电频谱交易市场的发展。澳大利亚生产力委员会在 2002 年建议公开交易无线电频谱的价格信息以提高无线电频谱交易市场的效率。英国通信办公室也有公开交易无线电频谱价格信息的想法。

另外，引入无线电频谱交易的国家主要都是由监管部门主导无线电频谱的释放工作，确定闲置无线电频谱，释放闲置无线电频谱。危地马拉、萨尔瓦多和挪威除了拥有监管机构以驱动无线电频谱释放程序外，还拥有申请人驱动程序。例如，挪威在登记注册系统上发布 2 G~40 GHz 闲置无线电频谱的信息，感兴趣的无线电频谱运营商就可以在网上提交申请利用该闲置无线电频谱。如果在某一时期内还出现了其他申请人，监管部门就会采取拍卖方式分配该频谱，否则原申请人就将取得相应的运营商频谱牌照。较监管机构驱动程序而言，申请人驱动程序能更快地将运营商频谱投放市场，鼓励运营商频谱持有者采用新方法利用目前用途不明的无线电频谱。然而申请人驱动程序运作的重要前提是监管部门向潜在用户提供闲置无线电频谱、防护频带等的详细信息。因此,各国的在线可查询登记注册系统在公开牌照无线电频谱信息的同时,也应该提供相应闲置无线电频谱、防护频带等的信息,以促进申请人驱动程序的发展。

2. 协商费用和执行费用

若干买家和卖家讨价还价产生的交易费用也会导致无线电频谱交易市场的低效。瓦莱蒂(Valletti)意识到该潜在问题,指出如果多方谈判失败,这时私人中介机构的介入就可能使各方都能从无线电频谱交易中获益。另外,英国通信办公室也认为可以通过中介机构刺激无线电频谱交易市场的发展,尤其是阻碍无线电频谱交易的主流拍卖交易市场的发展。

此外,复杂耗时的管理审查程序也会造成无线电频谱交易费用的增加。各国监管机构应该缩短无线电频谱交易审批时间,简化所有权人变更程序,正确快速地解决争端,这样将降低无线电频谱交易的执行费用。例如,萨尔瓦多、澳大利亚和新西兰的无线电频谱交易就不需要经过监管部门的事前审批,用户只需将所有权人变更信息及时告知监管部门即可。新西兰用户甚至可以通过电子邮件方式告知监管部门所有权人变更信息,以减少交易成本。

3. 交易费用降低方式

各种降低交易费用的方式如表 4-12 所示。

表 4-12 无线电频谱交易费用降低的方式

交易费用来源	搜寻费用	协商费用	执行费用
交易费用降低方式	功能完善的在线可查询登记注册系统	中介介入	简化程序(如电子邮件方式)

第五章 我国开展无线电频谱拍卖的可行性研究

国家"信息化带动工业化、工业化促进信息化"战略的启动，以及工业和信息化部门的成立，加剧了工业部门对无线电技术的依赖，并对无线电技术提出了更多的要求。工业部门的无线电频谱需求正在成为无线电发展必须面对的新问题。无线电频谱是一种宝贵的资源，但由于它看不见、摸不着，一直都没有得到足够的重视。但是随着人们对无线通信需求的暴增，以及移动通信、卫星通信等通信技术的发展，无线电频谱越来越受到重视。频率的高低、多少直接影响到覆盖、容量、质量等一系列问题，最终体现到设备研发的成本和收益上，所以越来越多的设备制造商、运营商等相关产业链上的各个环节开始关注和研究无线电频谱。

公众移动通信技术的发展导致的无线电频谱带宽紧张也是一个不可回避的关注点。从最开始的 1G 到 2G 再到目前的 3G 以及未来的 4G，移动通信技术不断发展的同时带宽也在不断加宽。这就出现了一个问题，带宽从哪里来？对于现在的电信市场，一个很明显的基本状况便是无线电频谱资源供不应求。那么，国外实行了多年的无线电频谱拍卖政策在我国是否可行呢？在此，笔者就无线电频谱拍卖的可行性进行若干探讨，愿起抛砖引玉的作用。

第一节 无线电频谱拍卖已成为国际惯例

无线电频率拍卖模式就是政府部门以公开竞价的形式，根据申请者为获取无线电频谱或其许可证而支付的金额的高低来确定中标者。在该体系下，国家以一定的底价在拍卖会上以至少高出底价的金额，将无线电频率资源的使用权转让给出价最高的竞拍者，以达到资源最佳配置的目的。

一 美国无线电频谱拍卖

美国无线电频谱拍卖的探索最早始于 1985 年。时任 FCC 主席的马凯特·福勒于 1985 年首次向国会提出允许无线电频谱牌照按拍卖方式进行分配的建议，但该建议被否决。直至1993年,国会在《综合和解法案》中最终确定FCC拥有举办无线电频谱拍卖的法定职权。美国自1994年7月25日实行无线电频谱拍卖至今已近二十年,共举行了93次拍卖,为美国带来了上千亿美元的财政收入。其中,2006年8月开始的美国历史上规模最大的无线电频谱拍卖,对90 MHz频率的1122张牌照进行了拍卖。美国无线电频谱拍卖作为世界无线电频谱管理的典范,在其发展的过程中不断优化其拍卖机制从而避免了多物品拍卖的部分问题。在1994年至今的拍卖中,尽管FCC组织的无线电频谱拍卖并非一帆风顺,但总体来说美国无线电频谱拍卖值得世界各国广泛借鉴。

二 欧洲无线电频谱拍卖

欧洲大陆的无线电频谱拍卖热闹非凡。槌起槌落,欧洲大陆从无线电频谱拍卖中总计已获得了超过800亿美元的拍卖资金。欧盟的26个成员国中,有12个成员国已决定引入无线电频谱拍卖机制,5个决定不引入无线电频谱拍卖机制,9个尚未决定是否引入无线电频谱拍卖机制。

英国电信及媒体管制机构Ofcom宣布,允许部分无线电频谱在市场上进行交易。英国无线电频谱管理的三种基本模式有:指挥和控制式、免牌照式、市场机制式。指挥和控制式即管理者决定每种业务应该使用多少无线电频谱,并在现有划分基础上指配和划分无线电频谱应用于何种用途,以及谁可以使用某部分无线电频谱。免牌照式也叫做"大众频谱"或"无证使用"。市场机制式即允许无线电频谱使用牌照在市场上买卖,同时放松对无线电频谱用途的限制。表5-1所示为英国不同管理模式管理的无线电频谱量比例。

表 5-1 英国不同管理模式管理的无线电频谱量比例

年份	1995		2000		2005		2010	
频段分布/GHz	3以下	3以上	3以下	3以上	3以下	3以上	3以下	3以上
指挥和控制式/%	95.8	95.6	95.8	95.3	68.8	30.6	22.1	22.1
免牌照式/%	4.2	4.4	4.2	4.7	4.2	8.2	4.2	9.6
市场机制式/%	0	0	0	0	27.1	61.3	73.7	69.3

由表5-1可以看出,1995~2010年,指挥与控制式在逐年减少,免牌照式3 GHz以下频谱所占比例持平,3 GHz以上频谱所占比例在递增,市场方式所占比例2005年以后以较大幅度增长。由此可以看出,英国对无线电频谱的划分根据市场的需求在改变。另外,英国政府还通过无线电频谱定价,为无线电频谱的划分和指配工作注入了市场规律。

三 亚洲无线电频谱拍卖

在亚洲，日本政府鼓励通过无线电频谱使用权的二次交易来使空闲无线电频谱得到充分利用。日本政府采取了更为开放的无线电频谱管理策略，使用免授权的形式将部分无线电频谱发放给用户，通过认知无线电（cognitive radio，CR）和软件定义的无线电（software defined radio，SDR）等多种技术手段实现用户的频谱共享。

近年来，韩国政府引入灵活接入的共用频谱概念来进行无线电频谱分配，并重新调整无线电频谱管理法规以适应市场机制。韩国的无线电频谱分配采取两种方式：一是有偿分配，根据市场预计销售额的3％确定征收费，例如2004年7月分配的卫星数字多媒体广播系统频谱及2005年4月分配的无线宽带接入（wireless broadband access service，WiBro）频谱；二是审查分配，对不实行有偿分配的频谱，依据无线电资源使用效率、均等性、申请者需要、申请者的技术和财政能力等因素得些分配决定。

从国际无线电频谱管理的发展来看，美国以及欧洲、亚洲各国相继迈开了无线电频谱市场化的步伐，通过市场供需来提高用频效率，使空闲无线电频谱得到充分利用。在充分完善市场机制与技术条件下，明确可交易的无线电频谱使用权利与义务，制订多种交易形式，给用户更自由灵活的无线电频谱使用权是各国无线电频谱改革所追求的目标。根据DoD预测，无线电频谱的需求在未来10年内将成倍增长，对无线电频谱的消费将增加70％，它将直接导致永久固定的无线电频谱资源管理和使用模式发生改变。越来越多的国家认识到，必须对无线电频谱政策作相应的调整，使之适应新技术发展和市场业务需求，充分发挥高效频谱利用技术的潜力。

第二节 国内无线电频谱分配方式拓展的需求

一 分配方式单一，不适应无线通信飞速发展的需要

长期以来，我国对于无线电频谱资源的分配一直沿用行政审批的单一模式。1993年9月11日颁布的《中华人民共和国无线电管理条例》（以下简称《无线电管理条例》）第二十二条规定："国家无线电管理机构对无线电频率实行统一划分和分配。国家无线电管理机构和地方无线电管理机构根据设台（站）审批权限对无线电频率资源进行指配。国务院有关部门对配给本系统使用的频段和频率进行指

配,并同时抄送国家无线电管理机构或者有关的地方无线电管理机构备案。"行政审批的基本程序是由需要使用无线电管理资源的用户向有管理权限的国家或地方无线电管理机构提出申请,由国家或地方无线电管理机构依职权进行分配或指配。

无线通信技术正处于高速发展的繁荣时期,各种创新技术不断涌现并快速步入商用。目前来看,这种单一行政审批分配无线电频谱资源的模式以及与之相配套的较低频率占用费收费标准,已经不适应我国无线电通信业务飞速发展的需要,不适应通信业市场竞争的新形势和加入WTO后的新情况。具体而言,单一行政审批无线电频谱资源的方式主要存在以下三方面的不足。

(1)无线电频谱资源的巨大经济价值未能体现。如今,许多无线电业务已走向市场运营,并给运营商带来了很可观的经济回报。国内单一的行政审批分配方式,及与之相适应的低廉的收费标准,使无线电频谱资源的使用者几乎是在无偿取得和使用国家宝贵的自然资源,无线电频谱资源所蕴含的巨大经济价值未能得到充分体现。

(2)与市场经济的发展形势不相适应。随着我国社会主义市场经济体制的逐步建立,各种商品都已引入了市场调控的机制。无线电频谱资源蕴含巨大的市场价值,给运营商及社会各部门带来了丰厚的经济收益。当前,我国在国土资源使用、森林资源的利用等领域,已经或正在引入市场化的手段,而无线电频谱资源的使用并未引入市场调控的机制。运用原有单一的行政审批方式对无线电频谱资源进行分配,已不能适应市场经济发展的需要。

(3)不利于高效利用无线电频谱资源。当前低廉的频谱占用费使无线电频谱资源的价值得不到充分体现,有些单位和部门占用着某些频段,却使这些频段长期处于空闲状态;而另一些频谱使用率极高的频段随着新技术的发展,用户数及业务量增长迅速,拥挤不堪,无法满足发展需求。这一矛盾已经在一定程度上制约了我国无线电相关产业的进一步发展繁荣。采用与市场经济体制相适应的频率分配和有偿出让无线电频谱资源使用权等办法,不仅可以缓解无线电频谱资源需求紧张的状况,也可以使有限的频谱得到更高效的利用,最大限度地体现无线电频谱资源的经济价值。

二 无线电频谱整体利用率较低,频率使用不均衡

我国无线电频谱需求和供应的矛盾日益突出,主要体现在:人口众多,人均频谱资源少;由于经济发展不平衡,东部发达地区无线电台(站)密集,西部欠发达地区无线电台(站)较少,导致频谱资源需求不均衡,东部发达地区频谱资源严重不足,而西部欠发达地区频谱资源大量富余;频谱规划前的各业务间电磁兼容

分析等基础性研究不足，频谱共用难度较大；无线电频谱可以利用的频段基本分配完毕，大量无线电业务集中在较低频段，新的业务被迫转向高频段；频谱回收和调整难度较大，各方利益难以平衡；无线电频谱资源未能获得应有的价值体现。至 2008 年年底，北京市共登记在册各类无线电台（站）近十万个，无线电台（站）数量、密度和复杂程度居全国第一，这给无线电频谱管理提出了许多独特的具有挑战性的难题。如果不能用科学的办法妥善解决这些矛盾，必将影响各部门和各领域无线电业务的正常使用，从而影响和制约社会经济的发展。

第三节　法律环境和管理秩序的逐渐完善

一　法律环境

虽然我国多年来一直采用行政指配的方式来分配无线电频谱资源，但是随着与世界各国在通信行业交流的不断加深，对比国外先进的无线电频谱交易与管理模式，国家有关部门也意识到市场化方式分配无线电频谱资源的重要性。早在 2007 年，我国就颁布施行了《中华人民共和国物权法》，其中第五章第五十条特别规定：“无线电频谱资源属于国家所有。”这是我国首次以国家法律的形式确立了无线电频谱资源的法律地位。《中华人民共和国电信条例》第二十九条规定："对电信资源的分配可以采用指配和拍卖的方式。"此外，经济手段也是我国无线电频谱管理的四大基本手段之一。《中华人民共和国无线电管理条例》第四条规定："无线电频谱资源属于国家所有。国家对无线电频谱实行统一规划、合理开发、科学管理、有偿使用的原则。"而且，至今为止，全国已经有十多个省市及经济特区的无线电管理条例或办法中写入了对无线电频谱分配采用招标、拍卖的内容，如表 5-2 所示。

表 5-2　写入无线电频谱分配新模式内容的地方性法律法规

地方性法律法规	颁布/未颁布
广东省无线电管理条例	颁布
山东省无线电管理条例	颁布
江苏省无线电管理条例	颁布
福建省无线电管理条例	颁布
云南省无线电管理条例	颁布
海南省无线电管理条例	颁布
吉林省无线电管理条例意见征集稿	未颁布

续表

地方性法律法规	颁布/未颁布
河南省无线电管理条例意见征集稿	未颁布
甘肃省无线电管理条例意见征集稿	未颁布
宁夏回族自治区无线电管理办法	颁布
广西壮族自治区无线电管理办法	颁布
深圳特区无线电管理条例	颁布

在这些地方性无线电管理条例或办法中，都出现了用招标、拍卖的模式分配无线电频谱资源的条款。例如《广东省无线电管理条例》第十一条"对用于经营性的无线电频谱，可以依法采用招标、拍卖等方式指配"，以及《深圳特区无线电管理条例》第八条"通过招标、拍卖方式取得的无线电频谱使用权，可以转让、出租或者以入股形式参与经营"。从地方的无线电管理条例或办法中可以看出，用招标、拍卖等新模式分配无线电频谱已经得到了广泛的认同。

另外，《中华人民共和国无线电频谱划分规定》为我国无线电频谱资源的使用和管理提供了规范和依据。它的颁布实施确保了各项无线电业务的正常开展，有效调整了与无线电频谱资源的开发、利用、研究和保护等相关的各种社会关系。同时，我国政府多年来一直重视无线电频谱的管理工作，切实维护了空中无线电波秩序。

二 管理秩序

20 世纪 90 年代以来，我国无线电管理机构先后开展了清理寻呼"三高设台"、治理大功率无绳电话和清理违法使用对讲机专项行政执法等各项治理整顿工作，有效减少了电磁干扰，同时建立健全长效机制，确保了民航、广电、铁路、通信等重要部门无线电业务的正常运行。特别是各级无线电管理机构讲政治、顾大局，全力为各项重大活动提供了无线电安全保障。在 2008 年北京奥运会、国庆 60 周年庆典活动、上海世博会、历年"两会"等重大活动保障中，无线电管理机构全力以赴，营造了良好的电磁环境，确保了各项重大活动的顺利进行。在四川汶川、青海玉树特大地震等公共应急事件中，无线电管理机构迅速反应、有效应对，及时提供无线电安全保障，确保了航空通信、应急保障等重要无线电通信业务的安全畅通。由此可见，良好的无线电频谱管理秩序为培育公平、公正、公开的无线电频谱拍卖交易市场铺平了道路。

第四节　市场经济结构的不断优化

随着我国市场经济体制的逐步建立，无线电运用企业及社会部门对具有巨大经济价值的无线电频谱资源的需求迫切，运用原有行政审批方式对无线电频谱资源进行分配，显然已不能适应市场经济发展的需要，利用经济杠杆的调节作用，有偿出让无线电频谱资源使用权的呼声在日益高涨。与市场经济体制相适应的无线电频谱分配和有偿出让无线电频谱资源使用权等办法，不仅可以缓解无线电频谱资源供需紧张的状况，也可以使有限的无线电频谱资源得到有效利用，最大限度地体现无线电频谱资源的经济价值。

2007年11月，挪威无线电频谱拍卖的价格较低（配对频谱0.03欧元/MHz/pop），这在很大程度上缘于挪威的市场结构。在拍卖中，关键运营商对无线电频谱的价格具有很大的决定作用。挪威的移动电话市场中只有两个运营商，所以其拍卖过程中的竞争相当有限，从而导致了拍卖价格的走低。因此，无线电频谱拍卖的竞拍者资历认证非常重要。对于拍卖、招标等无线电频谱分配新模式来说，其可有效开展的先决条件就是对于无线电频谱牌照的竞争即市场结构的竞争程度。

我国政府一直强调市场竞争的重要性，并将其作为我国市场化进程中一个必不可少的因素。胡锦涛同志在十八大报告中强调，"经济体制改革的核心问题是处理好政府和市场的关系，必须更加尊重市场规律，更好发挥政府作用"，"毫不动摇鼓励、支持、引导非公有制经济发展，保证各种所有制经济依法平等使用生产要素、公平参与市场竞争、同等受到法律保护"。上述均表明随着我国经济市场化程度不断加深，扩大竞争是市场经济发展的需要，无线电市场也不会例外。国务院"新36条"中关于鼓励民间资本进入电信行业等相关政策的出台进一步体现了电信垄断市场即将被打破的前景，越来越多的民间、外商资本进入电信或其他无线电行业，这样就使无线电频谱拍卖的市场结构问题迎刃而解了。当前经济形势下，进一步鼓励和引导民间投资，有利于完善我国社会主义市场经济体制，充分发挥市场配置资源的基础性作用，促进经济长期平稳较快发展。随着接下来各项有关配套实施细则的不断公布，民间资本进入电信行业等政策准入行业领域的步伐肯定会越来越快。

由此可见，随着我国市场经济的不断深化，电信市场的垄断格局将逐渐被打破，更多的企业将加入该市场。眼下4G牌照的频段规划工作已经完成，下一步就是选择何种方式来分配4G牌照。一方面，获得4G牌照就获得了进一步提供4G服务的资历，这对于运营商无疑是深化发展的必要条件；另一方面，通过4G牌照的分配能够体现出我国政府在上述政策指引下频谱交易工作的具体落实情况,可以说是一个风向标,标志着我国无线电频率资源管理模式进入了一个崭新的阶段。

市场经济的核心是商品交换,规范而有效的商品交换必须遵守的规则是:交易必须基于双方意愿,自由、平等地进行,平等竞争、公平交易就必须有一套公平、公正、公开的市场规则。拍卖以其公平、公正、公开的特点,以及通过竞争确定价格的交易方式成为市场经济体系中众多交易形式的重要部分,是市场经济活动的一个重要组成,是保护消费者权益的一个重要方式。

第五节 拍卖市场的不断成熟

一 各种拍卖市场的归纳

拍卖是商品流通中最古老的贸易形式之一,已有数百年的历史。传统的拍卖品主要是稀有珍贵的、有收藏价值的物品(如古玩、名画等),或品质不能高度标准化的商品(如毛皮、羊皮等),或容易变质很难长期保存的商品(如鲜花、水果等)。但是随着拍卖规则不断创新、完善,运作技巧不断成熟,拍卖品范围不断扩大,现在,几乎只要市场需要,什么都可以拍卖,从名人字画到玛丽莲·梦露穿过的衣服、葛丽泰·嘉宝的情书,可以说无所不及。

随着1997年《中华人民共和国拍卖法》的颁布,拍卖日益成为一种被市场证明行之有效的经济行为,通过对不良资产、经营权、物资的拍卖,人们逐渐认识到拍卖这种市场经济行为的便利和优势。在人们心目中和现实社会中,拍卖更多地聚焦于不良资产、罚没品、艺术品等领域,以及稀缺资源,例如汽车牌照、出租车经营权等。作为一个古老的行业,拍卖为买卖双方提供了其他交易方式所不能比拟的快速、便捷、直接的供需交流。从经济学的意义上看,拍卖意味着将有限的资源提供给出价最高的人,以实现资源的合理配置。通过中介机构的牵线和通过竞价,拍卖可以将标的物的价值充分体现出来,在价格上得到最合理的认同。

现今拍卖市场逐渐繁荣,截至2011年年底,根据中国拍卖协会的统计,中国拍卖机构已有近5480家,拍卖总成交额约6500多亿元人民币。目前我国的拍卖业务主要由以下6大领域组成:公物拍卖、文物艺术品拍卖、房地产拍卖、机动车拍卖、破产企业及闲置设备拍卖、无形资产拍卖。在这6大领域中,前三项是中国拍卖市场的绝对主体。拍卖标的逐步拓宽,由执法机关的罚没物品和生产资料,扩大至不动产、土地使用权、文物、字画、邮品、稀有图书、音乐作品、科技成果、企业产权、市场摊位、汽车牌照、电话号码、体育明星的金牌等。

值得注意的一点是，近两年来不少企业及第三方开始试水类似碳排放权、排污权等无形资产的拍卖，尽管相当一部分卖家和买家对于这些新领域的拍卖经验并不够成熟，尚在不透明的情况下操作，没有从观念上完全接受拍卖这种透明并高效的交易模式，但是，无论这个"新生婴儿"现在是"体质优良"还是"缺乏营养"，都应该得到行业的理解和支持，我们应该以严肃认真的态度和眺望未来的心态去推动这一渠道在中国的发展。无线电频谱资源显然属于无形资产范畴，我们应该以同样的态度来看待无线电频谱使用权拍卖在中国的发展。

二 无线电频谱拍卖的影响因素

无线电频谱拍卖应在哪里完成呢？原则上，无线电频谱资源属于国有资产，拍卖应当集中交易。因此，可以考虑委托国有产权交易所、公共资源拍卖平台或其他具有公信力的知名拍卖网站等来经营。

就交易所而言，国务院国有资产监督管理委员会（以下简称国资委）指定了京、津、沪、渝4大国有联合产权交易所。联合产权交易所是物权、债权、股权和知识产权等各类财产权的综合性交易平台，开设8大业务：各类所有制企业产权、股权交易，知识产权和科技项目转让交易，国有资产进退交易，企业重组和外资购并交易，企业改制、上市配套服务，项目融资服务，风险创业投资进退服务，非上市股份公司股权托管。2009年，在国资委指导下，京、津、沪、渝的4家官方产权交易机构在上海签署协议，研究形成了统一的交易制度体系。随着我国多类型国有资源交易技术的不断进步，全国大中型交易所的平台建设已经取得了很大的进步，《企业国有产权交易操作规则》的出台，将产权交易由原来仅限于京、津、沪、渝4大联合产权交易所扩大至各省国资监管部门的64家产权交易机构，遍布全国各省级行政单位。

2011年，国务院颁发《国务院关于清理整顿各类交易场所切实防范金融风险的决定》（国发〔2011〕38号），部署全面彻底地清理整顿交易所，创造产权交易市场公正合理的市场秩序，建立全社会各类合法主体平等参与市场竞争的公平的制度环境。

产权交易所都有无形资产的业务，相当熟悉无形资产拍卖的流程，同时也已积累了大量类似无线电频率使用权拍卖的实际操作经验，这些都为无线电频谱使用权拍卖的实施创造了技术可行性条件。

第六节 经济和社会效益的日益显现

无线电频谱拍卖对于我国还是一项创新的交易。为了确保有关无线电频谱拍卖政策的正确性，无线电频谱拍卖的经济可行性研究必不可少。经济可行性研究以预测为前提，以投资效果为目的，从经济上进行全面综合分析研究，确定一个重要项目的可能经济结果，为最终决策提供依据。经济可行性研究的基本任务，是对新建或改建项目的主要问题，从经济角度进行全面的分析研究，并对其投产后的经济效果进行预测，在既定的范围内进行方案论证的选择，以便更合理地利用资源，达到预定的社会效益和经济效益。

无线电频谱拍卖的经济可行性分析，就是分析实施无线电频谱拍卖在经济上是否可行。政府组织开展实施无线电频谱拍卖，产生的经济收入是否能够弥补无线电频谱拍卖的成本，这是无线电频谱拍卖的经济可行性分析要回答的主要问题。为此，本节首先研究预测无线电频谱拍卖可能产生的收入，这也是本书研究的重点与难点，然后研究无线电频谱拍卖可能产生的成本，最后计算无线电频谱拍卖的净收益并得出结论。

一 经济效益

（一）收入研究方法

无线电频谱资源蕴含着巨大的经济价值，无线电频谱拍卖产生的收入对国民收入的贡献越来越显著。如何有效地测量无线电频谱拍卖产生的收入，从而更好地发挥无线电频谱的作用，成为了无线电管理部门日益关注的焦点。科学精确地预测无线电频谱拍卖可能产生的收入是其可行性研究的重点与难点。为了更加准确地预测无线电频谱拍卖可能产生的收入，本节使用了三种方法来对收入进行预测研究，即多元回归模型分析法、实物期权模型分析法及拍卖实验模拟分析法。

1. 多元回归模型分析法

无线电频谱拍卖产生的收入受到许多可识别因素的影响，要预测无线电频谱拍卖产生的收入，一个办法是预先测量这些可识别的因素，并根据这些因素与拍卖收入之间的密切关系来预测无线电频谱拍卖的收入。我国尚未开展过无线电频谱拍卖，难以研究无线电频谱拍卖收入究竟与哪些因素相关，以及具体的关系如何。但美国以及欧洲各国都已经有多年拍卖无线电频谱资源的历史，积累了充分的交易数据，通过搜集和研究相关数据，可以发现这些国家无线电频谱拍卖收入与相关因素之间存在的数量关系。由于各国无线电频谱的用途相似，使用技术相似，影响无线电频谱拍卖收入的因素必定也是相似的，所以可以研究获得的数量模型来预测我国开展无线电频谱拍卖可能产生的收入。通过分析已有的数据形成数学预测模型，然后使用模型来进行预测，最常使用的方法就是回归分析法。

回归分析是确定两种或两种以上变量间相互依赖的定量关系的一种统计分析

方法。多元回归分析是指影响因变量的解释变量不止一个,这需要建立一套包含多个解释变量的多元回归模型,同时纳入多个自变量来对因变量进行解释与预测。n 元线性回归模型如下:

$$y = \beta_0 + \beta_1 x_1 + \beta_2 x_2 + \cdots + \beta_n x_n + \varepsilon \tag{5.1}$$

式中,y 代表无线电频谱拍卖收入(因变量);$(x_1, x_2, \cdots, x_n)$ 代表影响无线电频谱拍卖的 n 个因素,例如牌照带宽、牌照覆盖地区的人口总数、牌照覆盖地区的面积、牌照覆盖地区人口 GDP、牌照覆盖地区的人口密度及人均 GDP 等,通常它们被称为解释变量。

研究因变量与自变量之间的关系,首要的前提是搜集到足够多的数据,然后再将这些数据带入不同的方程模型来检验结果,从中选出最有效的模型,最后将需要预测的数据带入模型中得到预测的结果。

多元回归模型的理论检验(判断模型预测有效性)可以从以下两个方面入手:一方面是模型的拟合优度检验,判断系数 R^2 表示自变量对因变量的解释程度,它越接近 1,表明回归方程的拟合程度越好;另一方面是回归方程的显著性检验,即因变量与所有自变量之间的线性关系是否显著的一种假设检验。采用 F 检验,其原假设(H_0)为回归总体不具显著性,对立假设(H_1)为回归总体具有显著性。

为此,我们从美国、欧洲各国无线电频谱主管单位的官方网站中收集了大量无线电频谱拍卖的相关数据,建立了无线电频谱拍卖收入与影响变量之间的多元回归模型,探究出了无线电频谱拍卖收入与相关因素之间的数量关系,并使用模型对我国开展无线电频谱拍卖可能产生的收入进行了预测。

2. 实物期权模型分析法

实物期权方法[①]将期权定价理论应用于计算实物资产或非金融无形资产价值。无线电频谱使用权(牌照)具有典型实物期权的特征,将实物期权方法应用于无线电频谱牌照价值的预测具有现实意义。

实物期权模型的牌照价值分为期权自身价值和嵌入期权价值两部分。期权自身价值是指牌照自身经营的通信业务所产生的价值;而嵌入期权价值分为扩张期权、抛弃期权及延期期权三个方面的价值。以 3G 牌照为例阐述嵌入期权价值:一是扩张期权,3G 牌照给持有者提供了参与 4G 业务的机会,这是扩张期权带来的价值。二是抛弃期权,3G 运营商如果不想继续经营 3G 业务,则可以出售其

---

① 实物期权(real option)的概念最初是由梅尔·斯图尔特在麻省理工学院时所提出的,他指出一个投资方案其产生的现金流量所创造的利润,来自于目前所拥有资产的使用,再加上一个对未来投资机会的选择。也就是说企业可以取得一个权利,在未来以一定价格取得或出售一项实物资产或投资计划,所以实物资产的投资可以应用类似评估一般期权的方式来进行评估。同时又因为其标的物为实物资产,故将此性质的期权称为实物期权。布莱克等的研究指出:金融期权是处理金融市场上交易金融资产的一类金融衍生工具,而实物期权是处理一些具有不确定性投资结果的非金融资产的一种投资决策工具。

3G 牌照和项目。也就是说，如果运营商认为 3G 业务不如当初想象的那么有利润，可以卖掉 3G 业务的全部资产，这些资产包括基础设施、客户信息和处理该项目的技能和知识等。三是延期期权，未来技术的开发、潜在客户的特点和政府政策的影响等导致 3G 运营商面临极大的不确定性，他们很可能不是轻易抛弃 3G 项目，而是等待机会或者延迟项目的实施。由于不论是重新建设还是修改完善，初始投资都是巨额的，而未来收入又充满着不确定性，延迟投资可以节省网络投资的许多利息。

基于上述价值特征，实物期权模型估算 3G 牌照价值模型如下：

最终期权价值＝3G 期权价值＋嵌入期权价值（扩张、抛弃和延迟期权价值）

3.拍卖实验模拟分析法

实验是对现实的模拟，也是一种重要的预测方法。宾莫教授在接受英国政府委托研究英国 3G 频谱拍卖并设计拍卖方案的过程中就主要使用了实验的方法。宾莫教授团队进行的实验研究很好证明了拍卖方案的有效性，并对拍卖的结果进行了很好的预测。最终，在实施宾莫教授提出的拍卖方案以后，英国 3G 拍卖大获成功，拍卖所得近 340 亿美元（超过 2000 亿元人民币）。

为了对拍卖方式和拍卖结果进行更准确的研究，本书的研究也进行了人工模拟实验。实验主要模拟我国 4G 牌照的拍卖，参与竞拍的企业包括"A 公司"、"B 公司"、"C 公司"、"D 公司"及"E 公司"5 家公司，竞拍标的物为 4 张 4G 牌照。每个公司的竞拍决策者有 3 人，筛选和指派 3 名优秀学生分别扮演公司的总经理、市场总监、财务总监。实验进行两次，每次持续一天，每次的人员不同，以期得到稳定的结果，并根据实验的结果对我国无线电频谱交易收入进行预测。该实验主要模拟了第一价格密封拍卖、第二价格密封拍卖、同步升价拍卖三种常见的拍卖方式，具体如下。

（1）第一价格密封拍卖，是一种密封式的拍卖，并且买方出价是同时性的，而非序贯性的；众多买方以书面投票方式竞拍拍卖品，出价最高者将以出价水平获取拍卖品。第一价格密封拍卖的多单位同质商品的拍卖，称为"歧视性拍卖"，即不同单位的拍卖品由该单位的最高出价者以最高价格出价购买。在竞拍过程中，竞拍者不知道参与竞拍的总人数及其对标的物估价，通常竞拍者的出价会比自己的估价要低一些。

（2）第二价格密封拍卖中，竞拍者同样以密封的形式独立出价，商品也出售给出价最高的竞拍者，但是获胜者支付的是所有投标价格中的第二高价。

（3）同步升价拍卖中，多组相关的许可证同步开始竞价，竞价由多轮密封递价组成。在每轮中竞拍者可以对任何许可证递交比拟定报价更高的报价，各轮竞价的结果在下一轮竞价开始之前全部公开。如果连续两轮都无人对任何许可证提价，拍卖即告终止。这种机制实际上是将英国式拍卖拓展到了多个相关物品的情形。

(二)无线电频谱拍卖收入测算(一)——多元回归模型分析法

1. 无线电频谱拍卖相关数据收集及处理

定量研究无线电频谱拍卖收入与牌照带宽、牌照覆盖地区的人口密度及人均 GDP 等因素之间的关系，国内外无线电频谱拍卖样板数据的搜集是重中之重。搜集数据应齐，包含信息量应较大，以确保多元回归分析的精确有效，于是本书研究中做了大量的无线电频谱交易相关样板数据的收集与处理工作，共收集了上千组样本数据。FCC 自 1994~2011 年共举行了 93 次无线电频谱拍卖，每次拍卖牌照的数量从几张到几千张不等，而且每次拍卖可能持续几百上千轮，需要一轮一轮地整理拍卖结果的英文文献，包括英文文献的翻译，所以每一次拍卖可能需要搜集几千组数据，除了搜集牌照自身的数据，还需要收集牌照覆盖地区的面积、人口数量等。当然，搜集数据后还需要将其翻译、转化成同一标准单位的数据，最后进行数据处理。

本书主要收集及处理欧洲国家 3G 牌照拍卖的样本数据、我国香港牌照拍卖样本数据、FCC 拍卖的样本数据。

(1)欧洲国家 3G 牌照拍卖样本数据。根据 ITU 欧洲部分国家 3G 牌照拍卖相关文献，拍卖样本数据整理结果如表 5-3 所示。其中，英国"世纪"频谱拍卖开始于 2000 年 2 月 15 日，结束于 2000 年 4 月 27 日，在经过 150 轮竞价后，总共筹得约 385 亿美元，折合 650 美元/人，是最初估计收入的 5~10 倍。

表 5-3 欧洲部分国家 3G 牌照拍卖样本数据[①]

国家	拍卖时间	牌照数量/张	总共筹集资金/亿美元	人均筹集资金/(美元·人$^{-1}$)
英国	2000 年 3~4 月	5	385	650
荷兰	2000 年 7 月	5	27	170
德国	2000 年 7~8 月	6	505	615
意大利	2000 年 10 月	5	122	240
奥地利	2000 年 11 月	6	8	100
瑞士	2000 年 11~12 月	4	0.8	20
比利时	2001 年 3 月	3	10	45
丹麦	2001 年 9 月	4	5	90
欧盟 15 国	2000~2001 年	61	1171	323

---

① 根据 ITU 相关数据整理，其中美元和欧元的汇率按照 2000 年的平均汇率来计算，1 美元=1 欧元。

(2)我国香港牌照交易样本数据。我国香港地区无线电频谱资源的拍卖自 2011 年 2 月 28 日起通过互联网软件平台进行,由移动网络运营商及一家固网运营商参与,经过 4 天共计 41 轮竞价后顺利完成。拍卖中的暂定成功竞拍者、拍得的无线电频谱和需缴付的频谱使用费列于表 5-4,此次拍卖收入折合 8003 万港币/MHz。

表 5-4 2011 年 2 月我国香港无线电频谱拍卖样本数据[①]

成功竞拍者	竞拍的无线电频谱	须缴付的无线电频谱使用费/亿元
数码通电讯有限公司	频段 A(832.5~837.5 MHz 与 877.5~882.5 MHz 成对的频段)	7.18
和记电话有限公司	频段 B(885~890 MHz 与 930~935 MHz 成对的频段)	8.83
总数	20 MHz	16.01

(3)美国无线电频谱拍卖样本数据。FCC 主要负责组织美国无线电频谱资源拍卖。

首先,根据 FCC 公布的 1994~2011 年的 93 次频谱拍卖资料,将每次拍卖每轮的总结、结果、拍卖地区(图 5-1)及频段(图 5-2)数据进行一一对应,并进行整理,结果如表 5-5 和图 5-2 所示。

表 5-5 1994~2011 年 FCC 的 93 次无线电频谱拍卖样本

拍卖序号	带宽/MHz	净收入/美元	单位频段收入/(美元·MHz^{-1})
1	0.7875	617 006 674	783 500 538
2	1	213 892 375	213 892 375
3	2.25	392 706 797	174 536 354
4	60	7 019 403 797	116 990 063
5	30	10 071 708 842	335 723 628
6	78	216 239 603	2 772 303
7	5	204 267 144	40 853 429
10	30	904 607 467	30 153 582
11	30	2 517 439 565	83 914 652
12	50	1 842 533	36 851

---

① 港币和人民币的汇率按照 2011 年 2 月计算,1 港币=0.82 元人民币。

续表

拍卖序号	带宽/MHz	净收入/美元	单位频段收入/(美元·MHz^{-1})
14	30	13 638 940	454 631
15	25	173 234 888	6 929 396
16	10	96 232 060	9 623 206
18	1.55	21 650 301	13 967 936
20	1.3	7 459 200	5 737 846
21	1 348	3 438 294	2 551
22	55	412 840 945	7 506 199
24	1.55	1 924 950	1 241 903
25	156.8	57 820 350	368 752
26	8.3	4 122 500	496 687
27	0.2	172 250	861 250
28	12	1 210 000	100 833
32	0.03	1 520 375	50 679 167
33	6	519 892 575	86 648 763
35	70	16 857 046 150	240 814 945
37	51.6	147 876 075	2 865 815
38	6	20 961 500	3 493 583
39	14.05	1 144 755	81 477
40	2.12	12 897 127	6 083 550
41	1.617 5	8 285 036	5 122 124
42	0.825	1 202 725	1 457 848
43	29.25	1 548 225	52 931
44	18	88 651 630	4 925 091
45	75	15 871 000	211 613
46	5	12 628 000	2 525 600
48	269.8	2 445 608	9 065
49	18	56 815 960	3 156 442
50	0.662 5	428 709	647 108
51	0.125	134 250	1 074 000

续表

拍卖序号	带宽/MHz	净收入/美元	单位频段收入/(美元·MHz^{-1})
54	13	4 657 600	358 277
55	13.75	4 861 020	353 529
56	80	216 050	2 701
57	2	1 057 365	528 683
59	55.575	3 865 515	69 555
60	12	305 155	25 430
61	2	7 094 350	3 547 175
62	32.6	54 259 600	1 664 405
64	60	23 367 850	389 464
65	3	38 339 000	12 779 667
66	90	13 879 110 200	154 212 336
68	1.8	3 264 250	1 813 472
69	8	123 599 000	15 449 875
70	22.2	21 301 175	959 512
71	120	13 932 150	116 101
72	0.25	185 416	741 664
73	62	18 957 582 150	305 767 454
77	25	25 002	1 000
79	17	5 253 025	309 001
80	6	18 798 000	3 133 000
82	24	5 025 250	209 385
86	76.5	19 426 600	253 942
87	239.98	19 426 600	80 951
88	2.41	1 442 450	598 527
90	12	2 631 200	219 267
91	21.6	8 537 655	395 262
92	24	19 770 250	823 760

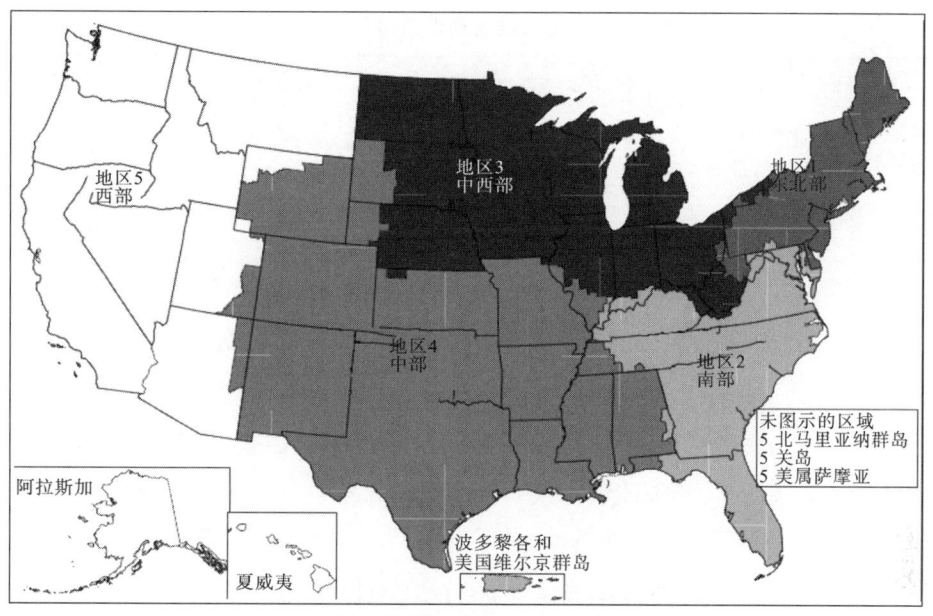

图 5-1　美国无线电频谱拍卖地区

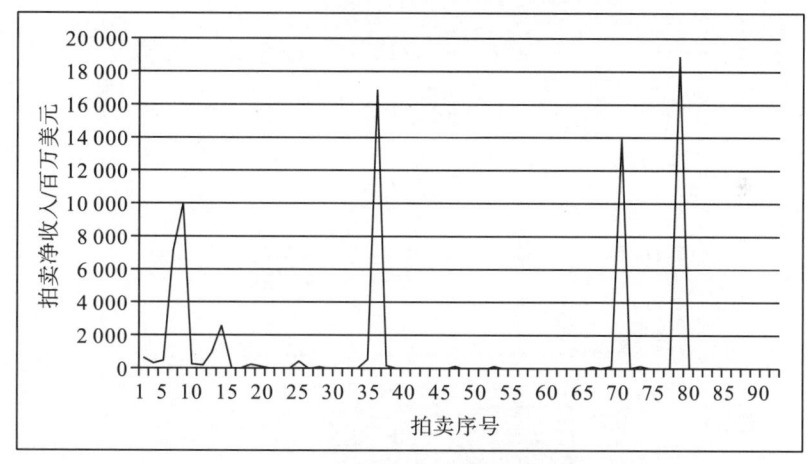

图 5-2　1994~2011 年美国无线电频谱拍卖净收入

然后，将美国的 93 次无线电频谱拍卖根据用途划分成 5 类，分别为通信服务、广播电台服务、广播电视服务、综合服务及其他服务，并计算出不同用途每兆赫兹所对应的平均收入。最高的是用于通信服务的频段，价值为 63 312 727 美元/MHz，然后依次为广播电视服务 (27 993 064 美元/MHz)、其他服务 (25 238 317 美元/MHz)、综合服务 (24 982 458 美元/MHz)，最低的是用于广播电台服务的频段，价值为 5 458 406 美元/MHz，详细结果如表 5-6 所示。

表 5-6 美国无线电频谱拍卖用途分类[①]

频段用途	拍卖的次数	单位频段收入/(美元·MHz^{-1})
通信服务	33	63 312 727
广播电台服务	13	5 458 406
广播电视服务	11	27 993 064
综合服务	20	24 982 458
其他	2	25 238 317

再次，筛选出用于个人通信服务的 31 次拍卖（表 5-7），将每次拍卖的每个牌照作为一个样本，通过查阅 FCC 拍卖公布的每轮结果记录文件，并结合美国国家统计局及 ITU 的公开统计数据，一轮一轮地收集整理每个牌照覆盖地区面积、覆盖地区的人口总数、覆盖地区的 GDP 以及牌照带宽等样本数据。

表 5-7 美国无线电频谱拍卖通信服务用途明细

拍卖编号	拍卖总收入/美元	拍卖年份	频段带宽/MHz	人口/万人	地区面积/万 km^2	GDP/亿美元
1	617 006 674	1994	0.787 5	26 063	980.9	66 480.13
3	392 706 797	1994	2.25	26 063	980.9	66 480.13
4	7 019 403 797	1994	60	26 063	980.9	66 480.13
5	10 071 708 842	1995	30	26 325	980.9	69 520.2
10	904 607 467	1996	30	26 545	936.4	73 906
11	2 517 439 565	1996	30	26 545	936.4	73 906
12	1 842 533	1997	50	26 790	936.4	82 565
18	21 650 301	1998	1.55	27 056	936.4	87 288
20	7 459 200	1998	1.3	27 056	936.4	87 288
22	412 840 945	1999	55	27 313	936.4	92 370
24	1 924 950	1999	1.55	27 313	936.4	92 370
26	4 122 500	2000	8.3	28 092	936.4	97 648
35	16 857 046 150	2000	70	28 092	936.4	97 648
40	12 897 127	2001	2.12	28 560.2	936.4	100 490
41	8 285 036	2001	1.617 5	28 560.2	936.4	100 490

---

① 根据 FCC 官网相关资料整理。

续表

拍卖编号	拍卖总收入/美元	拍卖年份	频段带宽/MHz	人口/万人	地区面积/万 km²	GDP/亿美元
44	88 651 630	2002	18	28 868.84	937.3	104 348
45	15 871 000	2003	75	29 849.9	962.9	109 513
48	2 445 608	2003	269.8	29 849.9	962.9	109 513
49	56 815 960	2003	18	29 849.9	962.9	109 513
50	428 709	2003	0.662 5	29 849.9	962.9	109 513
51	134 250	2004	0.125	29 849.9	962.9	117 118
56	216 050	2004	80	29 849.9	962.9	117 118
60	305 155	2005	12	31 159.444	962.9	123 761
65	38 339 000	2006	3	31 477.376	963.2	131 329
66	13 879 110 200	2007	90	29 666.56	963.2	140 108
71	13 932 150	2007	120	29 666.56	963.2	140 108
72	185 416	2008	0.25	31 689.28	963.2	143 694
73	18 957 582 150	2008	62	31 689.28	963.2	143 694
86	19 426 600	2009	76.5	30 717.9	963.2	142 563
87	19 426 600	2010	239.98	30 874.55	963.2	146 600
92	19 770 250	2011	24	30 984.16	963.2	145 000

最后，作样本的人口总数除以地区面积得出人口密度、GDP 除以人口总数得到人均 GDP 等处理，得出新的样本总体(表 5-8)，以便后续数据分析。

2. 多元回归模型的检验与分析

为了更加精确地研究无线电频谱拍卖收入中各变量之间的关系，首先对无线电频谱拍卖收入中各变量进行相关性分析，然后对模型进行多重共线性检验并调整变量，其次对模型的总体效度进行分析并进行模型调整，最后给出了无线电频谱拍卖收入的预测模型。

(1)相关性分析检验。根据表 5-8 个人通信服务牌照的样本数据，使用 SPSS 12.0 统计分析软件，将拍卖净收入作为因变量，将牌照覆盖地区的人口、面积、GDP、人口密度、人均 GDP、牌照带宽作为自变量，采用逐步回归分析法，并进行样本数据间的相关性分析，如表 5-9。

表 5-8 个人通信服务牌照样本数据

净利/美元	带宽/MHz	人口/人	人口密度/(人·km^{-2})	地区面积/km^2	GDP/亿美元	人均GDP/(美元·人$^{-1}$)	人口密度平方	牌照×面积	带宽平方	带宽×人口
22 500	0.05	26 410 597	186.91	141 299	7 706.21	29 178.477	34 936.409	7 064.95	0.22	1 320 529.85
30 000	0.05	26 410 597	186.91	141 299	7 706.21	29 178.477	34 936.409	7 064.95	0.22	1 320 529.85
27 000	0.05	26 410 597	186.91	141 299	7 706.21	29 178.477	34 936.409	7 064.95	0.22	1 320 529.85
39 750	0.1	26 410 597	186.91	141 299	7 706.21	29 178.477	34 936.409	14 129.9	0.32	2 641 059.7
59 250	0.15	26 410 597	186.91	141 299	7 706.21	29 178.477	34 936.409	21 194.85	0.39	3 961 589.55
79 500	0.2	26 410 597	186.91	141 299	7 706.21	29 178.477	34 936.409	28 259.8	0.45	5 282 119.4
44 250	0.11	26 410 597	186.91	141 299	7 706.21	29 178.477	34 936.409	15 542.89	0.33	2 905 165.67
45 000	0.05	19 145 232	1 811.79	10 567	4 803	25 087.186	3 282 599.1	528.35	0.22	957 261.6
21 000	0.05	19 145 232	1 811.79	10 567	4 803	25 087.186	3 282 599.1	528.35	0.22	957 261.6
18 000	0.05	19 145 232	1 811.79	10 567	4 803	25 087.186	3 282 599.1	528.35	0.22	957 261.6
17 250	0.05	19 145 232	1 811.79	10 567	4 803	25 087.186	3 282 599.1	528.35	0.22	957 261.6
42 750	0.15	19 145 232	1 811.79	10 567	4 803	25 087.186	3 282 599.1	1 585.05	0.39	2 871 784.8
1 275 000	15	19 145 232	1 811.79	10 567	4 803	25 087.186	3 282 599.1	1 585.05	0.39	2 871 784.8
34 000	0.04	19 145 232	1 811.79	10 567	4 803	25 087.186	3 282 599.1	422.68	0.20	765 809.28
9 000	0.05	12 069 700	428.57	28 163	3 227.13	26 737.45	183 668.69	1 408.15	0.22	603 485
9 000	0.05	12 069 700	428.57	28 163	3 227.13	26 737.45	183 668.69	1 408.15	0.22	603 485
270 000	10	12 069 700	428.57	28 163	3 227.13	26 737.45	183 668.69	1 408.15	0.22	603 485
18 000	0.1	12 069 700	428.57	28 163	3 227.13	26 737.45	183 668.69	2 816.3	0.32	1 206 970
27 000	0.15	12 069 700	428.57	28 163	3 227.13	26 737.45	183 668.69	4 224.45	0.39	1 810 455
20 250	0.11	12 069 700	428.57	28 163	3 227.13	26 737.45	183 668.69	3 097.93	0.33	1 327 667

续表

净利/美元	带宽/MHz	人口/人	人口密度/(人·km⁻²)	地区面积/km²	GDP/亿美元	人均GDP/(美元·人⁻¹)	人口密度平方	牌照×面积	带宽平方	带宽×人口
63 750	0.05	11 891 177	1 369.45	8 683.2	4 116	34 613.899	1 875 383.4	434.16	0.22	594 558.85
44 250	0.05	11 891 177	1 369.45	8 683.2	4 116	34 613.899	1 875 383.4	434.16	0.22	594 558.85
63 750	0.05	11 891 177	1 369.45	8 683.2	4 116	34 613.899	1 875 383.4	434.16	0.22	594 558.85
1 890 000	15	11 891 177	1 369.45	8 683.2	4 116	34 613.899	1 875 383.4	868.32	0.32	1 189 117.7
42 750	0.15	11 891 177	1 369.45	8 683.2	4 116	34 613.899	1 875 383.4	1 302.48	0.39	1 783 676.55
49 500	0.2	11 891 177	1 369.45	8 683.2	4 116	34 613.899	1 875 383.4	1 736.64	0.45	2 378 235.4
99 000	0.11	11 891 177	1 369.45	8 683.2	4 116	34 613.899	1 875 383.4	955.152	0.33	1 308 029.47
7 350	0.05	9 752 317	71.41	136 560	2 856.51	29 290.578	5 099.9815	6 828	0.22	487 615.85
7 350	0.05	9 752 317	71.41	136 560	2 856.51	29 290.578	5 099.9815	6 828	0.22	487 615.85
7 350	0.05	9 752 317	71.41	136 560	2 856.51	29 290.578	5 099.9815	6 828	0.22	487 615.85
15 000	0.1	9 752 317	71.41	136 560	2 856.51	29 290.578	5 099.9815	13 656	0.32	975 231.7
21 750	0.15	9 752 317	71.41	136 560	2 856.51	29 290.578	5 099.9815	20 484	0.39	1 462 847.55
16 500	0.11	9 752 317	71.41	136 560	2 856.51	29 290.578	5 099.9815	15 021.6	0.33	1 072 754.87
750	0.05	176 497	321.49	549	17	9 631.8918	103 354.64	27.45	0.22	8 824.85
3 787 500	5	252 556 989	26.23	9 629 000	102 007.81	40 390.018	687.949 26	962 900	0.32	25 255 698.9
5 452 500	10	252 556 989	26.23	9 629 000	102 007.81	40 390.018	687.949 26	962 900	0.32	25 255 698.9
378 750	0.1	252 556 989	26.23	9 629 000	102 007.81	40 390.018	687.949 26	962 900	0.32	25 255 698.9
757 500	0.2	252 556 989	26.23	9 629 000	102 007.81	40 390.018	687.949 26	1 925 800	0.45	50 511 397.8
757 500	0.2	252 556 989	26.23	9 629 000	102 007.81	40 390.018	687.949 26	1 925 800	0.45	50 511 397.8
682 500	0.15	252 556 989	26.23	9 629 000	102 007.81	40 390.018	687.949 26	1 444 350	0.39	37 883 548.35

续表

净利/美元	带宽/MHz	人口/人	人口密度/(人·km^{-2})	地区面积/km^2	GDP/亿美元	人均GDP/(美元·人$^{-1}$)	人口密度平方	牌照×面积	带宽平方	带宽×人口
568 500	0.15	252 556 989	26.23	9 629 000	102 007.81	40 390.018	687.949 26	1 444 350	0.39	37 883 548.35
568 500	0.15	252 556 989	26.23	9 629 000	102 007.81	40 390.018	687.949 26	1 444 350	0.39	37 883 548.35
34 000 000 000	140	59 740 000	246.86	242 000	14 393	24 092.735	60 939.615	33 880 000	11.83	8 363 600 000
2 482 161 729	140	19 811 400	471.70	42 000	3 706	18 706.401	222 500.89	5 880 000	11.83	2 773 596 000
50 540 432 346	120	82 150 000	230.11	357 000	18 703	22 766.89	52 951.553	42 840 000	10.95	9 858 000 000
12 209 767 814	140	57 690 000	191.66	301 000	10 748	18 630.612	36 733.989	42 140 000	11.83	8 076 600 000
800 640 512	140	8 080 000	96.19	84 000	1 904	23 564.356	9 252.607 7	11 760 000	11.83	1 131 200 000
80 064 051	140	7 100 000	173.17	41 000	2 462	34 676.056	29 988.102	5 740 000	11.83	994 000 000
100 080 064	140	10 150 000	307.58	33 000	2 271	22 374.384	94 602.847	4 620 000	11.83	1 421 000 000
500 400 320	140	5 300 000	123.26	43 000	1 593	30 056.604	15 191.996	6 020 000	11.83	742 000 000

表 5-9 相关性分析

项目	收入	带宽	人口	人口密度	地区面积	GDP	人均 GDP
收入	1						
带宽	0.530(**)	1					
人口	0.950(**)	0.426(**)	1				
人口密度	−0.358(*)	−0.212	−0.432(**)	1			
覆盖地区面积	0.949(**)	0.422(**)	0.998(**)	−0.445(**)	1		
GDP	0.951(**)	0.426(**)	1.000(**)	−0.435(**)	0.999(**)	1	
人均 GDP	0.752(**)	0.437(**)	0.751(**)	−0.287	0.749(**)	0.755(**)	1

注：** 表示在 0.01 的显著性水平下相关性是显著的；
* 表示在 0.05 的显著性水平下相关性是显著的。

在显著性水平 0.01 下，拍卖净收入与牌照带宽、牌照覆盖地区的人口、地区面积、覆盖地区的 GDP 及人均 GDP 具有显著的正相关关系；在显著性水平 0.05 下，拍卖净收入与人口密度呈现显著的负相关性。其中，人口和地区面积及 GDP 在显著性水平 0.01 下呈现出高度相关性(0.998，1.000)，地区面积与 GDP 也具有高度正相关关系(0.999)。

(2)多重共线性诊断。前述相关性分析结果显示，各因素之间可能存在多重共线性，从而使得回归方程的结果产生误差，继续采用 SPSS 12.0 统计分析软件对样本的每个因素进行多重共线性诊断，诊断结果如表 5-10 所示。

表 5-10 多重共线性诊断(a)

模型	维度	特征值	条件指数	方差比例					
				常数	带宽	人口	人口密度	地区面积	人均 GDP
1	1	4.169	1.000	0.00	0.01	0.00	0.01	0.00	0.00
	2	1.414	1.717	0.00	0.00	0.00	0.10	0.00	0.00
	3	0.296	3.755	0.00	0.10	0.00	0.73	0.00	0.00
	4	0.111	6.128	0.04	0.88	0.00	0.10	0.00	0.02
	5	0.010	20.942	0.87	0.00	0.00	0.00	0.00	0.97
	6	0.001	57.054	0.09	0.01	1.0	0.06	1.00	0.00

注：a 因变量：净利润。

韦尔施等认为整体回归模型的共线性诊断可以通过条件指数 CI 与特征值 λ 来判断，特征值越大，表示效果越强。在共线性诊断中，特征值为 k 个解释变量与 1 个常数项所能够提供的总变异量 $k+1$ 中分别以各个解释变量为中心所计算出的解释变量线性组合的变异量比值。特征值越小，表示解释变量之间越具有共线性，当特征值为 0 时，表示解释变量之间有完全线性相依性。特征值计算出来之后，取最大的特征值除以特定特征值的开方值，即为条件指数 CI：

$$CI_i = \sqrt{\frac{\lambda_{\max}}{\lambda_i}} \tag{5.2}$$

式中，CI 值越高，表示共线性越严重。$CI<30$，表示共线性问题缓和；$30<CI<100$，表示高度共线性；$CI>100$ 表示严重的共线性。

而本次样本数据多元回归的条件指数 $CI=57.054$，显示出高度的共线性，同时容忍值变异数膨胀因素方差膨胀因子(variance inflation factor，VIF)等指标(表 5-11)均显示出高度共线性。

表 5-11　多重共线性诊断

模型	变量	β[①]	t[②]	$Sig.$[③]	偏相关	共线性统计		
						容忍度	VIF	最小容忍度
1	带宽	0.152(a)	3.091	0.004	0.444	0.818	1.222	0.818
	人口	−1.47(a)	−0.724	0.474	−0.115	0.001	1 697.615	0.001
	人口密度	0.068(a)	1.262	0.214	0.198	0.811	1.233	0.811
	地区面积	−0.368(a)	−0.298	0.767	−0.048	0.002	617.480	0.002
	人均GDP	0.079(a)	1.055	0.298	0.167	0.429	2.329	0.429
2	人口	−1.41(b)	−0.763	0.450	−0.123	0.001	1 697.837	0.001
	人口密度	0.073(b)	1.505	0.140	0.237	0.810	1.234	0.694
	地区面积	0.006(b)	0.005	0.996	0.001	0.002	624.934	0.002
	人均GDP	0.040(b)	0.568	0.574	0.092	0.413	2.419	0.413

注：a 预测模型：(常数)，GDP。
　　b 预测模型：(常数)，GDP，带宽。

(3)回归模型的分析。鉴于多重共线性对回归方程总体的影响，对上述样本的自变量之间平方、开方、乘积以及残差进行分析，再次录入 SPSS 12.0 统计分析软件进行进一步分析，得到回归方程如下：

$$y = 19.878x_1 + 337.8x_2 + 0.15x_3 \cdot x_4 - 91\,965.1 \tag{5.3}$$

式中，y 表示拍卖收益(元)；x_1 表示通信覆盖地区的人口密度(人/km²)；x_2 表示通信覆盖地区的人均 GDP(元)；x_3 表示通信服务的牌照带宽(MHz)；x_4 表示通信覆盖地区的人口(人)。

然后对于该回归模型，进行回归分析原理方面的检验。一是模型的拟合优度检验(表 5-12)，判断系数 $R^2=0.972$，接近 1，表示自变量解释因变量的程度可

[①] β 表示标准化回归系数。
[②] t 值用来判断回归系数是否显著。
[③] $Sig.$ 与 t 值的作用等同，也用于判断回归系数的显著性。

达到 97.2%，表明回归方程的拟合程度很好。二是回归方程与回归系数的显著性检验（表 5-13 与表 5-14），$F=447.664$，也较大，说明回归方程总体具有显著性。

表 5-12 模型概述（b）

模型	R	R^2	调整后 R^2	标准的误差估计
1	0.986(a)	0.972	0.970	38 928.824

注：a 预测因素：常数项，带宽人口，人口密度，人均 GDP。
b 因变量：净利润。

表 5-13 总体检验方差分析（b）

模型	原始	平方和	自由度	均方差	F[①]	Sig.
1	回归	2 035 243 209 903.479	3	678 414 403 301.160	447.664	0.000(a)
	残差	57 587 226 286.997	38	1 515 453 323.342	—	—
	合计	2 092 830 436 190.476	41	—	—	—

注：a 预测因素：常数项，带宽人口，人口密度，人均 GDP。
b 因变量：净利润。

表 5-14 系数（a）

模型	变量	未标准化系数		标准化系数	t	Sig.
		B[②]	标准误差	Beta[③]		
1	常数项	−91 965.121	40 129.731		−2.292	0.028
	人口密度	19.878	9.558	0.062	2.080	0.044
	人均 GDP	337.8	1.379	0.095	2.449	0.019
	带宽人口	0.15	0.001	0.940	23.061	0.000

注：a 因变量：净利润。

3. 我国无线电频谱拍卖收入的测算

这里主要是根据上述无线电频谱拍卖的收入预测模型，预测我国无线电频谱拍卖收入，首先获取我国各省市地区面积、人口总数、GDP 等相关数据，其次对各省市的截面数据进行一些处理，最后计算各省市的无线电频谱拍卖收入并换算成全国总体拍卖收入。

（1）我国各省市相关数据的获取。通过查阅国家统计局公布的统计年鉴及各省市统计年鉴等相关文献，搜集整理我国各省市 2010 年截面数据，主要涉及每

[①] F 值一般与辅助拟合优度（R^2）共同判断回归方程的拟合程度。
[②] B 表示未标准化的回归系数。
[③] Beta 表示标准化的回归系数。

个省及直辖市的土地面积、人口总数、GDP 等相关数据，结果如表 5-15。

表 5-15　我国 2010 年各省市截面数据

省(市、区)	面积/万 km²	人口/万人	GDP/亿元
广东	18	10 430.313 2	45 472.83
江苏	10	7 865.990 3	40 903
上海	0.58	2 301.914 8	16 872.42
山东	15	9 579.306 5	39 416.2
北京	1.68	1 961.236 8	14 113.6
天津	1.1	1 293.822 4	9 108.3
浙江	10	5 442.689 1	27 100
河南	16	9 402.356 7	22 000
河北	19	7 185.420 2	20 197.1
辽宁	15	4 374.632 3	17 500
内蒙古	110	2 470.632 1	11 620
四川	48.5	8 041.82	16 898.6
福建	12	3 689.421 6	13 800
湖南	21	6 568.372 2	15 902.12
湖北	18	5 723.774	15 806.09
安徽	13	5 950.051	12 263.4
黑龙江	45.4	3 831.222 4	10 235
陕西	19	3 732.737 8	10 021.53
吉林	18.74	2 746.229 7	8 577.06
山西	15	3 571.211 1	9 088.1
广西	23	4 602.662 9	9 502.39
江西	16	4 456.747 5	9 435
重庆	8.5	2 884.617	7 890
云南	38	4 596.623 9	7 220
新疆	160	2 181.333 4	5 418.81
宁夏	6.6	630.135	1 643
贵州	17.3	3 474.646 8	4 593.97
海南	3.4	867.151 8	2 052.12
甘肃	39	2 557.525 4	4 100
青海	72	562.672 2	1 350.43
西藏	120	300.216 6	507.46

(2) 我国各省市数据的处理。对表 5-15 所示的我国 2010 年截面数据作如下处理：一是，用人口总数除以面积得出人口密度，用 GDP 总量除以人口总数得到人均 GDP，以及用牌照带宽乘以人口；二是，假设带宽为 1 MHz，这样计算出来的就是单位带宽所带来的收入，即每兆赫兹所能获得的收入。

(3) 我国各省市收入计算结果。将上述步骤处理后的截面数据，代入式 (5.3)，鉴于美国及欧洲无线电频谱资源交易有效期一般是 5~15 年，在此，假设使用权限是 10 年，将计算出的每兆赫兹的总收入除以 10，就得到每年每兆赫兹所带来的收入，计算结果如表 5-16 所示。

表 5-16 我国 2010 年各省市每年每兆赫兹收入

省(市、区)	面积/万 km²	人口/万人	GDP/亿元	总收入 /(元·MHz⁻¹)	每年每兆赫兹收入 /[元·(MHz·a)⁻¹]
广东	18	10 430.313 2	45 472.83	30 292 023	3 029 202
江苏	10	7 865.990 3	40 903	29 288 192	2 928 819
上海	0.58	2 301.914 8	16 872.42	28 199 636	2 819 964
山东	15	9 579.306 5	39 416.2	28 189 226	2 818 923
北京	1.68	1 961.236 8	14 113.6	27 182 114	2 718 211
天津	1.1	1 293.822 4	9 108.3	25 652 722	2 565 272
浙江	10	5 442.689 1	27 100	24 902 478	2 490 248
河南	16	9 402.356 7	22 000	21 927 227	2 192 723
河北	19	7 185.420 2	20 197.1	20 188 716	2 018 872
辽宁	15	4 374.632 3	17 500	19 988 916	1 998 892
内蒙古	110	2 470.632 1	11 620	19 502 007	1 950 201
四川	48.5	8 041.82	16 898.6	19 072 388	1 907 239
福建	12	3 689.421 6	13 800	18 083 430	1 808 343
湖南	21	6 568.372 2	15 902.12	17 944 995	1 794 500
湖北	18	5 723.774	15 806.09	17 828 298	1 782 830
安徽	13	5 950.051	12 263.4	15 804 463	1 580 446
黑龙江	45.4	3 831.222 4	10 235	14 680 775	1 468 078
陕西	19	3 732.737 8	10 021.53	14 580 189	1 458 019
吉林	18.74	2 746.229 7	8 577.06	14 580 506	1 458 051
山西	15	3 571.211 1	9 088.1	13 865 996	1 386 600
广西	23	4 602.662 9	9 502.39	13 790 029	1 379 003

续表

省(市、区)	面积/万 km²	人口/万人	GDP/亿元	总收入/(元·MHz⁻¹)	每年每兆赫兹收入/[元·(MHz·a)⁻¹]
江西	16	4 456.747 5	9 435	13 749 969	1 374 997
重庆	8.5	2 884.617	7 890	13 481 207	1 348 121
云南	38	4 596.623 9	7 220	12 111 261	1 211 126
新疆	160	2 181.333 4	5 418.81	11 571 843	1 157 184
宁夏	6.6	630.135	1 643	9 662 857	966 286
贵州	17.3	3 474.646 8	4 593.97	9 590 187	959 019
海南	3.4	867.151 8	2 052.12	9 207 890	920 789
甘肃	39	2 557.525 4	4 100	9 160 939	916 094
青海	72	562.672 2	1 350.43	8 859 499	885 950
西藏	120	300.216 6	507.46	6 068 287	606 829
合计	950.8	133 277.486 7	430 608.53	539 008 265	53 900 827

根据前述无线电频谱拍卖收入计算结果，我国广东省无线电频谱拍卖每年每兆赫兹的收入最高，达 302.920 2 万元/(MHz·a)，其后依次为江苏省［292.881 9 万元/(MHz·a)］、上海市［281.996 4 万元/(MHz·a)］、山东省［281.892 3 万元/(MHz·a)］、北京市［271.821 1 万元/(MHz·a)］、天津市、浙江省等，拍卖收入较低的为新疆、贵州、甘肃、青海、西藏，其中西藏为 66.068 29 万元/(MHz·a)。这从我国实际情况上验证了该回归模型的可靠性。以 2010 年经济发展水平计算，我国总体频谱拍卖的收入为 5 390.082 7 万元/(MHz·a)。

(三)无线电频谱拍卖收入测算(二)——实物期权模型分析法

1. 布莱克－肖尔斯模型与实物期权

布莱克－肖尔斯模型是实物期权的基础，但不等价于实物期权模型，两个模型间存在着变量转化关系。布莱克－肖尔斯模型可表示为

$$买权价值 = S \cdot N(d_1) - K \cdot e^{-rt} \cdot N(d_2) \tag{5.4}$$

$$d_2 = d_1 - \sigma \cdot \sqrt{t} \tag{5.5}$$

$$d_1 = \frac{\ln\left(\frac{S}{K}\right) + \left(r + \frac{\sigma^2}{2}\right) \cdot t}{\sigma \cdot \sqrt{t}} \tag{5.6}$$

式中，$N(d_1)$ 和 $N(d_2)$ 是标准化变量 d_1 和 d_2 的累积正态分布函数。根据实物期权模型，式(5-4)～式(5-6)中各变量的具体含义为：S 表示现实资产全部未来现金流的价值之和；K 表示决定进行投资时的金额；t 表示投资的有效期，即 4G 牌照的有效期；r 表示有效期内的无风险利率；σ^2 表示现实资产价值的方差。

这些变量对实物期权的影响如表 5-17 所示。

表 5-17 变量的影响

因素	买权价值	卖权价值
基础资产价值增加	增加	减少
执行价格增加	减少	增加
基础资产的方差增加	增加	增加
有效期增加	增加	增加
利率增加	增加	减少
支付的股利增加	减少	增加

2.4G 牌照的价值分析

4G 牌照为通信运营商提供了开展 4G 业务的权利，其持有者则可通过投资 4G 基础设施行使期权；随着经济环境和商业机会的变化，基础设施的建设可以分阶段进行，也就是说，期权的执行可以延迟；4G 内含的未来企业商机也增加了期权的价值；期权的价值还可以转让；基础设施还可与别人共享以便获得额外的收入。所有这些灵活性都给 4G 牌照增添了价值，因此，打算取得开展 4G 业务权利的公司应支付与期权价值相等的费用。

大体上看，4G 牌照是实物期权。但持有者要开展业务必须行使这些权利，于是，进一步可将 4G 期权细分为买权。因此，布莱克－肖尔斯模型中的变量可以进一步阐释为：S 表示 4G 业务的净现金流；K 表示建设或改善电信基础设施的总投资额；t 表示 4G 牌照的有效期；r 表示 5 年期政府债券的利率；σ^2 表示拥有 4G 牌照的公司每日股价波动性的平方。

(1)4G 业务的净现金流(S)。净现金流是收益扣减营业费用、财务费用、税费，再加上折旧的现金流，假设其为收益的 15% 形成的贡献边际(后文将详细解释 15% 的由来)。

至于成本，首先拟合各个公司历史成本与销售额之间的函数关系，再预测未来的成本。

在计算 S 的值时，需要得到以下数据：①4G 市场及其增长率(这一点可以通过 3G 市场的表现来拟合)；②4G 业务市场份额；③4G 服务收费；④贴现率。

为计算贴现率,可以借助资本资产定价模型(capital asset pricing model, CAPM):

$$R_i = R_f + \beta_i \cdot (R_m - R_f) \tag{5.7}$$

其中,R_i是i公司的要求报酬率;R_f是无风险率;R_m是市场报酬率;β_i是i公司的贝塔系数。

市场报酬率可以根据多年证券市场股指收市数据P_t计算得出,即

$$R_m = \ln\left(\frac{P_t}{P_{t-1}}\right) \tag{5.8}$$

这里的P_t和P_{t-1}是相邻两个交易日的收市价,随后计算该数据序列的算数平均值,转化后得到年报酬率[①]。贝塔系数可以通过作单个公司每日报酬[②]和沪市或深市总体报酬的回归得到。

(2)基础设施投资(K)。K是期权的执行价格,即建设3G基础设施全部投资的限制。获得这个数值很困难,调研是最好的方式。

(3)无风险利率(r)。这里实行通用的做法,将r和长期国债利率等价。

(4)基础项目价值的波动性的平方(σ^2)。本书采用电信运营商股票波动性的平方作为σ^2的估计。

(5)4G牌照的有效期(t)。t的数值要根据拍卖时的政策而定。

3. 基于4G牌照的实物期权模型

初始的布莱克-肖尔斯模型基于以下两个基本假设:

(1)市场份额变化可忽略;

(2)市场在位者数量不变。

但显然,在中国市场开展无线电频谱拍卖时,这两点的依据是不合理的,因此,需要对上述模型进行合理化改进。

在改进中,我们提出以下假设:

(1)牌照有效期内,通货膨胀率可合理化估计;

(2)牌照价值函数是最终购买人市场预期份额与现有份额差值的增函数;

(3)牌照价值函数是曾参与竞拍但最终未进入市场或被排挤出市场的企业实力的增函数,即准备进入市场但最终没有拍到牌照的企业实力越强,牌照价值越大。

基于以上三点假设,得到以下改进模型:

$$\text{单张牌照价值} = \frac{S \cdot N(d_1) - K \cdot e^{-r \cdot t} \cdot N(d_2)}{\text{牌照的时间价值系数}} \cdot F(I_1, I_2) \cdot G(P) \tag{5.9}$$

[①] 这里可以统一把一年简计为365日,不考虑是否闰年。

[②] 这里假设所有牌照持有者都是上市公司。

式中，I_1 表示某个企业如果购得牌照，其预期的市场份额；I_2 表示拍得牌照的企业拍卖开始前的市场份额；P 表示假设(3)中论述的被淘汰企业实力；

$$\frac{\partial F}{\partial (I_1-I_2)}>0, \frac{\partial^2 F}{\partial (I_1-I_2)^2}<0$$

$$\frac{\partial G}{\partial P}>0, \frac{\partial^2 G}{\partial P^2}<0$$

4. 无线电频谱拍卖收入计算结果

在利用上述实物期权模型测算牌照价值之前，不妨假定发放 4 张同质的 4G 牌照，每张牌照均为 25 MHz。根据公开信息，鉴于发放 4 张牌照，这里以 A 公司、B 公司、C 公司、D 公司 4 家公司数据为例计算牌照的价值，如表 5-18 所示。

表 5-18 4 家公司信息

项目	A公司	B公司	C公司	D公司	总和
拍卖前的市场份额/%	65	20	15	0	100
拍卖后的市场份额/%	42	26	25	7	100
总投资 S/万元	4 200	2 600	2 500	700	10 000
基础设施建设投资 K/万元	1 200	750	750	300	3 000
波动性(标准差)	0.274 435	0.015 68	0.051 835	0.254 961	—
无风险利率 r	0.033 1	0.033 1	0.033 1	0.033 1	—
期限 t/a	5	5	5	5	—
d_1	2.618	40.194 07	11.873 27	2.061 547	—
d_2	2.004 345	40.159 01	11.757 36	1.491 436	—
累积标准正态分布 d_1	0.995 578	1	1	0.980 375	—
累积标准正态分布 d_2	0.977 483	1	1	0.932 076	—
实物期权价值	2 536.814	1 887.456	1 502.293	1 388.542	7 315.104
牌照持有者	4	4	4	4	—
最终估计/亿元	465.29	473.27	391.24	253.99	1 583.79

将表 5-18 所示的数据代入模型计算，结果为 A 公司、B 公司、C 公司、D 公司对于 4G 牌照的价值估计分别为 465.29 亿元、473.27 亿元、391.24 亿元、253.99 亿元，总共 1583.79 亿元，平均每年每兆赫兹 3.16 亿元。

(四)无线电频谱拍卖收入测算(三)——拍卖实验模拟分析法

1. 拍卖的实验概况

本实验对我国 4G 牌照进行模拟拍卖分配，主要以拍卖的方式进行，"A 公司"、"B公司"、"C公司"、"D公司"及"E公司"五家公司参与竞拍4张4G牌照。每家公司由3名学生组成,分别扮演公司的总经理、市场总监、财务总监。本实验进行两次,每次持续一天,且每次的人员不同,以期得到稳定的结果。

(1)人员的筛选。2011年12月14日,初步遴选出重庆邮电大学60名大四学生,并于12月15日下午16:00~18:00对他们进行初步培训,收集报名表及性格测试问卷。根据"A公司"、"B公司"、"C公司"、"D公司"、"E公司"五家公司实际状况,并结合被试的性格特征,最终选出30名被试参加实验室拍卖机制的模拟。并将选拔出的30名被试分成10个小组,分两次进行模拟实验,每次安排5个小组,每组3人,分别扮演"A公司"、"B公司"、"C公司"、"D公司"、"E公司"五家公司的总经理、市场总监、财务总监。

(2)人员的培训。本实验分两次进行,培训也分两次分别对两次实验的人员进行培训,具体如下:

2011年12月19日晚上19:30~21:25对参与第一次实验的5个小组进行4G牌照拍卖培训。培训内容主要包括第一价格密封拍卖、第二价格密封拍卖及同步升价拍卖三种拍卖机制的规则及相关激励机制,培训现场发放5家公司的公开信息。

2011年12月23日晚上19:30~21:00对第二次实验的5个小组进行4G牌照拍卖培训,培训现场发放5家公司的公开信息,并针对第一次拍卖中存在的一些问题对培训内容进行修正,试图观测竞拍者的反应及对拍卖结果的影响。

(3)实验的过程。两次实验的过程大致如下:

第一次实验于2011年12月20日8:00~18:00举行。首先,发放5家公司的私人信息,并给出4个小时让竞拍者获取私人信息,并对牌照进行价值评估,填写策略书,作出合理的决策;然后,用大约半个小时进行第一价格密封拍卖、第二价格密封拍卖;最后,进行同步升价拍卖,起拍价为60亿元,每拍增幅5亿元,每轮时间10分钟。

第二次实验于2011年12月24日8:30~16:30举行,根据第一次实验中出现的问题,及时地总结并对实验规则进行了一些改进,大致流程与第一次拍卖相仿,并在实验过程中观测、记录竞拍者的行为,方便下一步对拍卖机制的分析,并对结果进行分析。

(4)激励的设计。本实验模拟了4G牌照的拍卖,主要从两个方面进行激励的设计,一是现金奖励,二是精神奖励。现金奖励包括奖状、奖金、奖品。实验设立等级奖:一等奖2组(600元奖金/组);二等奖2组(300元奖金/组),三等奖4组(150元奖金/组);精神文明奖2组(140元奖品/组)。精神奖励贯穿整个实验过程,包括正强化、负强化两种方式。正强化:对表现优异的小组进行表扬,激励其继续努力。负强化:对消极对待实验、随意出价的小组进行批评教育,以使这些行为削弱直至消失,从而保证实验目标的实现不受干扰。

2.拍卖的实验结果

(1)第一次实验结果。第一次试验结果如表5-19所示。从第一次实验结果中可以看出,第一价格密封拍卖4张牌照的价格分别为125亿元、400亿元、500亿元、330亿元,总收入1355亿元;第二价格密封拍卖4张牌照的价格分别为148亿元、600亿元、278亿元、330亿元,总收入1356亿元;同步升价拍卖4张牌照的价格分别为400亿元、405亿元、415亿元、410亿元,总收入1630亿元。

表5-19 第一次实验结果 （单位:亿元）

项目	牌照1(20 MHz)	牌照2(25 MHz)	牌照3(25 MHz)	牌照4(30 MHz)	合计
第一价格密封拍卖	125	400	500	330	1355
第二价格密封拍卖	148	600	278	330	1356
同步升价拍卖	400	405	415	410	1630

(2)第二次实验结果。第二次实验之前,在对第一次实验数据进行仔细分析、对参与人进行深度访谈、收集参与人反馈信息之后,对实验过程中存在的问题进行了一些改进,实验结果如表5-20所示。

表5-20 第二次实验结果 （单位:亿元）

项目	牌照1(20 MHz)	牌照2(30 MHz)	牌照3(35 MHz)	牌照4(40 MHz)	合计
第一价格密封拍卖	210	319	359.5	431.5	1320
第二价格密封拍卖	260	365	375	344	1344
同步升价拍卖	325	360	385	480	1550

第二次实验中,第一价格密封拍卖的总成交价为1320亿元,4张牌照的价格分别为210亿元、319亿元、359.5亿元、431.5亿元;第二价格密封拍卖的总成交价为1344亿元元,4张牌照的价格分别为260亿元、365亿元、375亿元、344亿元;同步升价拍卖的总成交价为1550亿元,4张牌照的价格分别为325亿元、360亿元、385亿元、480亿元。

(3)三种拍卖方式分析。本实验中,规定牌照持有期限为5年,假定折现率为5%,将拍卖结果换算成每年的收入,详细结果如表5-21所示。

表 5-21　第一次实验结果分析表

拍卖方式	合计/亿元	每兆赫兹价格/(亿元·MHz^{-1})	每兆赫兹每年价格/[亿元·(MHz·a)$^{-1}$]
第一价格密封拍卖	1355	13.55	1.355
第二价格密封拍卖	1356	13.56	1.356
同步升价拍卖	1630	16.30	1.630

从表 5-21 中可以看出，第一价格密封拍卖的总成交价为 1355 亿元，平均成交价格为 13.55 亿元/MHz；第二价格密封拍卖的总成交价为 1356 亿元，平均成交价格为 13.56 亿元/MHz；同步升价拍卖的总成交价为 1630 亿元，平均成交价格为 16.30 亿元/MHz。

第二次实验中，第一价格密封拍卖的总成交价为 1320 亿元，频谱价值为 10.56 亿元/MHz；第二价格密封拍卖的总成交价为 1344 亿元，频谱价值为 10.75 亿元/MHz；同步升价拍卖的总成交价为 1550 亿元，频谱价值为 12.40 亿元/MHz。具体如表 5-22 所示。

表 5-22　第二次实验结果分析表

拍卖方式	合计/亿元	每兆赫兹价格/(亿元·MHz^{-1})	每兆赫兹每年价格/[亿元·(MHz·a)$^{-1}$]
第一价格密封拍卖	1320	10.56	1.056
第二价格密封拍卖	1344	10.75	1.075
同步升价拍卖	1550	12.40	1.240

两次实验结果表明，三种拍卖方式收入中，同步升价拍卖获得的价值最高，第二价格密封拍卖次之，最低的为第一价格密封拍卖。

(五)无线电频谱拍卖经济效益分析

根据前述回归分析、实物期权及拍卖实验三种测算方法对无线电频谱拍卖收入测算结果及对无线电频谱拍卖交易成本的核算，用收入扣除成本便得出无线电频谱拍卖的净收入。本小节首先估算了无线电频谱交易的净收入，并分析了一些财务指标；然后，采用对比分析方法，比较了无线电频谱资源两种分配方式(交易方式和行政指配方式)平均每兆赫兹的占用费；其次，计算了两种分配方式未来 10 年无线电频谱的占用费总额，并进行对比分析；再次，对比分析了国内外运营商的无线电频谱占用费与净利润的比值；最后，分析了两种不同分配方式下 GDP 的占比。

1. 平均每兆赫兹的占用费对比分析

无线电频谱资源拍卖方式产生的收入为 5390 万元/(MHz·a)，单一行政指配方式收费标准是 1600 万元/(MHz·a)，我国开展无线电频谱资源拍卖模式较单一的行政指配方式直接的经济效益增加了 236.9%，具体分析如下。

我国现行的无线电频谱资源分配制度是单一的行政指配方式，根据发展改革委和财政部发布的《关于重新核定蜂窝公众通信网络频率占用费收费标准及有关问题的通知》（发改价格［2007］3643 号），在全国使用的 GSM、CDMA 网络频率，900 MHz 频段（含 800 MHz CDMA 频段）每年为 1700 万元/MHz，1800 MHz 频段每年为 1500 万元/MHz。3G 频段收费标准，2011 年 5 月 6 日由国家发展改革委、财政部联合发布了《关于核定第三代公众移动通信网络频率占用费收费标准及有关问题的通知》，使用频段在 960 M～2300 MHz 的应支付 1500 万元/(MHz·a)，而国内三大电信运营商所占 3G 频率均在 960 M～2300 MHz 范围之内，所以每年应支付的 3G 频率占用费为 1500 万元/(MHz·a)，考虑到我国 3G 业务处在起步阶段，运营企业仍需加大投入，所以需要支付的占用费从 2011 年起分 4 年逐步到位，即 2011 年按 25%、2012 年按 50%、2013 年按 75%、2014 年及以后按 100% 收取。不妨将 GSM、CDMA 及 3G 都折合成统一标准约 1600 万元/(MHz·a)，以便于与我国开展无线电频谱资源拍卖模式收费进行对比分析（表 5-23）。

表 5-23 我国无线电频谱资源两种分配模式每兆赫兹的占用费对比

［单位：万元/(MHz·a)］

分配模式	网络种类	收费标准	统一折算	备注
行政指配	蜂窝公众通信（全国性）	GSM 1500 CDMA 1500 或 1700 3G 1500	1600	由国家无线电管理机构统一收取
频谱拍卖	蜂窝公众通信（全国性）	5390.0827	5390.0827	—

2. 未来 10 年无线电频谱占用费总额对比分析

未来 10 年里，我国无线电频谱若采用拍卖方式，预计产生的收入为 1266.65 亿元，若采用行政指配方式，收入估计为 528.24 亿元，拍卖方式产生的收益超过现行的行政指配方式的一倍还要多。具体分析如下（表 5-24）。

根据《中华人民共和国无线电管理条例》、ITU《无线电规则》和我国无线电业务发展的实际情况制定的《中华人民共和国无线电频率划分规定》，规定了无线电台的技术特性，并详细地划分规定了我国各频段的使用。

目前，中国移动和中国联通分别拥有自己的 GSM 网。其中中国移动 GSM 900 的频段是 890～909 MHz 和 935～954 MHz，GSM 1800 的频段是 1710～1735

MHz 和 1805~1830 MHz，共计 88 MHz。中国联通 GSM 900 的频段是 909~915 MHz 和 954~960 MHz，GSM 1800 是 1745~1755 MHz 和 1840~1850 MHz，共计 32 MHz。3G 频率中，中国移动 TD-SCDMA 的频段为 1880~1900 MHz、2010~2025 MHz，共计 35 MHz，另有 1900~1920 MHz 共 20 MHz 的小灵通使用频率即将清频退网供 TD-SCDMA 使用；中国联通 WCDMA 的频段为 1940~1955 MHz（上行）/2130~2145 MHz（下行），共计 30 MHz；中国电信 CDMA2000 的频段为 1920~1935 MHz（上行）/2110~2125 MHz（下行），共 30 MHz。由此可以计算出，2010 年中国移动需缴纳的 GSM 频谱占用费为 15.08 亿元，3G 频谱占用费为 2.20 亿元，共计 17.28 亿元；中国联通需要缴纳的 GSM 频谱占用费为 5.12 亿元、3G 频谱占用费为 1.20 亿元，共计 6.32 亿元；中国电信需缴纳 CDMA 频谱占用费为 3.2 亿元、3G 频谱占用费为 1.2 亿元，共计 4.40 亿元。2015 年中国移动的 3G 频谱占用费为 8.8 亿元，加上 GSM 频谱占用费共计 23.88 亿元；中国联通共计为 9.92 亿元；中国电信共计为 8.0 亿元。三大运营商 2010 年所缴纳频谱占用费总计 28.00 亿元，2015 年将达到 42.60 亿元。

表 5-24　我国无线电频谱资源 2010 年占用费分析

运营企业	规格	频段/MHz	带宽/MHz	频谱占用费/亿元	占用费合计/亿元
中国移动	GSM 900	890~909 935~954	38	15.08	17.28
	GSM 1800	1710~1735 1805~1830	50		
	TD-SCDMA	1880~1900 2010~2025 1900~1920	55	2.20（第一年收取 25%，共 8.80）	
中国联通	GSM 900	909~915 954~960	12	1.92	6.32
	GSM 1800	1745~1755 1840~1850	20	3.20	
	WCDMA	1940~1955 2130~2145	30	1.20（第一年收取 25%，共 4.80）	
中国电信	CDMA	825~835 870~880	20	3.20	4.40
	CDMA2000	1920~1935 2110~2125	30	1.20（第一年收取 25%，共 4.80）	
合计		—	235	28.00	28.00

根据现行的行政指配方式，以 2015 年的无线电频谱收入为基准，假定利润率为 5%，估算出中国 10 年中 2G、3G 频谱一共收入为 528.24 亿元。我国开展无线电频谱拍卖模式的收入，根据前述国内三家运营商所占用的频段（共计 235

MHz)根据每兆赫兹每年5390万元的价值计算未来10年内的收入一共为1266.65亿元,超过现行的行政指配方式的一倍还要多,如图5-3所示。

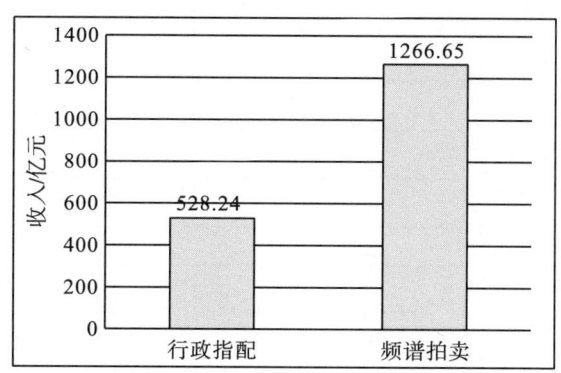

图5-3 我国无线电频谱未来10年占用费总额对比分析

3.国内外无线电频谱占用费对比分析

2010年中国移动营业收入4852亿元,净利润为1196亿元;中国联通营业收入1713亿元,净利润为38.5亿元;中国电信营业收入2198亿元,净利润为157亿元。按2010年净利润无增幅计算,2010年的无线电频谱占用费占净利润的比例分别为:中国移动1.4%,中国联通16.4%,中国电信2.8%。其中中国联通的比率高是由于其对于移动终端的补贴政策所导致的。

英国于2000年对其3G频谱进行拍卖,共拍得220亿美元的天价;美国在2006年拍卖用于3G的部分频谱,共拍得139亿美元;印度也于2010年对3G频谱进行拍卖,共拍得6771.9亿卢比,约合146.1亿美元。在不考虑汇率、通货膨胀率以及金融危机的影响的情况下,根据以上信息,可得出国内外运营商无线电频谱占用费对比(表5-25)以及国内外运营商无线电频谱占用费:净利润的对比(图5-4)。英国对3G频谱拍卖所得折合人民币约2300亿元,美国903亿元,印度950亿元。

表5-25 国内外无线电频谱占用费对比分析

运营商	营业收入/亿元	净利润/亿元	占用费/亿元	占用费:净利润/%
中国移动	4852	1196	17.28	1.4
中国联通	1713	38.5	6.32	16.4
中国电信	2198	157	4.40	2.8
国内平均	8763	1391.5	28	2.0
国外平均	—	—	—	10.0

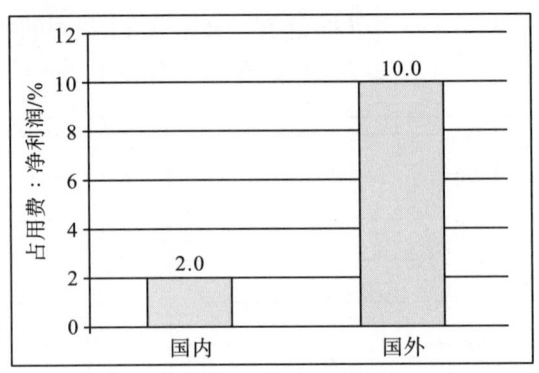

图 5-4 国内外运营商无线电频谱占用费：净利润对比分析

表 5-25 和图 5-4 显示，国外仅仅对 3G 频谱的拍卖，收入就高于我国 2G、3G 频谱占用费之和。且截至 2010 年，我国移动用户数量居世界首位，达到 5.2 亿户，平均到个人的频谱占用费用将更低。对比国外的运营商，一般无线电频谱占用费占到其利润的 10%～15%，有的甚至高达 25%。而中国移动和中国电信无线电频谱占用费占其利润的比例仅为 1.4% 和 2.8%，相信中国联通随着 3G 用户份额的增加，对终端的补贴将逐年减小，这一比例最后也将降到 3% 以下。

4. GDP 的占比分析

若实施行政指配方式，从 2012 年开始的未来 10 年里无线电频谱收入一共约为 528.24 亿元，占我国 GDP 的 0.12%。若实施无线电频谱拍卖，从 2012 年开始的未来 10 年里产生收入一共为 1266.65 亿元，约占我国 GDP 的 0.29%。由此可见无线电频谱拍卖方式比行政指配方式的收入占 GDP 的比例更大，如图 5-5 所示。

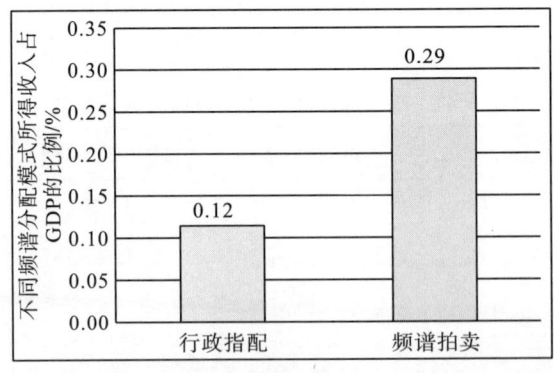

图 5-5 不同频谱分配方式所得收入占 GDP 的比例对比分析

(六) 结论

随着无线电频谱对国民经济的贡献越来越显著，国际一致认为，无线电频谱管理不应仍用单纯的技术和行政方式，必须从经济角度给予充分考虑。诺贝尔经济学奖得主罗纳德·科斯在 1959 年就提出了频谱必须看做一种生产要素，并且它的价值必须在自由市场中予以确定。对于运营商而言，其每年上交的无线电频谱使用费与每年直接或间接通过国家指配的无线电频谱获得的利润之间存在着巨大出入，这样给国家的财政造成了巨大的损失，也不利于无线电频谱资源的高效配置。相反，开展无线电频谱拍卖，可使无线电频谱资源的使用效率提高，避免了无线电频谱资源的浪费，可极大地促进无线电频谱资源的合理高效利用。我国开展无线电频谱资源拍卖可以产生两种经济效益：一是可以用货币形式计量的经济效益，即无线电频谱拍卖带来的收入的直接经济效益；二是开展无线电频谱拍卖引入市场机制促进技术进步等方面而带来的间接经济效益，间接的经济效益可归纳为开展无线电频谱拍卖的社会效益。

前文主要分析了直接经济效益，下文将分析开展无线电频谱拍卖的社会效益。

二 社会效益

我国长期以来无线电频谱利用率低下。通常情况下用频段占用度来表示无线电频谱利用效率。频段占用度的定义为"对于某一信道，任一监测站测得的占用度数据非零即认为此信道被占用。用所有被占用的信道数除以该频段总信道数，即为频段占用度。"从定义来看，频段占用度不能用每次测量结果的平均值来表示，应该用某频段在每月甚至更长时间的实际信道占用数除以该频段总信道数计算得出。《超短波频段占用度测试技术规范（试行）》中统计出的频段占用度严格来说，只是某频段某月的日平均占用度，并不能反映该频段的实际占用情况。

近年来，国内外对频段占用度均有一定的检测。2010 年我国山东省利用全国监测系统软件对 2 月 450~470 MHz 频段自动统计多次测量综合占用度为 19.6%，经查台（站）数据库，其中已指配合法占用频率 19 个（占比 2.37%），非法占用的不明信号 138 个（占比 17.23%）。统计数据显示，目前，在无线电频谱实际利用率上，一些频段内无线电业务拥挤繁忙，而另一些频段由于缺乏在规定时间和地点内的真正利用常常处于闲置状态。此外，一些运营商认为寻求新的可用频段比增加现有业务覆盖网的密度更省钱，导致部分已建成的网络工作方式独立，基本没有考虑频谱共享。因此，我国无线电频谱利用率有待提高。

开展无线电频谱资源交易，使低效使用和未被使用的无线电频谱使用权得以转移，实现无线电频谱资源的最优利用，有助于提高无线电频谱资源的利用率。以市场机制分配无线电频率，一方面运营商可以依据其经济实力、网络运营经验、服务水平等获得所需频段的使用权，并通过充分有效地利用无线电频谱获得可观的收益。另一方面，这种配置方式也有利于运营商竞争的有序化，在鼓励其参与市场竞争的积极性的同时，也极大地提高了无线电频谱的利用率。

无线电频谱资源拍卖，加剧了运营商之间的竞争，从而将促进运营商改进原有技术，开发无线电新技术，推出新业务。下一代无线通信的发展催生了UWB、软件无线电等诸多新兴的无线电通信技术。面对新技术巨大的市场潜力，基于市场机制的无线电频谱分配方式在规定运营商市场准入资格时会更加灵活和开放，众多符合条件的运营商将纷纷跻身无线电新业务的市场竞争行列，从而激活各种无线电新业务的发展空间。

我国开展无线电频谱资源拍卖，有利于改进现有无线电频谱分配手段。随着无线电频谱需求的急剧增加，单一行政审批的方式已不能顺应电信市场经济发展的趋势，凸现出过时的无线电频谱资源配置方式跟不上市场变化的问题，阻碍了无线电新技术的推广。市场经济体制的确立必然要求市场在资源配置中起主导作用，因此，改变传统的无线电频谱分配方式只有与市场经济体制相接轨，才能使新的分配方式在解决无线电频谱资源配置问题时更加公平、公正、公开，特别是在解决商用和公共业务存在的无线电频谱竞争时，才能够在平衡商业和公共利益的基础上作出更符合实际的评判。

我国开展无线电频谱资源拍卖，可使更多的无线电频谱使用者进入市场并提供新业务，这样就能够实现创新，拍卖的方式还可提高无线电频谱管理的灵活性和透明度，通过市场化的方式增加可使用的无线电频谱资源，并且将它们用于最需要的业务中。市场力量在决定频段范围和频谱使用者时都将扮演重要的角色，但是这并不意味着旧有管理方式不再起作用，而是旧方式的作用范围将受到限制。无线电频谱管理市场化的方式关键点在于适当的无线电频谱交易制度。无线电频谱交易制度允许许可证规定的频谱使用者的权利和义务进行转移，即通过市场而不是管制者来决定频谱使用者。无线电频谱交易可以实现有限的频谱资源使用效益的最大化。

实施无线电频谱资源拍卖，可促进经济利益的实现。在无线电频谱交易市场经济中，无线电行业及其他行业都是从自身的经济利益出发从事生产、经营活动的。而经济利益的实现，不仅取决于企业本身的生产努力程度，还取决于市场状况和企业在市场竞争中的实力。市场机制客观上起着经济利益的实现和调节功能。同时无线电频谱资源市场经济中各经营主体经济活动的效果如何，不取决于这些主体的主观评价，而取决于其无线电业务及其他业务在市场上实现的程度。

只有经过市场机制的检验、在市场上实现了的业务才被证明是被社会所承认的，才是有效益的。这样，无线电频谱资源交易市场就成为无线电频谱资源各种经济活动效益的客观评价者。

实施无线电频谱资源拍卖，可推动国民收入的增长。随着无线电技术的快速发展，市场对于无线电频谱的需求越来越高，据欧盟统计，欧盟无线电频谱业务的总价值约为2500亿欧元，约占欧盟GDP总量的2‰～2.5‰。欧盟一项新的研究表明，欧盟即将进行的无线电频谱政策改革将给欧盟GDP带来0.1％的增长。我国开展无线电频谱拍卖，符合国家"十二五"规划发展的政策，适应时代的发展，并可调节供需平衡，具有良好的市场经济效益。

实施无线电频谱资源交易，可增加社会就业的机会。实施无线电频率资源交易，引入竞争机制与价格机制，在市场经济中，各个经济行为主体之间为着自身的利益而相互展开竞争，由此可形成经济内部的必然联系和影响，通过价格竞争或非价格竞争，按照优胜劣汰的法则来调节市场运行，能够形成企业的活力和发展的动力，促进生产，使消费者获得更大的实惠，同时有助于提供社会就业岗位，为构建社会主义和谐社会贡献力量。

第七节　国内 3.5 GHz 频段交易的尝试

电信市场开放的进程在不断加快，通信运营领域有序竞争的局面正在形成，社会对无线电频谱资源的需求在日益增长。在这种情况下，单一用行政手段审批无线电频谱资源的方式已不适应无线电通信事业飞速发展的需要，不适应市场经济的要求。为了转变政府职能，中央也明确提出要充分发挥市场在资源配置中的基础作用，尽量减少行政审批程序。因此，商用频谱的社会拍卖、招标工作不仅有利于提高无线电频谱资源的利用率，有利于促进电信市场的有序竞争，而且有利于提高无线电新技术、新业务的应用和发展。如何科学合理地进行无线电频谱资源配置，已经成为一项重要的课题。

近年来，在借鉴国外对商用频谱资源配置方式的基础上，我国无线电管理部门开始研究探讨对诸如公众移动通信、无线接入、数字集群等市场需求较大、频谱资源紧缺的公众业务频段，用市场机制来优化和配置频谱资源的可能性。

2001～2003年，我国无线电管理部门在一些城市面向有资质的运营商，先后两次开展以评选（招标）方式分配3.5 GHz频段地面固定无线接入系统使用频谱的试点工作（图5-6）。这是我国无线电频谱资源管理开展市场机制调节、优化资源配置的有益尝试，迈出了从行政审批向市场机制优化配置无线电频谱资源转变的第一步。同时，通过招标也总结了很多经验。

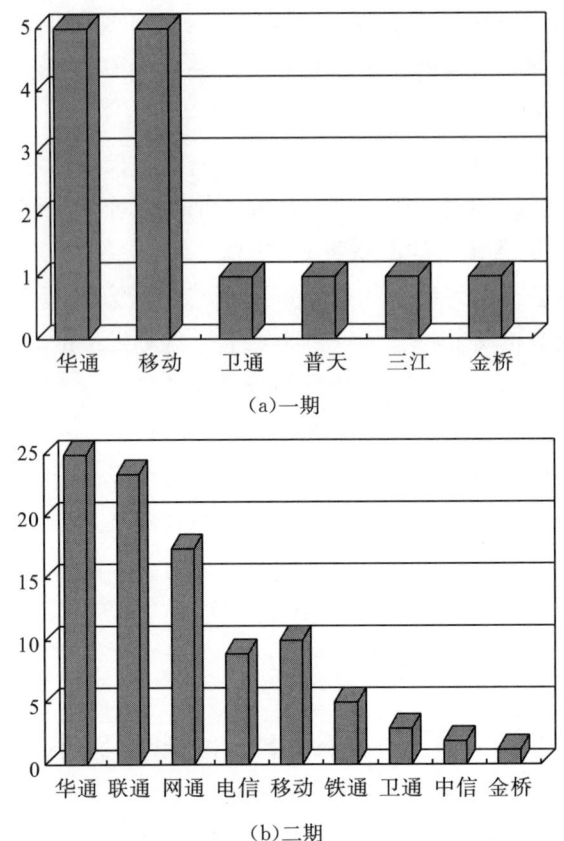

图 5-6　一期与二期 3.5 GHz 运营商中标城市数

(1) 3.5 GHz 固定无线接入技术要求比较高，投资回报缓慢，前期建网投入巨大，一般前期网络建设需要花费几年的时间和大量的人力、财力、物力等资源，然而当网络刚刚建立起来的时候用户数量却不一定能够迅速增加，这样巨大的投入带来的回报却是缓慢的。

(2) 单个城市频段 30 MHz 平均分配给 3 家运营商后，每家可用的频段也就 10 MHz，允许客户容量也仅仅为几千户。对于非传统运营商来说无法产生规模经济，并且标准不统一和设备的国产化程度低，兼容性和大规模推广的难度太大，使得运营难度加大。

(3) 频谱拍卖时需要选择适宜的频分方案、定价机制等，在最大限度上保证所有标的的等价性，以免出现第一期投标时由于许多大的运营商在投标的时候都只考虑 14 MHz 频段(3.5 GHz 一期招标采用的是 2∶3∶4 的频分方案，即以 3.5 MHz 为单位，在每个城市共分出 7 MHz、10.5 MHz、14 MHz 的小、中、大三段频段)，以致竞争过于集中，造成青岛 14 MHz 频段成为了一个废标(由于参加竞标的运营商少于 3 家)的情形。

(4) 第一期招标中,几个运营商由于只有一个城市的建设和经营权,因此投入不是很大,而且是局部的,不能达到企业长期发展的战略目标。考虑长期发展的需要,应该分地区、大范围地对频段进行打包后招标。

(5) 有必要强调招标的延续性,即获得牌照的运营商在规定年限后再次招标时享有一定的优先权(尽管二期招标结束后,信息产业部无线电管理局表示,频率使用期一般为5年,国家会考虑政策的延续性,但却没有给出具体的衡量机制)以增强相关投标商后期运营收回成本的信心(前期组网投入过大)。

(6) 为了保证活跃的市场竞争,需充分考虑到投资回报期的问题,采取分期偿还频段占用费的举措,能给有固定无线接入欲求的新运营商发展的机会,从而使我国通信市场更为蓬勃地发展

(7) 固定无线接入技术的生命力关键在于是否能够形成规模经济,而市场定位在其中起着至关重要的作用。因为只有运营商选择了合理的、贴近市场的定位才能获得较好的经济效益。运营商得到良好收益后,便有动力去推进整个无线接入市场,而无线接入设备生产厂家看到了市场空间后,便会投入更多的资金用于改进产品、研发新技术、推动标准化进程,最终形成一个良性循环,这有利于推动无线接入市场规模经济的形成。因此,非常有必要探讨固定无线接入市场的定位问题。

(8) 每个投标商需要上交有关固定无线接入系统应提供的如服务质量(quality of ser-vice,QoS)管理和用户管理等材料,这样才能监督中标企业的管理水平和运营服务质量,但目前在这方面尚需进一步完善;国内外对于3.5 GHz 固定无线接入都还没有找到一个完善、有效的运营模式,所以我国3.5 GHz 固定无线接入招标也是对运营模式的一次探索。

(9) 无线接入的产业链还没有形成,再加上目前从事3.5 GHz 固定无线接入运营的企业都还没有形成品牌知名度,只有运营商的努力还远远不够,还需整个产业链的通信相关运营商及企事业单位的积极合作和无线电管理部门的大力支持。

第六章 第一价格密封拍卖模型及数值模拟研究

第一价格密封拍卖是密封式拍卖,买方出价是同时性,而非序贯性的。在这种拍卖机制下,众多买方以书面投标方式竞拍无线电频谱牌照,出价最高者将以其出价水平获取相应的无线电频谱牌照。第一价格密封拍卖的多个单位同质的无线电频谱牌照,称为"歧视性拍卖",即不同单位的无线电频谱牌照由该单位的最高出价者以最高出价购买。在竞价过程中,由于信息不对称,信息通信运营企业并不完全知道各自对于无线电频谱牌照的出价,信息通信运营企业的出价往往会比自己的估价稍低一些。本章分别从竞拍者(信息通信运营企业)和拍卖者(有关政府部门)的视角分析无线电频谱第一价格密封拍卖机制。6.1 节和 6.2 节基于竞拍者视角构建无线电频谱第一价格密封拍卖模型,并对其进行数值模拟和均衡讨论。6.3 节基于拍卖者的角度,分析和讨论第一价格密封拍卖机制。

第一节 基于偏态分布的无线电频谱牌照拍卖竞价博弈模型

无线电频谱需求已成为全球各国关注的热点,世界上越来越多的国家和地区采用了无线电频谱拍卖等市场化方式来管理无线电频谱资源。从 2001 年到 2004 年,我国政府也对 3.5GHz 频率资源先后进行了三期招标,取得了许多成功的经验,同时也发现了不少的问题,其中不乏信息通信运营企业因为缺乏正确的出价策略而盲目投标,结果损失惨重。当前,我国无线电频谱一旦政府采用拍卖的方式进行分配,信息通信运营企业亟需制定出最优出价策略予以应对。国外已有运用无线电频谱交易方法来管理无线电频谱资源,以及无线电频谱牌照转让的相关研究。国内关于拍卖竞价策略的研究以电力市场居多,但也有涉及其他领域的相关研究。艾江鸿等运用非对称演化博弈原理,从市场效率的角度分别对第一与第二价格密封拍卖下的排污权交易市场演化均衡进行分析并发现:在两种不同的拍卖机制下,通过选择适当的竞价下限,可诱导排污企业选择竞价上限作为其最优策略。李红岩利用拍卖理论激励基站间平衡信道分配,提出了一种动态的无线电频谱租借算法。黄颖利等研究发现活立木的最优拍卖交易价格是基于买方的估价和最大化的卖方收益确定的。而关于无线电频谱拍卖竞价的研究甚少,而且通常为了研究的简便,将模型假设为竞拍者的偏好服从简单的均匀分布,显然这种假定过于理想化。戴锋等通过大量统计分析发现当市场未受外界因素强烈刺激而相对稳定时,商品价格结构往往服从偏态分布。而无线电频谱资源在进行拍卖时可视为商品范畴,因此,可采用偏态分布来描述无线电频谱对信息通信运营企业的价值分布。马国顺等也认为用正态分布或偏态分布更符合拍卖者的偏好规律,但因为证明和求解比较困难而选择了三角形分布来建立相关模型。本书与它们的不同之处在于:假定竞拍者偏好服从偏态分布,建立竞价博弈模型并通过仿真技术以数值解的形式求得模型的纳什均衡,解决用偏态分布求解的问题,并发现了一些影响最优出价策略的激励因素及激励过程。以下首先建立竞价博弈模型并通过仿真求解,然后对模型进行均衡分析,最后得到本章的主要结论。

某段无线电频谱牌照按照第一价格密封拍卖,并按单位报价高低将竞拍者排序,单位报价高的竞拍者获得无线电频谱的使用权。同时,对笔者前期研究中基于偏态分布的无线电频谱使用权拍卖竞价博弈模型进行了部分改进。为了求解简便,借鉴了戴锋和姬广坡等研究中的偏态分布密度函数,并将其定义域调整为(0,1)。

若一个随机变量的密度函数可以表示为

$$f(x) = \begin{cases} \mathrm{e}^{-\frac{(x-a)^2}{2\sigma^2}} / \int_0^1 \mathrm{e}^{-\frac{(x-a)^2}{2\sigma^2}} \mathrm{d}x & ,0 < x < 1 \\ 0 & ,\text{其他} \end{cases} \tag{6.1}$$

则称该随机变量在区间(0,1)上服从偏态分布 $P(a, \sigma^2)$(密度函数如图 6-1 所示)。其中,a 为随机变量的集中趋势,σ 为随机变量的波动幅度(标准差)。当 $0<a<1$,区间积分 $\int_0^1 f(x)\mathrm{d}x = 1$。

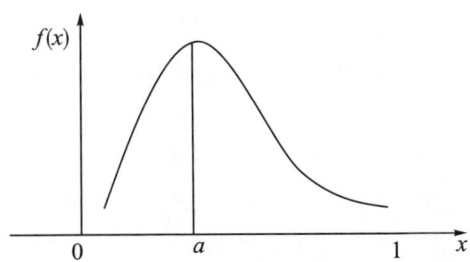

图 6-1 偏态分布密度函数图(也可为负偏的)

下面我们看基于偏态分布拍卖过程中两家信息通信运营企业和多家信息通信运营企业竞价的情形,并在此假定下讨论其贝叶斯纳什均衡。

一 模型的基本假定

假定有 n 家信息通信运营企业参加竞拍,拍卖设置的保留底价为 b_0,第 i 家信息通信运营企业超出底价的出价(以下简称出价)为 $b_i \geq 0$,即第 i 家信息通信运营企业的实际出价为 $b_0 + b_i$。第 i 家信息通信运营企业认同拍卖频段超过保留底价之外的价值(以下简称估价)为 $v_i \geq 0$,且 v_i 满足上述偏态分布 $P(a, \sigma^2)$,其中 a 是估价的集中趋势,σ 是估价的波动幅度。同时,在前期研究基础上考虑到信息通信运营企业参加无线电频谱拍卖活动时,无论竞价成功与否,必然会付出一些额外的活动费用,我们假定为固定值 k。若第 i 家信息通信运营企业以价格 $b_0 + b_i$ 获胜,则第 i 家企业的净收益为 $(b_0 + v_i) - (b_0 + b_i + k) = v_i - b_i - k$。若该企业未能中标,则其净收益为 $-k$。

二 两家信息通信运营企业竞价的情形

若只有两家信息通信运营企业决定参加无线电频谱使用权拍卖,$i = 1, 2$。显然,第 i 家信息通信运营企业对拍卖频段的估价 v_i 是不公开的,v_i 只有第 i 家信息通信运营企业自己知道,即相互独立。但每个信息通信运营企业都知道 v_i 独立服从 $(0, 1)$ 区间上集中趋势为 a,波动幅度为 σ 的偏态分布。

假定第 i 家信息通信运营企业的出价 $b_i(v_i)$ 是其对该频段估价 v_i 的严格递增函数。由于博弈是对称的,只需要考虑对称的均衡出价策略 $b = b^*(v)$。给定 v 和 b,第 i 家信息通信运营企业的期望支付为 $u_i = (v - b - k)\text{Prob}\{b_j < b\}$,式中 $\text{Prob}\{\cdot\}$ 表示 $b_j < b$ 的概率,b_j 为第 j 家信息通信运营企业的出价。又由于 v 是连续分布的,则有 $\text{Prob}\{b_j < b\} = \text{Prob}\{b_j \leq b\}$,$(v - b - k)$ 为确保中标情况下所获得的净收益,$\text{Prob}\{\cdot\}$ 是确保竞价成功的概率。根据对称性由 $b_j = b^*(v_j)$ 得到

$$\text{Prob}\{b_j < b\} = \text{Prob}\{b^*(v_j) < b\} = \text{Prob}\{v_j < b^{*-1}(b) = g(b)\} \quad (6.2)$$

其中,$g(b) = b^{*-1}(b)$ 是 b^* 的反函数(即当信息通信运营企业选择出价为 b 时,出价 b 对信息通信运营企业的价值为 $g(b)$),则第 i 家信息通信运营企业的期望支付为

$$a_i = (v - b - k)\text{Prob}\{b_j < b\} = (v - b - k)\int_0^{g(b)} e^{-\frac{(x-a)^2}{2\sigma^2}} / \int_0^1 e^{-\frac{(x-a)^2}{2\sigma^2}} dx$$

$$(6.3)$$

其最优化问题的一阶条件为

$$(v - b - k)g'(b)e^{-\frac{(g(b)-a)^2}{2\sigma^2}} - \int_0^{g(b)} e^{-\frac{(x-a)^2}{2\sigma^2}} dx = 0$$

在均衡条件下，如果b^*是第i家信息通信运营企业的最优策略，则$g(b)=v$，最优化问题的一阶条件为

$$(v-b-k)\frac{\mathrm{d}v}{\mathrm{d}b}\mathrm{e}^{-\frac{(v-a)^2}{2\sigma^2}} - \int_0^v \mathrm{e}^{-\frac{(x-a)^2}{2\sigma^2}}\mathrm{d}x = 0$$

则b可表示为关于v、b、a、σ且满足$h(v,b,a,\sigma)=0$的一个函数，即$b^*[h(v,b,a,\sigma)=0]$，其中

$$h(v,b,a,\sigma) = (v-b-k)\frac{\mathrm{d}v}{\mathrm{d}b}\mathrm{e}^{-\frac{(v-a)^2}{2\sigma^2}} - \int_0^v \mathrm{e}^{-\frac{(x-a)^2}{2\sigma^2}}\mathrm{d}x \quad (6.4)$$

那么，第i家信息通信运营企业在该博弈中的贝叶斯纳什均衡是$b^*[h(v,b,a,\sigma)=0]$。最优出价策略为$b_0+b^*[h(v,b,a,\sigma)=0]$。

三 多家信息通信运营企业竞价的情形

设有n家信息通信运营企业决定参加此次无线电频谱使用权拍卖，则得到博弈论模型（期望支付函数）如下：

$$u_i = (v-b-k)\prod_{j\neq i}p\{b_j<b\} = (v-b-k)\prod_{j\neq i}p\{b^*(v_j)<b\} = (v-b-k)$$
$$\prod_{j\neq i}p\{v_j<b^{*-1}(v_j)=g(b)\} = (v-b-k)\left[\int_0^{g(b)}\mathrm{e}^{-\frac{(x-a)^2}{2\sigma^2}}\Big/\int_0^1 \mathrm{e}^{-\frac{(x-a)^2}{2\sigma^2}}\mathrm{d}x\right]^{n-1}$$
$$(6.5)$$

其最优化问题的一阶条件为

$$(n-1)(v-b-k)g'(b)\mathrm{e}^{-\frac{(g(b)-a)^2}{2\sigma^2}}\left[\int_0^{g(b)}\mathrm{e}^{-\frac{(x-a)^2}{2\sigma^2}}\mathrm{d}x\right]^{n-2} - \left[\int_0^{g(b)}\mathrm{e}^{-\frac{(x-a)^2}{2\sigma^2}}\mathrm{d}x\right]^{n-1} = 0$$
$$(6.6)$$

在均衡条件下，如果b^*是第i家信息通信运营企业的最优策略，则$g(b)=v$，其最优化问题的一阶条件为

$$(n-1)(v-b-k)\frac{\mathrm{d}v}{\mathrm{d}b}\mathrm{e}^{-\frac{(v-a)^2}{2\sigma^2}} - \int_0^v \mathrm{e}^{-\frac{(x-a)^2}{2\sigma^2}}\mathrm{d}x = 0$$

则b可表示为关于v、b、a、σ、n且满足$h(v,b,a,\sigma,n)=0$的一个函数，即$b^*[h(v,b,a,\sigma,n)=0]$，其中

$$h(v,b,a,\sigma,n) = (n-1)(v-b-k)\frac{\mathrm{d}v}{\mathrm{d}b}\mathrm{e}^{-\frac{(v-a)^2}{2\sigma^2}} - \int_0^v \mathrm{e}^{-\frac{(x-a)^2}{2\sigma^2}}\mathrm{d}x \quad (6.7)$$

当$n=2$时，式(6.7)与式(6.4)相同，与两家信息通信运营企业竞拍的期望支付相符，当$n>2$时，代入式(6.7)中可求出此时的贝叶斯均衡是$b^*[h(v,b,a,\sigma,n)=0]$。即b^*满足$h(v,b,a,\sigma,n)=0$。

因此，如果给定n个参加竞拍信息通信运营企业的估价v服从偏态分布，即给定信息通信运营企业估价的集中趋势a和波动幅度σ，可以计算出不同估价水

平下的纳什均衡b^*，最优出价策略为$b_0+b^*[h(v,b,a,\sigma,n)=0]$。

第二节　第一价格密封拍卖的数值模拟与均衡分析

一　数值模拟

由于根据式(6.4)、式(6.7)不能求出v，b关系的解析解，因此使用 Matlab7.0 仿真工具，对上述微分方程求解。已知拍卖频段的保留底价为b_0，初始赋值为($v=0$，$b=0$)。给定实时情景变量u，σ，n，以便确定具体的偏态分布和微分方程式(6.4)、式(6.7)，为了简化计算，本章仿真部分假定$k=0.1$，然后根据具体的偏态分布密度函数在该分布定义域(0, 1)内随机取出 100 个估值v，再代入确定的微分方程进行求解，得到相应的 100 个均衡出价b。最后根据得到的100 组(v，b)绘制出相应的关系图，如图 6-2～图 6-5 所示。

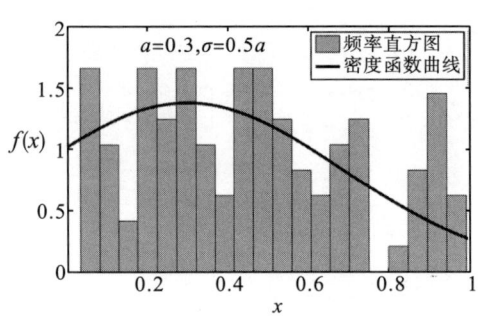

图 6-2　估价v的频率直方图

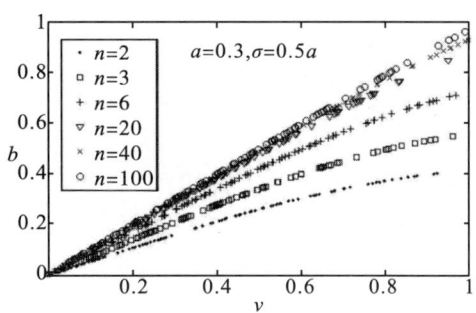

图 6-3　n 变化引起 b、v 关系变化的趋势图

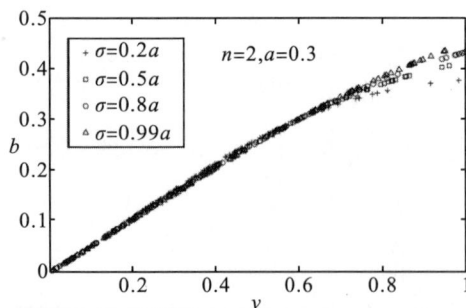

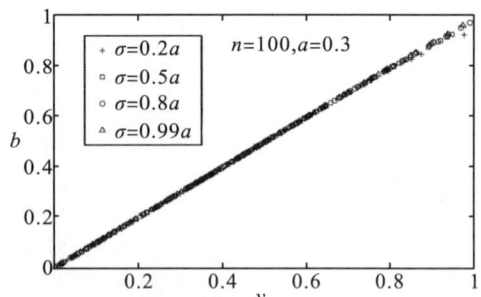

图 6-4　$n=2$ 和 $n=100$ 时，σ 变化引起 v、b 关系变化的趋势图

其中图 6-2 为 $n=2$，$a=0.3$，$\sigma=0.5a$ 时，根据偏态分布随机取出 100 个 v 的频率直方图；图 6-3 为 $a=0.3$，$\sigma=0.5a$ 时，竞拍企业数 n 逐渐增大后的竞拍企业的估价 v 与其均衡出价 b 的关系图；图 6-4 为当 $n=2$ 和 $n=100$，$a=0.3$

时，σ 分别为 $0.2a$，$0.5a$，$0.8a$，$0.99a$ 时，竞拍企业的估价 v 与其均衡出价 b 的关系图；图6-5 为 $n=2$ 和 $n=100$，$\sigma=0.5a$ 时，a 分别为 0.2，0.5，0.8，0.99 时，竞拍企业的估价 v 与其均衡出价 b 的关系图。

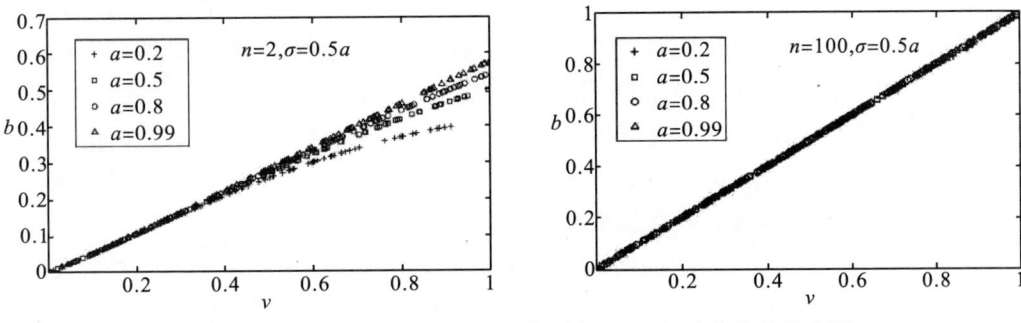

图 6-5 $n=2$ 和 $n=100$ 时，a 变化引起 b、v 关系变化的趋势图

以仿真过程中的一组算例进行分析：当 $n=20$，$a=0.3$，$\sigma=0.5a$ 时，信息通信运营企业估价水平 $v_1=0.33451$，其均衡出价为 $b^*_1=0.32390$，最优出价策略为 $b_0+0.32390$；当信息通信运营企业估价水平 $v_2=0.932415$，其均衡出价 $b^*_2=0.85633$，最优出价策略为 $b_0+0.85633$。即在知道所有信息通信运营企业估价服从偏态分布情况下，能够根据式(6.7)计算出估价水平为 v_i 时，企业的最优化出价策略为 $b_0+b^*_i$。

二 均衡分析

从式(6.4)、式(6.7)中可以看出，当无线电频谱的估价服从偏态分布时，每个信息通信运营企业的最优出价是关于估价 v、集中趋势 a、估价波动幅度 σ 和参加竞拍信息通信运营企业数 n 的综合折算值。如果有 n 块无线电频谱牌照提供给信息通信运营企业参与竞拍，其最优出价策略为 $b_0+b^*[h(v, b, a, \sigma, n)=0]$。从图6-3、图6-4、图6-5中可以明显发现 $b_i(v_i) \leqslant v_i$，而且 b_i 随着 v_i 的增加而增加。信息通信运营企业不愿意支付比其对某块无线电频谱牌照的估价更高的价格（否则，信息通信运营企业的效用将为负）。同时，也验证了信息通信运营企业的出价 $b_i(v_i)$ 是其对该频段估价 v_i 的严格递增函数这一假设。然而现实无线电频谱拍卖中可能会出现超出自己估价的报价（比如个别 3.5GHz 无线电频谱投标信息通信运营企业），通过最优出价策略的结果分析，发现这样的竞价是不合乎理性的。

由图6-3可以看出对于某一确定的估价分布 (a, σ^2) 而言，均衡出价会随着竞拍信息通信运营企业数的增加而增加，最终趋向于估价 v，即信息通信运营企业需要支付全部的 b_0+v 才能获得该无线电频谱的使用权。即竞拍的信息通信运营企业越多,需要支付的无线电频谱使用权出让金也就越高,当竞拍的信息通信运营企业趋于无穷多时,信息通信运营企业几乎支付全部无线电频谱使用权的价值,因此让更多的信息通信运营企业参与拍卖能够获得更多利益。由图 6-4 可知,当 $n=2$ 时,信息通信运营企业估价的波动幅度 σ(标准差)越大,其均衡出价越高,反之,则越低。而且随着所有信息通信运营企业估价的波动幅度 σ 的不断增大,增加单位估价 v 所需要的均衡出价 b 的增量不断增高。通过检验发现,即使改变竞拍企业数目 n,也能得到上述结论,而且随着 $n\to\infty$,均衡出价 b 逐渐趋向于估价 v。由图 6-5 可知当 $n=2$ 时,信息通信运营企业估价的集中趋势 a 越大,其均衡出价越高,反之越低。而且随着所有竞拍企业估价集中趋势 a 的不断增大,增加单位估价 v 后的均衡出价 b 的增量不断增高。同上,通过检验发现改变竞拍企业数目 n,也能得到上述结论,而且随着 $n\to\infty$,均衡出价 b 逐渐趋向于估价 v。

但是需要强调一点:在估价水平较低时,信息通信运营企业的均衡出价对估价的波动幅度 σ 和估价的集中趋势 a 的变化不敏感。随着估价水平的不断提高,信息通信运营企业的均衡出价对估价的波动幅度 σ 和估价的集中趋势 a 的变化愈加敏感。具体而言,在图 6-4 中,我们发现在 $v<0.7$ 时,估价的波动幅度对信息通信运营企业的均衡出价的影响并不明显,但一旦 v 超过 0.7 这个临界值后,信息通信运营企业的均衡出价则会明显随着估价波动幅度的增大而增大。同理,在图 6-5 中 $n=2$ 的情况下,当 $v>0.5$ 时,信息通信运营企业的均衡出价则会明显随着估价的波动幅度的增大而增大。而在图 6-5 中 $n=100$ 的情况下,我们发现在 $v>0.8$ 时,信息通信运营企业的均衡出价则会明显随着估价的波动幅度的增大而增大。

综上所述,每个信息通信运营企业的最优出价策略就是其自身的成本加上一定的报价金额,该金额大于零且小于估价分布区间的上限与其自身成本之差,具体金额以上述均衡出价为准。通过对比现行的以成本因素为最大考量的固定竞价策略来说,本研究得到的最优竞价策略是建立在其他竞拍者估价的基础之上,同时兼顾自身的成本因素,因而更具说服力。特别是对于缺乏经验的电信市场新进入者而言,可以利用行业竞争者的估价分布确定己方的出价策略。所以,无线电频谱拍卖前,信息通信运营企业不仅需要估算自身成本,还需认真地分析和总结以往无线电频谱拍卖估价分布的情况(a,σ^2),从而对将要参加拍卖的竞争对手们的估价分布(a,σ^2)做出准确的预测。一般来说,如果通过预测发现预测的估价波动幅度 σ 偏大,信息通信运营企业则需要在不超过自身估价情况下,尽可能报高价,反之,适当报低价;同理,估价的集中趋势 a 偏大,信息通信运营企业则需要在不超过自身估价情况下,尽可能报高价,反之,适当报低价。此外,当参加竞价的信息通信运营企业较多时,则应直接以自身的估价进行报价。

第三节 基于拍卖者的第一价格密封拍卖机制分析

一 第一价格密封拍卖竞价策略

首先，考察第一价格密封拍卖最优投标策略 $b(\cdot)$，若 v_p 为终止值，竞拍者 j 参与竞拍的充要条件为 $v_j > v_p$。当取得 v_p 时，信息通信运营企业参与竞拍与否是无差异的，其预期利润均为零。不妨令信息通信运营企业 i 的拍卖竞价是 x，竞拍者 j 的竞价为 $b_j = b(v_j)$，$j \neq i$，那么信息通信运营企业 i 竞拍失败当且仅当存在信息通信运营企业 j 使 $v_j > b^{-1}(x)$ 成立。假设信息通信运营企业参与竞拍成本为 $c \in [0, \bar{v}]$。

如果
$$\max\{v_j; j \neq i\} > \max\{b^{-1}(x), v_p\} \tag{6.8}$$

则信息通信运营企业 i 的预期利润为

$$g(x) = g_{v_i}(x) = \pi_i[v_i, x, (b_j)_{j \neq i}] = (v_i - x)\{F[\max\{b^{-1}(x), v_p\}]\}^{n-1} - c \tag{6.9}$$

如果
$$b^{-1}(x) < v_p$$

则得到
$$g(x) \leqslant g(0)$$

如果
$$b^{-1}(x) \geqslant v_p$$

则得到
$$g(x) = (v_i - x)\{F[b^{-1}(x)]\}^{n-1} - c \tag{6.10}$$

由于模型的假设是对称均衡的，不妨令
$$v_i = v$$

假设 b^* 是信息通信运营企业 i 的竞价，信息通信运营企业 i 使其预期利润最大化，即

$$\max_{b^*}(v - b^*)\{F[b^{-1}(b^*)]\}^{n-1} - c \tag{6.11}$$

其一阶导数为
$$-\{F[b^{-1}(b^*)]\}^{n-1} + (v - b^*)(n-1)\{F[b^{-1}(b^*)]\}^{n-2}F'[b^{-1}(b^*)](b^{-1})'(b^*) = 0$$

令 $b(v) = b^*$，则转化为
$$-[F(v)]^{n-1} + [v - b(v)](n-1)[F(v)]^{n-2}F'(v)/b(v)' = 0$$

即

$$b(v)' = (n-1)\frac{[v-b(v)]f(v)}{F(v)} \tag{6.12}$$

解微分方程，并利用边界条件

$$b(v_p) = 0$$

求得均衡解

$$b(v) = \frac{\int_{v_p}^{v}(n-1)x\,[F(x)]^{n-2}f(x)\mathrm{d}x}{[F(v)]^{n-1}} \tag{6.13}$$

$$= v - \frac{v_p[F(v_p)]^{n-1} + \int_{v_p}^{v}[F(v)]^{n-1}\mathrm{d}x}{[F(v)]^{n-1}}, v \geqslant v_p$$

从式(6.13)中可得，在第一价格密封拍卖中，竞拍者的竞价小于其对无线电频谱牌照价值的估价。在终止值时，如果竞拍者估价为 v_p，则其进入与否是无差异的，故 v_p 满足方程：

$$g_{v_p}(0) = v_p[F(v_p)]^{n-1} - c = 0 \tag{6.14}$$

即估价为 v_p 的竞拍者取得标的当且仅当他是唯一竞拍者，估价比终止值低的竞拍者不进入拍卖。由于是单调递增的，因而参与成本唯一地确定了估价。

根据第一价格密封拍卖机制，竞拍者的最高出价作为拍卖者的预期收益 π_1，可用数学语言表达为

$$\pi_1 = n(n-1)\int_{v_p}^{\bar{v}} x \cdot [1-F(x)][F(x)]^{n-2}f(x)\mathrm{d}x \tag{6.15}$$

二 参与成本对拍卖者预期收益的影响

从式(6.14)中可以看出，v_p 与 c 的函数关系为

$$v_p[F(v_p)]^{n-1} = c$$

可求得 v_p 对 c 的导数为

$$\frac{\mathrm{d}(v_p)}{\mathrm{d}(c)} = \frac{1}{[F(x)]^{n-2}[F(x)+(n-1)v_pf(v_p)]} \tag{6.16}$$

进而拍卖者的预期收益 π_1 关于 c 的导数为

$$\frac{\mathrm{d}(\pi_1)}{\mathrm{d}(c)} = n(n-1)v_p[1-F(v_p)][F(v_p)]^{n-2}f(v_p)(-\frac{\mathrm{d}v_p}{\mathrm{d}c})$$

$$= -\frac{n(n-1)v_p[1-F(v_p)]f(v_p)}{F(v_p)+n(n-1)v_pf(v_p)} < 0 \tag{6.17}$$

由于导数小于零，所以可得到结论：运营商的参与成本越高(低)，拍卖机构的预期收益越低(高)。

三 潜在信息通信运营企业数量对拍卖者预期收益的影响

在传统的拍卖方式下，拍卖者总是想方设法吸引投标者，如制作大量广告等，希望增加参与拍卖的人数，以提高拍卖收益。但当潜在竞拍者面临着需要投标成本的问题时，情况就可能有所不同了，他会在期望收益和是否参与竞标之间进行权衡。一般情况下，固定参与成本随着参与人数的增加而增加，终止值也随之增加。终止值的提高，又可能抑制大量潜在参与者竞标，从而降低拍卖者的预期收益。

这里不妨假设参与人数量 n 是连续函数，固定 c 的值，则

$$\frac{d(\pi_1)}{d(n)} = \int_{v_p(n)}^{\bar{v}} x[1-F(x)][F(x)]^{n-2}[2n-1+(n^2-n)\ln[F(x)]]f(x)dx$$
$$-\frac{nc\{1-F[v_p(n)]v_p(n)f[v_p(n)]\ln[v_p(n)/c]\}}{F[v_p(n)]+(n-1)v_p(n)f[v_p(n)]}$$

(6.18)

式(6.18)表示，拍卖者的预期收益随着潜在信息通信运营企业数量的增加有可能增加，但也有可能减少，这完全取决于竞拍者分布类型和投标准备成本。

四 信息通信运营企业风险类型对拍卖者收益的影响

信息通信运营企业 i 参与竞价的充要条件是：$v_i \geq v_t$（终止值），出价策略为 $\bar{b}(v_i)$。参与信息通信运营企业 i 出价为 x 的预期利润是

$$g(x) = (v_i - x)\{F(\max\{\bar{b}^{-1}(x), v_t\})\}^{n-1} - c$$
$$= \{F[\bar{b}^{-1}(x)]\}^{n-1}(v_i - x - c) + (1 - \{F[\bar{b}^{-1}(x)]\}^{n-1})(-c)$$

(6.19)

预期效用 EU 为

$$EU = \{F[\bar{b}^{-1}(x)]\}^{n-1}U(v_i - x - c) + (1 - \{F[\bar{b}^{-1}(x)]\}^{n-1})U(-c)$$

(6.20)

而终止值 v_t 是方程 EU(0)=0 的解，即

$$[U(v_t - c) - U(-c)][F(v_t)]^{n-1} = -U(-c) \quad (6.21)$$

注意到 EU(0)=0 等价于 $g(0)=0$，故 $v_t[F(v_t)]^{n-1}=c$，即 $v_t=v_p$，终止值不变。

由于模型是对称的，令

$$v_i = v, x = b(v)$$

极大化预期效用，得

$$\bar{b}^{-1}(v) = (n-1)\frac{\{U[v-\bar{b}(v)-c]-U(-c)\}f(v)}{U'[v-\bar{b}(v)-c]F(v)} \quad (6.22)$$

因为 U 是凹函数，U' 单调递减，于是有

$$\frac{U[v-\bar{b}(v)-c]-U(-c)}{v-\bar{b}(v)-c-(-c)} = U'(\xi) > U'[v-\bar{b}(v)-c] \quad (6.23)$$

$$\bar{b}'(v) > (n-1)\frac{[v-\bar{b}(v)]f(v)}{F(v)} \quad (6.24)$$

其中

$$-c < \xi < v-\bar{b}(v)-c \quad (6.25)$$

下面证明 $\bar{b}(v) > b(v)(v > v_t)$，其中

$$b(v) = v - \frac{v_p [F(v_p)]^{n-1} + \int_{v_p}^{v}[F(x)]^{n-1}\mathrm{d}x}{[F(v)]^{n-1}}, v \geqslant v_p$$

令 $d(v) = \bar{b}(v) - b(v)$，则可以得到

$$\begin{aligned}d'(v) &= [\bar{b}(v)-b(v)]' > (n-1)\left\{\frac{[v-\bar{b}(v)]f(v)}{F(v)} - \frac{[v-b(v)]f(v)}{F(v)}\right\} \\ &= (1-n)\frac{d(v)f(v)}{F(v)}\end{aligned}$$

(6.26)

于是

$$[d(v)F^{n-1}]' = d'(v)F^{n-1}(v) + d(v)(n-1)F^{n-2}(v)f(v) > 0 \quad (6.27)$$

即 $d(v)F^{n-1}$ 是单调递增的。注意到对相同的终止值，$d(v_t) = 0$，因而当 $v > v_t$ 时，有

$$d(v)F^{n-1} > 0 \quad (6.28)$$

即

$$\bar{b}(v) > b(v) \quad (6.29)$$

这表明风险规避点下的信息通信运营企业，出价高于风险中性运营商的出价，于是得到结论：在第一价格密封拍卖中，对拍卖者来说，信息通信运营企业是风险规避的拍卖比运营商是风险中性的拍卖能产生更高的预期收益。

综合拍卖者和竞拍者两个方面，在研究无线电频谱拍卖及其竞价策略时，以往研究者建模多以拍卖者偏好服从均匀分布为基本前提，或许这样可将问题简化，但考虑到现实竞拍者的偏好特点，估价服从于偏态分布更加符合这一现实。通过改进基于偏态分布的无线电频谱拍卖竞价博弈模型，并以仿真的形式求得该竞价博弈模型的纳什均衡，得到了竞拍企业的最优出价策略。均衡分析发现：信息通信运营企业估价的集中趋势或波动幅度同向激励其均衡出价；随着企业估价

的集中趋势和波动幅度的不断增大,增加单位估价所激励的均衡出价的增量不断增大。所以,信息通信运营企业需要在自身成本基础上对竞争对手估价分布做出合理预测,按照上述最优出价策略出价。但是本章尚未对如何预测竞拍企业的估价分布进行探讨,这点还需要今后进一步深入研究。

第七章 第二价格密封拍卖模型及数值模拟研究

第二价格密封拍卖是一种能促使买卖双方达到帕累托最优的有效交易方式，采用这种方式进行拍卖时，每一信息通信运营企业的优势策略是按其真实支付意愿出价，而不需完全对其他竞争对手和整体市场形势作出评估。与第 6 章结构类似，本章分别从竞拍者(信息通信运营企业)和拍卖者(有关政府部门)的视角分析无线电频谱第二价格密封拍卖机制。7.1 节和 7.2 节基于竞拍者视角构建无线电频谱第二价格密封拍卖模型，并对其进行数值模拟和均衡讨论。7.3 节基于拍卖机制设计层面，从数学理论分析角度，讨论第二价格密封拍卖机制。

第一节 无线电频谱第二价格密封拍卖模型

在第 6 章中，探讨了第一价格密封拍卖模型及其仿真。本章将探讨无线电频谱的第二价格密封拍卖问题。当无线电频谱采用第二价格密封拍卖进行交易，根据报价高低将竞拍者排序，报价高的竞拍者获得无线电频谱的使用权。本章的研究在第一价格密封拍卖模型的基础上，根据第二价格密封拍卖特征对竞拍者收益函数进行了改进。首先，引入戴锋和姬广坡等研究中的偏态分布密度函数，并将其定义域调整为 $(0, 1)$。

若一个随机变量的密度函数可以表示为

$$f(x) = \begin{cases} e^{-\frac{(x-a)^2}{2\sigma^2}} / \int_0^1 e^{-\frac{(x-a)^2}{2\sigma^2}} dx & , 0 < x < 1 \\ 0 & , 其他 \end{cases} \quad (7.1)$$

则称该随机变量在区间 $(0, 1)$ 上服从偏态分布 $P(a, \sigma^2)$，其密度函数如图 7-1 所示。其中，a 为随机变量的集中趋势，σ 为随机变量的波动幅度(标准差)。积分 $\int_0^1 f(x) dx = 1$，$0 < a < 1$。

本节结构安排如下：首先，对第二价格密封拍卖模型进行假设；其次，分别讨论两家信息通信运营企业和多家信息通信运营企业竞价的拍卖模型；最后进行数值模拟与均衡分析。

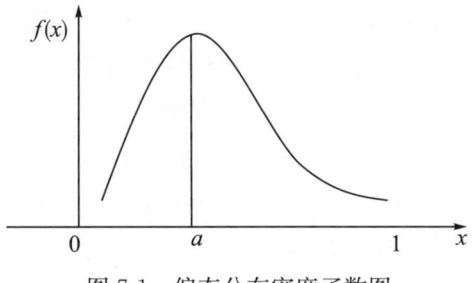

图 7-1 偏态分布密度函数图

一 第二价格密封拍卖模型假设

(1) 假定有 n 家信息通信运营企业参加无线电频谱牌照竞拍，拍卖设置的保留底价为 b_0，第 i 家信息通信运营企业超出底价的出价（以下简称出价）为 $b_i \geqslant 0$，即第 i 家信息通信运营企业的实际出价为 $b_0 + b_i$。

(2) 假设第 i 家信息通信运营企业对无线电频谱牌照价值的估价超过保留底价的部分为 $v_i \geqslant 0$，下文简称估价，且 v_i 满足上述偏态分布 $P(a, \sigma^2)$，其中 a 是估价的集中趋势，σ 是估价的波动幅度。

(3) 在信息通信运营企业实际竞拍时，无论竞价成功与否，为了竞拍搜集信息，投入人力、物力及财力，信息通信运营企业必然会付出一些额外支出。在构建模型过程中，不妨将其假定为固定值 k。

(4) 若第 i 家信息通信运营企业最终以最高实际价格 $b_0 + b_i$ 竞拍获得标的，第 j 家信息通信运营企业最终出价为 $b_j \geqslant 0$，b_j 为参与竞拍的信息通信运营企业的第二高价，$b_i \geqslant b_j$，第 j 家信息通信运营企业最终实际出价为 $b_0 + b_j$。不妨令 $\Delta b = b_i - b_j > 0$，那么 $b_j = b_i - \Delta b$。

(5) 根据第二价格密封拍卖机制，第 i 家信息通信运营企业最终以次高价 $b_0 + b_j$ 获得无线电频谱牌照。则第 i 家信息通信运营企业的净收益为 $(b_0 + v_i) - (b_0 + b_j + k) = v_i - b_j - k = v_i - b_i - k + \Delta b$。若该信息通信运营企业未能中标，则其净收益为 $-k$。

二 两家信息通信运营企业拍卖竞价的情况

若只有两家信息通信运营企业决定参加无线电频谱牌照竞拍，$i = 1, 2$。显然，第 i 家信息通信运营企业对拍卖频段的估价 v_i 是不公开的，v_i 只有第 i 家信息通信运营企业自己知道，即相互独立。但每个信息通信运营企业都知道 v_i 独立服从 $(0, 1)$ 区间上集中趋势为 a，波动幅度为 σ 的偏态分布。

假定第 i 家信息通信运营企业的出价 $b_i(v_i)$ 是其对该频段估价 v_i 的严格递增函数。由于博弈是对称的，只需要考虑对称的均衡出价策略 $b=b^*(v)$。给定 v 和 b，第 i 家信息通信运营企业的期望支付为 $u_i=(v-b-k+\Delta b)\text{Prob}\{b_j<b\}$，式中 $\text{Prob}\{\cdot\}$ 表示 $b_j<b$ 的概率，b_j 为第 j 家信息通信运营企业的出价。又由于 v 是连续分布的，则有 $\text{Prob}\{b_j<b\}=\text{Prob}\{b_j\leqslant b\}$，$(v-b-k)v-b-k+\Delta b$ 为确保中标情况下所获得的净收益，$\text{Prob}\{\cdot\}$ 是确保竞价成功的概率。根据对称性有 $b_j=b^*(v_j)$ 得到

$$\text{Prob}\{b_j<b\}=\text{Prob}\{b^*(v_j)<b\}=\text{Prob}\{v_j<b^{*-1}(b)=g(b)\} \quad (7.2)$$

其中，$g(b)=b^{*-1}(b)$ 是 b^* 的反函数（即当信息通信运营企业选择出价为 b 时，出价 b 对信息通信运营企业的价值为 $g(b)$），则第 i 家信息通信运营企业的期望支付为

$$a_i=(v-b-k+\Delta b)\text{Prob}\{b_j<b\}=(v-b-k+\Delta b)\int_0^{g(b)}e^{-\frac{(x-a)^2}{2\sigma^2}}\bigg/\int_0^1 e^{-\frac{(x-a)^2}{2\sigma^2}}dx$$
$$(7.3)$$

其最优化问题的一阶条件为

$$(v-b-k+\Delta b)g'(b)e^{-\frac{[g(b)-a]^2}{2\sigma^2}}-\int_0^{g(b)}e^{-\frac{(x-a)^2}{2\sigma^2}}dx=0$$

在均衡条件下，如果 b^* 是第 i 家信息通信运营企业的最优策略，则 $g(b)=v$，最优化问题的一阶条件为

$$(v-b-k+\Delta b)\frac{dv}{db}e^{-\frac{(v-a)^2}{2\sigma^2}}-\int_0^v e^{-\frac{(x-a)^2}{2\sigma^2}}dx=0$$

则 b 可表示为关于 v、b、a、σ 且满足 $h(v,b,a,\sigma)=0$ 的一个函数，即 $b^*[h(v,b,a,\sigma)=0]$，其中

$$h(v,b,a,\sigma)=(v-b-k+\Delta b)\frac{dv}{db}e^{-\frac{(v-a)^2}{2\sigma^2}}-\int_0^v e^{-\frac{(x-a)^2}{2\sigma^2}}dx \quad (7.4)$$

那么，第 i 家信息通信运营企业在该博弈中的贝叶斯纳什均衡是 $b^*[h(v,b,a,\sigma)=0]$。最优出价策略为 $b_0+b^*[(v,b,a,\sigma)=0]$。

三 多家信息通信运营企业拍卖竞价的情况

假定有 n 家信息通信运营企业具有参与竞拍无线电频谱拍卖的资格，则得到博弈论模型（期望支付函数）如下：

$$u_i=(v-b-k+\Delta b)\prod_{j\neq i}p\{b_j<b\}=(v-b-k+\Delta b)\prod_{j\neq i}p\{b^*(v_j)<b\}$$
$$=(v-b-k+\Delta b)\prod_{j\neq i}p\{v_j<b^{*-1}(v_j)=g(b)\}$$

$$= (v-b-k+\Delta b)\left[\int_0^{g(b)} e^{-\frac{(x-a)^2}{2\sigma^2}} \Big/ \int_0^1 e^{-\frac{(x-a)^2}{2\sigma^2}} dx\right]^{n-1} \quad (7.5)$$

其最优化问题的一阶条件为

$$(n-1)(v-b-k+\Delta b)\, g'(b)\, e^{-\frac{[g(b)-a]^2}{2\sigma^2}} \left[\int_0^{g(b)} e^{-\frac{(x-a)^2}{2\sigma^2}} dx\right]^{n-2} - \left[\int_0^{g(b)} e^{-\frac{(x-a)^2}{2\sigma^2}} dx\right]^{n-1} = 0$$

在均衡条件下，如果 b^* 是第 i 家信息通信运营企业的最优策略，则 $g(b)=v$，其最优化问题的一阶条件为

$$(n-1)(v-b-k+\Delta b)\frac{dv}{db} e^{-\frac{(v-a)^2}{2\sigma^2}} - \int_0^v e^{-\frac{(x-a)^2}{2\sigma^2}} dx = 0$$

则 b 可表示为关于 v、b、a、σ、n 且满足 $h(v,b,a,\sigma,n)=0$ 的一个函数，即 $b^*[h(v,b,a,\sigma,n)=0]$，其中

$$h(v,b,a,\sigma,n) = (n-1)(v-b-k+\Delta b)\frac{dv}{db} e^{-\frac{(v-a)^2}{2\sigma^2}} - \int_0^v e^{-\frac{(x-a)^2}{2\sigma^2}} dx$$
(7.6)

当 $n=2$ 时，式(7.6)与式(7.4)相同，与两家信息通信运营企业竞拍的期望支付相符，当 $n>2$ 时，代入式(7.6)中可求出此时的贝叶斯均衡是 $b^*[h(v,b,a,\sigma,n)=0]$。即 b^* 满足 $h(v,b,a,\sigma,n)=0$。

因此，如果给定 n 个参加竞拍的信息通信运营企业估价 v 服从偏态分布，即给定信息通信运营企业估价的集中趋势 a 和波动幅度 σ，可以计算出不同的估价水平下的纳什均衡 b^*，最优出价策略为 $b_0+b^*[h(v,b,a,\sigma,n)=0]$。

第二节　第二价格密封拍卖的数值模拟与均衡分析

一　第二价格密封拍卖的数值模拟

由于根据式(7.4)、式(7.6)不能求出 v，b 关系的解析解，在此，本书尝试使用 Matlab 7.0 仿真工具，对上述微分方程求解。已知拍卖频段的保留底价为 b_0，初始赋值为($v=0$，$b=0$)。给定情境变量 u，δ，n，以便确定具体的偏态分布和微分方程(7.4)、方程(7.6)，为了求解简化，本章仿真部分假定 $k=0.1$，然后根据具体的偏态分布密度函数在该分布定义域(0，1)内随机生成牌照的 100 个估值 v，再代入确定的微分方程进行求解，得到相应的 100 个均衡出价 b。最后根据得到的 100 组(v，b)绘制出相应的关系，如图 7-2～图 7-7 所示。

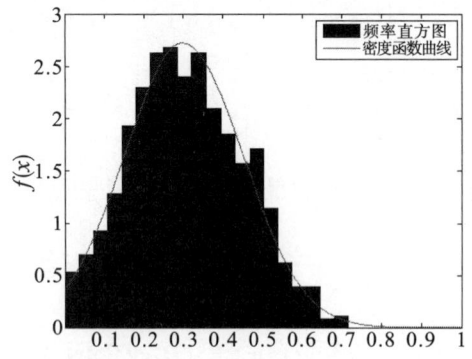

图 7-2 估价 v 的频率直方图

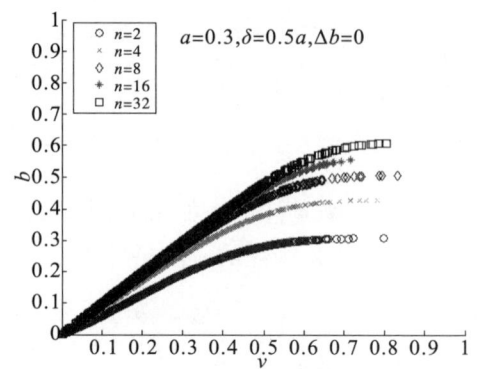

图 7-3 n 变化引起 b、v 关系变化趋势($\Delta b=0$)

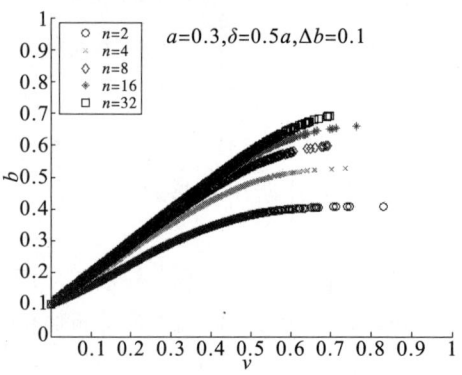

图 7-4 n 变化引起 b、v 关系变化
趋势图($\Delta b=0.1$)

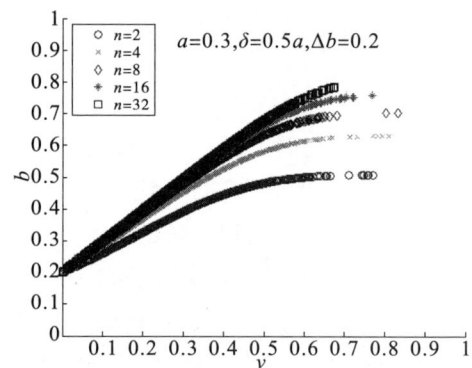

图 7-5 n 变化引起 b、v 关系变化
趋势图($\Delta b=0.2$)

其中，图 7-2 表示 $n=2$，$a=0.3$，$\delta=0.5a$ 时，根据偏态分布随机取出 100 个 v 的频率直方图；图 7-3～图 7-5 分别表示，当 $\Delta b=0$，0.1，0.2，$a=0.3$，$\delta=0.5a$ 时，竞拍者的估价 v 与其均衡出价 b 的关系随着竞拍者数量的增加而发生的变动。

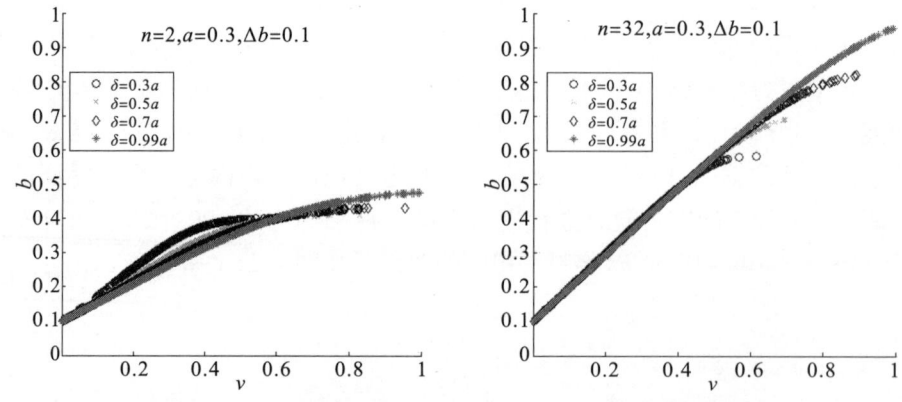

图 7-6 $n=2$ 和 32 时，δ 变化引起 v、b 关系变化的趋势图

图 7-6 表示，当 $n=2$ 和 32，$a=0.3$，$\Delta b=0.1$ 时，δ 分别为 $0.3a$，$0.5a$，$0.7a$，$0.99a$ 时，竞拍企业的估价 v 与其均衡出价 b 的关系图；图 7-7 为 $n=2$ 和 32，$\delta=0.5a$，$\Delta b=0.1$ 时，a 分别为 0.3，0.5，0.7，0.99 时，竞拍者估价 v 与其均衡出价 b 的关系图。

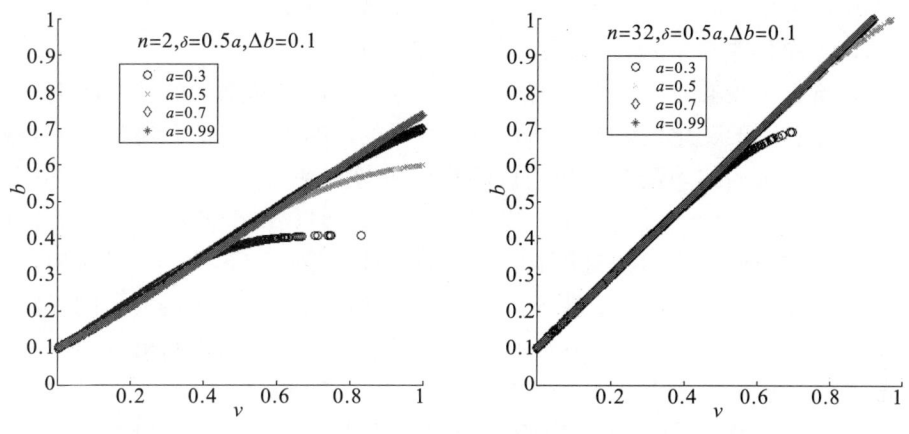

图 7-7　$n=2$ 和 32 时，a 变化引起 b、v 关系变化的趋势图

二 第二价格密封拍卖模型均衡分析

从式(7.4)、式(7.6)中可以看出，当无线电频谱的估价服从偏态分布时，每个信息通信运营企业的最优出价是关于估价 v、集中趋势 a、估价波动幅度 σ 和参加竞拍信息通信运营企业数 n 的综合折算值。如果有 n 块无线电频谱牌照允许企业参与竞拍，其最优出价策略为 $b_0 + b^*[h(v, b, a, \sigma, n) = 0]$。从图 7-3~图 7-7 中可以看出 $b_i(v_i) \leqslant v_i$，而且 b_i 随着 v_i 的增加而增加。竞拍者不愿意付出比其对某段无线电频谱的估价更高的价格。同时也支持了信息通信运营企业的出价 $b_i(v_i)$ 是关于估价 v_i 的严格递增函数这个假设。然而现实无线电频谱拍卖中可能会出现超出自己估价的报价（比如个别 3.5GHz 无线电频谱投标信息通信运营企业），通过最优出价策略的结果分析，这样拍卖竞价行为并非理性的。

由图 7-3~图 7-5 可以看出对于某一确定的估价分布 (a, δ^2) 而言，拍卖博弈均衡出价会随着竞拍者数量的增加而增加，最终趋向于估价 v，即竞拍者需要支付全部的 $b_0 + v$ 才能获得该无线电频谱的牌照。换言之，竞拍者数量越多，需要支付的无线电频谱牌照使用权出让金也就越高，当竞拍者趋于无穷多时，竞拍者几乎支付全部无线电频谱使用权的价值，因此让更多的竞拍者参与无线电频谱牌照拍卖能够获得更多利益。从图 7-6 中可知，当 $n=32$ 时，信息通信运营企业估价的波动幅度 δ（标准差）越大，其竞拍博弈均衡出价越高，反之，则越低。而且随着所有信息通信运营企业估价的波动幅度 δ 的不断增大，增加单位估价 v 所需

要的均衡出价 b 的增量不断增高。通过检验发现，即使改变竞拍企业数目 n，也能得到上述结论，而且随着 $n\to\infty$，均衡出价 b 逐渐趋向于估价 v。由图 7-7 可知当 $n=2$ 时，信息通信运营企业估价的集中趋势 a 越大，其均衡出价越高，反之越低。而且随着所有竞拍者估价集中趋势 a 的不断增大，增加单位估价 v 后的均衡出价 b 的增量不断增高。同上，通过检验发现改变竞拍企业数目 n，也能得到上述结论，而且随着 $n\to\infty$，均衡出价 b 逐渐趋向于估价 v。

在估价水平较低时，信息通信运营企业的均衡出价对估价的波动幅度 σ 和估价的集中趋势 a 的变化不敏感。随着估价水平的不断提高，信息通信运营企业的均衡出价对估价的波动幅度 σ 和估价的集中趋势 a 的变化愈加敏感。具体而言，在图 7-6 中，在 $n=32$ 的情况下，发现在 $v<0.6$ 时，估价的波动幅度对信息通信运营企业的均衡出价的影响并不明显，但一旦 v 超过 0.6 这个临界值后，信息通信运营企业的均衡出价则会明显随着估价波动幅度的增大而增大。同理，在图 7-7 中 $n=2$ 的情况下，当 $v>0.4$ 时，信息通信运营企业的均衡出价则会明显随着估价波动幅度的增大而增大。而在图 7-7 中 $n=32$ 的情况下，我们发现在 $v>0.6$ 时，信息通信运营企业的均衡出价则会明显随着估价波动幅度的增大而增大。

综上所述，本书发现每个信息通信运营企业的最优出价策略就是其自身的成本加上一定的报价金额，该金额大于零且小于估价分布区间的上限与其自身成本之差，具体金额以上述均衡出价为准。通过对比现行的以成本因素为最大考量的固定竞价策略来说，本书得到的最优竞价策略是建立在其他竞拍者估价的基础之上，同时兼顾自身的成本因素，因而更具说服力。特别是对于缺乏经验的电信市场新进入者而言，可以利用行业竞争者的估价分布确定己方的出价策略。所以，无线电频谱拍卖前，信息通信运营企业不仅需要估算自身成本，还需认真地分析和总结以往无线电频谱拍卖估价分布的情况 (a,σ^2)，从而对将要参加拍卖的竞争对手们的估价分布 (a,σ^2) 做出准确的预测。一般来说，如果通过预测发现预测的估价波动幅度 σ 偏大，信息通信运营企业则需要在不超过自身估价情况下，尽可能报高价，反之，适当报低价；同理，估价的集中趋势 a 偏大，信息通信运营企业则需要在不超过自身估价情况下，尽可能报高价，反之，适当报低价。此外，当参加竞拍的信息通信运营企业较多时，则应直接以自身的估价进行报价。

第三节　基于拍卖者的第二价格密封拍卖机制分析

一　第二价格密封拍卖竞价策略

根据维克里的研究，在第二价格密封拍卖方式下，竞拍者最优策略都是报告

真实估价。设 v_s 为终止值,竞拍者 i 的预期利润是

$$\pi_i(v_i, v_{j, j\neq i}) = v_i [F(v_s)]^{n-1} + \int_{v_s}^{v_i} (v_i - x) \mathrm{d}[F(x)]^{n-1} - c$$
$$= v_s [F(v_s)]^{n-1} + \int_{v_s}^{v_i} [F(x)]^{n-1} \mathrm{d}(x) - c \quad (7.7)$$

与上述讨论一致,拍卖终止值 v_s 由以下方程确定:

$$v_s [F(v_s)]^{n-1} = c \quad (7.8)$$

所以

$$v_p = v_s \quad (7.9)$$

拍卖者的预期收入 π_2 等于投标人的次高估价的期望值(及次高顺序统计量的数学期望):

$$\pi_2 = \int_{v_p}^{\bar{v}} x \cdot n(n-1)[1-F(x)][F(x)]^{n-2} f(x) \mathrm{d}x = \pi_1 \quad (7.10)$$

其中,π_1 表示第一价格密封拍卖中拍卖者的期望收入;π_2 表示第二价格密封拍卖中拍卖者的期望收入。所以可得到结论:在基准模型中,如果潜在竞拍者数量是固定的,但参与竞拍者是内生的,在均衡状态下,对拍卖者而言,第一价格密封拍卖与第二价格密封拍卖的期望收入相等。

二 参与成本对拍卖者预期收益的影响

在上述研究中,无线电频谱牌照的估价 v_p 是信息通信运营企业参与竞拍的成本 c 的函数,即

$$v_p [F(v_p)]^{n-1} = c \quad (7.11)$$

首先,考察 v_p 对 c 的导数:

$$\frac{\mathrm{d}(v_p)}{\mathrm{d}(c)} = \frac{1}{[F(x)]^{n-2}[F(x) + (n-1)v_p f(v_p)]} \quad (7.12)$$

进而拍卖者的预期收益 π_1 关于 c 的导数为

$$\frac{\mathrm{d}(\pi_1)}{\mathrm{d}(c)} = n(n-1)v_p[1-F(v_p)][F(v_p)]^{n-2} f(v_p)(-\frac{\mathrm{d}v_p}{\mathrm{d}c})$$
$$= -\frac{n(n-1)v_p[1-F(v_p)]f(v_p)}{F(v_p) + n(n-1)v_p f(v_p)} < 0 \quad (7.13)$$

由于导数小于零,所以可得到结论:信息通信运营企业的参与成本越高(低),拍卖者的预期收益越低(高)。

三 潜在运营商数量对拍卖者预期收益的影响

与第一价格密封拍卖类似,在传统的拍卖方式下,拍卖者总是想方设法吸引

投标者，如制作大量广告等，以期增加竞拍者数，提高拍卖收益。但当潜在竞拍者面临着投标成本问题时，情况就可能有所不同，竞拍者将会在期望收益和是否参与竞标之间进行权衡。一般情况下，固定参与成本随着竞拍者数量的增加而增加，终止值也随之增加。终止值的提高，又可能抑制大量潜在参与者竞标，从而降低拍卖者的预期收益。

这里不妨假设竞拍者数量 n 是连续函数，固定 c 的值，则

$$\frac{d(\pi_1)}{d(n)} = \int_{v_p(n)}^{v} x[1-F(x)][F(x)]^{n-2}\{2n-1+(n^2-n)\ln[F(x)]\}f(x)dx$$
$$-\frac{nc\{1-F[v_p(n)]v_p(n)f[v_p(n)]\ln[v_p(n)/c]\}}{F[v_p(n)]+(n-1)v_p(n)f[v_p(n)]}$$

(7.14)

式(7.14)表示，拍卖者的预期收益随着潜在参与人数的增加有可能增加，但也有可能减少，这完全取决于投标人分布类型和投标准备成本。

四 信息通信运营企业风险类型对拍卖者收益的影响

由于第二价格密封拍卖的性质，信息通信运营企业不管是风险中性还是风险回避的，其竞拍的占优策略均为报出自己的真实估价，拍卖者的预期收益是相同的，所以根据前文分析，可以得到结论：如果信息通信运营企业是风险回避的，对于拍卖者来说，第一价格密封拍卖比第二价格密封拍卖的预期收益高。

五 广义第二价格密封拍卖

在第二价格密封拍卖中，买方的真实报价是占优策略，并且赢家的支付是次高报价，与自身报价无关。与之对应，下面给出广义第二价格密封拍卖的机制：

(1)报价最高的人得到物品；

(2)对任意买方 i，其支付价格 p_i 满足条件：

$$p_i = \begin{cases} \max_{j \neq i} b_j + t_i(b_{-i}), & i \text{ 取胜} \\ t_i(b_{-i}), & i \text{ 失利} \end{cases}$$

其中，t_i 是除 b_i 外运营商报价向量 $b_{-i} = (b_1, \cdots, b_{i-1}, b_{i+1}, \cdots, b_N)$ 的函数。

【定理1】一个拍卖是有效的，并且真实报价是占优策略的充分必要条件是该拍卖为广义第二价格密封拍卖。

证明：考虑一个真实报价是占优策略的有效拍卖。有效性说明报价最高者得到物品。假设报价向量为 (b_i, b_{-i})，买方 i 失利，令 $t_i^L(b_i, b_{-i})$ 为 i 的支付。对于报价 b_i'，$b_i''(\leq \max_{j \neq i} b_j)$，如果 $t_i^L(b_i, b_{-i}) > t_i^L(b_i'', b_{-i})$，则当 $v_i = b_i'$ 时，

买方 i 报价是 b'' 更有利。但显然，这与占优策略矛盾。因此，将 $t_i^L(b_i, b_{-i})$ 改写为

$$t_i^L(b_i, b_{-i}) = t_i(b_{-i})$$

同理，当买方 i 获胜时，其支付 $t_i^W(b_i, b_{-i})$ 可以写成

$$t_i^W(b_i, b_{-i}) = t_i^W(b_{-i})$$

进一步，当 $v_i = \max\limits_{j \neq i} b_j$ 时，买方 i 失利和取胜都有效的真实报价是占优策略，关于二者是无差异的。所以，由上述两式可得到

$$\max\limits_{j \neq i} b_j - t_i^W(b_{-i}) = -t_i(b_{-i})$$

显然，可以得到真实报价是占优策略且拍卖是有效的。

【定理 2】广义第二价格密封拍卖是预算不平衡的，即

$$\sum_{i=1}^{N} p_i \neq 0$$

证明：考虑一个广义第二价格密封拍卖，为方便，假设 $N=2$。令 $v_1 > v_2$，由定理 1 可以得到

$$p_1 + p_2 = [v_2 + t_1(v_2)] + t_2(v_1)$$

如果对任意的 v_2，上式右边为零，那么

$$t_1(v_2) = -v_2 + k_1$$

式中，k_1 为常数。类似的，当 $v_1 < v_2$ 时，有

$$t_2(v_1) = -v_1 + k_2$$

其中，k_2 为常数。结合以上 3 个式子，可以得到

$$p_1 + p_2 = k_1 + k_2 - v_1$$

显然，对任意的 v_1，上式不可能恒为零，这说明预算是不平衡的。

综上所述，在研究无线电频谱第二价格密封拍卖机制及其竞价策略时，以往研究者建模多以拍卖者偏好服从均匀分布为基本前提，或许这样可将问题简化，但考虑到现实竞拍企业的偏好特点，估价服从于偏态分布更加符合这一现实。本章通过改进基于偏态分布的无线电频谱拍卖竞价博弈模型，并对构建的第二价格密封拍卖模型进行了数值仿真实验，得出拍卖竞价博弈模型的纳什均衡和竞拍者的最优出价策略。均衡分析发现：信息通信运营企业估价的集中趋势或波动幅度正向激励其均衡出价；随着信息通信运营企业估价的集中趋势和波动幅度的不断增大，增加单位估价所激励的均衡出价的增量不断增大。所以，信息通信运营企业需要在自身成本基础上对竞争对手估价分布做出合理预测，按照上述最优出价策略出价。

第八章 同步升价拍卖模型及数值模拟研究

随着无线电技术、物联网及大数据的发展,无线电频谱需求已成为全球各国关注的热点,为有效利用这种稀缺资源,从20世纪90年代初开始,世界各国陆续建立了无线电频谱资源有偿使用制度,通过无线电频谱使用权的牌照拍卖和征收年费的方式为政府筹集了大量资金。例如,英、德两国政府在本世纪初拍卖3G牌照使用权的收入分别为354.11亿美元和463.23亿美元。瑞典于2008年5月通过拍卖方式向5家信息通信运营企业发放了4G牌照,获得了21亿瑞典克朗(约合3.456亿美元)的收入。虽然当前我国已将4G牌照免费发放给三家在位信息通信运营企业,尚未采用市场交易的方式,但我国电信管理条例明确指出,"对无线电频率颁发使用许可,应当采取招标、拍卖的方式"。有关政府部门也纷纷开始探索区域性频段(如无线短距离2.4GHz)的招标、拍卖等交易新模式。本章主要以区域性频段作为研究对象,首先构建无线电频谱同步升价拍卖模型;然后对模型进行分析与讨论;最后对无线电频谱同步升价拍卖机制进行分析与讨论。

第一节 无线电频谱同步升价拍卖模型

无线电频谱是一种连续、可分离的经济资源。世界各国在无线电频谱的分配实操过程中,均将无线电频谱划分成多个类似的小频段或牌照,如我国工业和信息化部在2014年将4G牌照划分为三张牌照,并采用了行政指配的方式分配了4G牌照,中国移动、中国联通及中国电信三家信息通信运营企业分别获得的牌照为:130MHz无线电频谱(1880~1900MHz、2320~2370 MHz、2575~2635 MHz)、40MHz无线电频谱(2300~2320 MHz、2555~2575 MHz)、40MHz无线电频谱(2370~2390 MHz、2635~2655 MHz)。事实上,国际上关于无线电频谱的交易机制,尤其是采用同步升价拍卖方式的国家,也将无线电频谱划分成多个小牌照进行同时拍卖。在本章关于同步升价拍卖模型的构建和研究过程中,为了简化模型,不妨作以下假设:

(1)拍卖标的或拍卖品——无线电频谱牌照,是具有互补性的物品。

(2)拍卖的无线电频谱牌照数量只有两个。

信息通信运营企业 $i(i=1, 2, \cdots, N)$ 有私人偏好类型 θ_i，其对无线电频谱牌照 1 的估值为 $v_i^1(\theta_i)$，对无线电频谱牌照 2 的估值为 $v_i^2(\theta_i)$，对两个无线电频谱牌照组合的估值为 $v_i^1(\theta_i)+v_i^2(\theta_i)+c_i(\theta_i)$，$c_i(\theta_i)$ 表示当两个无线电频谱牌照组合在一起时给信息通信运营企业带来的超额价值（相对于单个无线电频谱牌照给信息通信运营企业带来的价值和）。$c_i(\theta_i)$ 非负，表明这两个无线电频谱牌照对信息通信运营企业来说是互补的，因此 $c_i(\theta_i)$ 可以看作是信息通信运营企业对两个牌照之间互补性的一个度量。我们总是假设所有信息通信运营企业对无线电频谱牌照的互补性的认识是一致的。

另外，拍卖者对无线电频谱牌照及其组合的估值均为零，拍卖者设计的拍卖机制具有这种形式：$\{(x_i, t_i)\}$，其中，$x_i=(x_i^1, x_i^2)$ 是信息通信运营企业 i 赢得牌照的概率，t_i 是信息通信运营企业 i 的支付。在拍卖机制 $\{(x_i, t_i)\}$ 下，信息通信运营企业 i 的效用为

$$U_i = V_i(x_i, \theta_i) - t_i = v_i^1(\theta_i)x_i^1 + v_i^2(\theta_i)x_i^2 + c_i(\theta_i)x_i^1 x_i^2 - t_i \tag{8.1}$$

(3)对所有的 i，v_i^1，v_i^2，$c_i(\theta_i)$ 都是非负和可微的，且 v_i^1，v_i^2 是关于 θ_i 的严格递增和凹函数。

(4)对所有的 i，$F_i(\cdot)$ 满足单调条件：

$$\frac{\mathrm{d}}{\mathrm{d}\theta_i}\left[\frac{1-F_i(\theta_i)}{f_i(\theta_i)}\right] \leqslant 0 \tag{8.2}$$

(5)对所有的 i，

$$c_i(\theta_i) - \frac{1-F_i(\theta_i)}{f_i(\theta_i)}c_i'(\theta_i) \geqslant 0 \tag{8.3}$$

即从信息通信运营企业角度，无线电频谱牌照之间的互补程度 $c_i(\theta_i)$ 不会随着信息通信运营企业的偏好类型 θ_i 的变化而变化得过快。

则拍卖者的目标函数变为

$$E_\theta \sum_{i=1}^N \left[\begin{array}{l} v_i^1(\theta_i)x_i^1 + v_i^2(\theta_i)x_i^2 + c_i(\theta_i)x_i^1 x_i^2 \\ -\left[\dfrac{1-F_i(\theta_i)}{f_i(\theta_i)}\right]\left([v_i^1(\theta_i)]'x_i^1 + [v_i^2(\theta_i)]'x_i^2 + [c_i(\theta_i)]'x_i^1 x_i^2\right) \end{array} \right] \tag{8.4}$$

为简化分析过程，引入以下符号：

$$\mathrm{MR}_i^1(\theta_i) = v_i^1(\theta_i) - \frac{1-F_i(\theta_i)}{f_i(\theta_i)}[v_i^1(\theta_i)]' \tag{8.5}$$

$$\mathrm{MR}_i^2(\theta_i) = v_i^2(\theta_i) - \frac{1-F_i(\theta_i)}{f_i(\theta_i)}[v_i^2(\theta_i)]' \tag{8.6}$$

$$\mathrm{MR}_i^c(\theta_i) = c_i(\theta_i) - \frac{1-F_i(\theta_i)}{f_i(\theta_i)}[c_i(\theta_i)]' \tag{8.7}$$

这里的 $MR_i^1(\theta_i)$，$MR_i^2(\theta_i)$ 和 $MR_i^c(\theta_i)$ 也具有相应的经济含义：$MR_i^1(\theta_i)$，$MR_i^2(\theta_i)$ 和 $MR_i^c(\theta_i)$ 表示，当把无线电频谱牌照1、2及其组合分配给信息通信运营企业 i 时其所获得的边际收益。事实上，拍卖者(s)也可以看作是特殊的信息通信运营企业，则根据定义，其边际收益为

$$MR_s^1 = MR_s^2 = MR_s^c = 0 \tag{8.8}$$

此外，根据上述条件和 $v_i^1(\theta_i)$，$v_i^2(\theta_i)$，$c_i(\theta_i)$ 均为递增的凹函数的特点，可以推出 $MR_i^1(\theta_i)$，$MR_i^2(\theta_i)$ 和 $MR_i^c(\theta_i)$ 是 θ_i 的增函数。

【定理1】拍卖者的拍卖机制设计问题等价于求解如下的优化问题：

$$(W) \quad \max_{\langle (x_i, t_i) \rangle} E_\theta \sum_{i=1}^{N} [MR_i^1(\theta_i) x_i^1 + MR_i^2(\theta_i) x_i^2 + MR_i^c(\theta_i) x_i^1 x_i^2] \tag{8.9}$$
$$s.t. \quad U_i(\underline{\theta_i}) = 0$$

不妨用 (x_i^*, t_i^*) 表示优化问题(W)的解。既然拍卖者在决定牌照的分配前已经接受到运营商的报告，并且激励相容性保证了信息通信运营企业总是偏好报告真实的类型，那么我们在求解时可以暂时忽略期望值的影响。现在拍卖者的问题是在任意给定的类型向量 θ 下，选择合适的值最大化优化问题(W)的目标函数，同时满足以下条件：

$$\begin{cases} \sum_{i=1}^{N} x_i^j(\theta) \leqslant 1 \\ x_i^j(\theta) \geqslant 0 \end{cases} (j=1,2) \tag{8.10}$$

下面重点考察无线电频谱最优分配问题。最优的分配规则是不会允许拍卖者将无线电频谱在多家信息通信运营企业之间随机分配。

【定理2】最优的拍卖机制对无线电频谱的分配是确定的，即存在某个 j，k（j，k 可以相等）使得 $x_j^{1*}(\theta)=1$，$x_k^{2*}(\theta)=1$，并且对所有的 $i \neq j$，$x_i^{1*}(\theta)=0$；对所有的 $i \neq k$，$x_i^{2*}(\theta)=0$。

证明：假设拍卖者将某个无线电频谱牌照(不妨设为无线电频谱牌照1)按某一概率在信息通信运营企业 j，k 之间随机分配，即

$$x_j^1 = \alpha_j$$
$$x_k^1 = \alpha_k$$

其中，

$$0 < \alpha_j, \alpha_k < 1$$
$$\alpha_j + \alpha_k \leqslant 1$$

因此，我们需要分以下三种情况思考问题：

(1)假设 j 和 k 没有任何的概率再得到无线电频谱牌照2。如果 $MR_j^1 < MR_k^1$，那么当拍卖者把无线电频谱牌照1分配给 k 的那部分概率转移给 j 时，其收益值

将增加；反之，如果 $MR_j^1 \geqslant MR_k^1$，那么当拍卖者把牌照 1 分配给 j 的那部分概率转移给 k 时，其收益值至少不会减少。因此，将一个牌照在不可能得到其他牌照的信息通信运营商之间随机分配，不会比确定性地分配给一个信息通信运营商更优。

(2) 假设 j 能以概率 β_j 得到牌照 2，其中 $0 < \beta_j \leqslant 1$，k 不可能得牌照 2。那么，如果

$$MR_j^1 + \beta_j MR_j^c > MR_k^1 \tag{8.11}$$

即拍卖者将无线电频谱牌照 1 确定地分配给 j 时，他获得的收益值严格大于确定地分配给 k 时的收益值，在这种情况下，把分配给 k 的那部分概率转移给 j，拍卖者的收益将有所提高；如果

$$MR_j^1 + \beta_j MR_j^c \leqslant MR_k^1 \tag{8.12}$$

通过反向操作，拍卖者的收益至少不会减少。

(3) 假设 j 仍以概率 β_j 获得无线电频谱牌照 2，而 k 以概率 β_k 得到无线电频谱牌照 2。则若

$$MR_j^1 + \beta_j MR_j^c \leqslant MR_k^1 + \beta_k MR_k^c \tag{8.13}$$

让信息通信运营企业 j 完全得到无线电频谱牌照 1 对拍卖者最优；反之，让信息通信运营企业 k 完全得到牌照 1 对拍卖者最优。因此，将一个无线电频谱牌照在能够得到其他牌照的信息通信运营企业间随机分配也不可能是更优的。

综合以上三种情况，在对拍卖者最优的拍卖机制下，拍卖者会选择将无线电频谱牌照确定性地以某一价格分配给某个信息通信运营企业。

第二节 无线电频谱同步升价拍卖模型分析及数值模拟

一 参与成本对拍卖者预期收益的影响

关于竞拍者参与成本对拍卖者预期收益的影响，与第一价格密封拍卖和第二价格密封拍卖相同。根据第 6 章和第 7 章，竞拍者对无线电频谱牌照的估价 v_P 是关于竞拍者参与成本 c 的函数

$$v_p [F(v_p)]^{n-1} = c \tag{8.14}$$

因此，v_P 对 c 求导可得

$$\frac{d(v_p)}{d(c)} = \frac{1}{[F(x)]^{n-2}[F(x) + (n-1)v_p f(v_p)]} \tag{8.15}$$

进而拍卖者的预期收益 π_1 关于 c 的一阶导数为

$$\frac{d(\pi_1)}{d(c)} = n(n-1)v_p[1-F(v_p)][F(v_p)]^{n-2}f(v_p)\left(-\frac{dv_p}{dc}\right)$$

$$= -\frac{n(n-1)v_p[1-F(v_p)]f(v_p)}{F(v_p)+n(n-1)v_pf(v_p)} < 0 \qquad (8.16)$$

因此,信息通信运营企业参与成本与拍卖者预期收益的关系可以表述为:在无线电频谱拍卖过程中,信息通信运营企业的参与成本越高(低),拍卖者的预期收益越低(高)。

二 潜在信息通信运营企业数量对拍卖者预期收益的影响

在拍卖机制设计过程中,拍卖者为了增加拍卖收益,通过各种营销措施激励竞拍者参与拍卖过程。原因有以下两个方面:一方面,拍卖者认为竞拍者越多,他们的拍卖收益越高;另一方面,参与的竞拍者越多,拍卖交易竞争越充分,更能够推动拍卖交易市场公平公开地发展。事实上,随着竞拍者数量的增加,竞拍者参与成本也随之增加,拍卖终止报价也因此增加,这又将反作用于潜在竞拍者参与拍卖实操过程,反而降低拍卖者收益。因此,在同步升价拍卖过程中,竞拍者(潜在信息通信运营企业)数量究竟如何影响拍卖者预期收益,受到了拍卖者的关注。为了简化分析,不妨假定竞拍者参与成本 c 为常数,竞拍者数量 n 为连续变量,那么拍卖者收益对竞拍者数量的一阶导数为

$$\frac{d(\pi_1)}{d(n)} = \int_{v_p(n)}^{\bar{v}} x\{1-F(x)\}[F(x)]^{n-2}[2n-1+(n^2-n)\ln[F(x)]\}f(x)dx$$
$$-\frac{nc\{1-F[v_p(n)]v_p(n)f[v_p(n)]\ln[v_p(n)/c]\}}{F[v_p(n)]+(n-1)v_p(n)f[v_p(n)]}$$

$$(8.17)$$

因此,从上述数学表达式中可以得到:拍卖者的预期收益随着潜在信息通信运营企业数的增加有可能增加,但也有可能减少,这完全取决于信息通信运营企业分布类型和竞拍准备成本。

三 信息通信运营企业垄断对拍卖者预期收益的影响

与第一价格密封拍卖和第二价格密封拍卖不同,同步升价拍卖方式涉及多家潜在信息通信运营企业对多个无线电频谱牌照进行多轮竞价博弈。每家信息通信运营企业均可以对多个无线电频谱牌照进行多轮竞价,具体竞价拍卖过程比第一价格密封拍卖、第二价格密封拍卖更加复杂化、动态化。在同步升价拍卖实践中,参与竞拍的多家信息通信运营企业的实力并不完全相同,比如目前在位的信息通信运营企业已具有基础网络、稳定的移动用户等优势。因此,在位的信息通

信运营企业具有较强的实力，不妨称为"强势竞拍者"。拍卖者，如有关政府部门或行业机构，为了无线电频谱拍卖交易市场更加高效，提高拍卖收益，会采取激励措施，吸引更多潜在的信息通信技术企业参与竞拍过程。与在位信息通信运营企业相比，潜在的信息通信技术企业需要投入大量资金培育客户，属于"劣势竞拍者"。因此，拍卖机制设计最为重要的问题就是：竞拍者垄断如何影响拍卖者收益。为了直观地观测二者的关系，下文将通过拍卖实验仿真对其进行详细分析讨论。

1. 仿真实验假设

关于无线短距离频段(如 2.4GHz)通过同步升价拍卖方式进行交易分配，首先将无线短距离频段划分为 $N=100$ 块无线电频谱牌照，有 $M=10$ 家信息通信运营企业(竞拍者)参加竞拍。假设 M 家竞拍者中，强势竞拍者和弱势竞拍者数量分别为 L 和 $M-L$。

顾名思义，强势竞拍者本身已具有雄厚的通信运营能力，对无线电频谱牌照的估价较高。每家信息通信运营企业对这 $N=100$ 块无线电频谱牌照的价值都有自己的估价。假定 L 家强势竞拍者对无线电频谱牌照价值的估计，是随机地从区间 [350, 800] 中以某种随机分布的方式生成。

假设 $M-L$ 家弱势竞拍者对无线电频谱牌照的估价是随机地从区间 [100, 500] 中以某种随机分布的方式生成。最后，假设竞拍者垄断标准为 S，$0<S<1$，垄断标准 S 为连续的变量。

无线短距离频段的拍卖实践中，潜在竞拍者之间竞争更接近于非合作博弈情况，他们追求各自收益最大化。坦率报价是竞拍者理性(合理)的竞价策略，他们在竞价过程中追求单位支付成本效益最大化的目标。换言之，竞拍者在每轮拍卖过程均将对估价较高的无线电频谱牌照进行竞价。

2. 仿真实验步骤

无线电频谱牌照同步升价拍卖方式下，为了直观呈现信息通信运营企业垄断对拍卖者预期收益的影响关系，借助 Matlab7.0 进行仿真实验，主要分为五个步骤：

(1)首先，参考前人研究，选择均匀分布和正态分布，分别从区间 [100, 500] 中产生 $M-L$ 家弱势竞拍者对 $N=100$ 块无线电频谱牌照的估价，一共有 $(M-L)N$ 个估价数值；从区间 [350, 800] 中随机产生 L 家强势竞拍者对 $N=100$ 块无线电频谱牌照的估价，一共有 LN 个估价数值。

(2)然后，竞拍结束后，每个竞拍者获得的无线电频谱牌照比例要小于垄断标准 S，$0<S<1$。实验仿真过程中，对于垄断标准 S 的取值，按照 0.01 的步长从 $S=1$ 减少为 $S=0.11$，这样一共选择了 90 个值。

(3)其次，根据上一步骤中选取的 90 个 S，实验仿真拍卖 20 次，并统计相对应的拍卖结果。对于每个选定的垄断标准，模拟 20 次拍卖，计算每次无线电频谱牌照拍卖收益及竞拍者分配的基尼系数。

(4)再次，对实验模拟拍卖的结果进行数据处理和分析讨论。求出与不同的 S 值相对应的 20 次无线电频谱牌照拍卖收益及其分配基尼系数的均值和标准差。根据垄断标准 S 的取值，可以得到 90 组关于拍卖收益和分配基尼系数的数据。

(5)最后，通过控制强势竞拍者的数量多少，强势竞拍者数量 L 分别取 1，2，3，4，重复以上拍卖实验过程。

3.仿真实验结果与讨论

根据上述仿真拍卖模拟结果，如图 8-1 和图 8-2 所示。图 8-1 表示竞拍者估价服从均匀分布情况下的拍卖结果；图 8-2 为竞拍者估价服从正态分布情况下的拍卖结果。

拍卖收益与垄断标准的关系如图 8-1 和图 8-2 所示(分别对应均匀分布和正态分布)，当强势竞拍者仅有一家信息通信运营企业时，不管竞拍者估价服从均匀分布还是正态分布，拍卖者的拍卖收益随着垄断标准的变动并未呈现显著的变动，换言之，反垄断约束对拍卖者收益并没有显著性的影响。

图 8-1 直观地显示，当强势竞拍者数量不止一家，假若强势竞拍者数量 $L=3$，垄断标准 S 从 1 降低至 0.3，拍卖者收益基本保持不变。然而，当垄断标准 S 从 0.3 降低至 0 时，拍卖者的收益发生了突变，急剧减少。这表明，当强势竞拍者数量大于一家时，垄断标准 S 对拍卖收益的影响存在着临界值，一旦降低至这个临界值，拍卖者的收益将急剧减少。

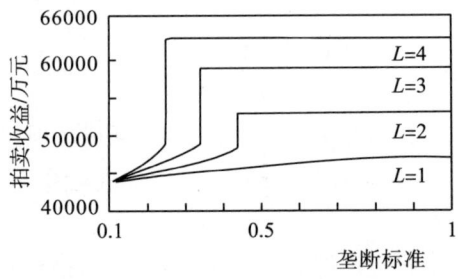

图 8-1 拍卖收益与垄断标准的关系(均匀分布、L 变化时)

从图 8-1 和图 8-2 中可以看出，随着强势竞拍者数量增加，拍卖者收益也随着增加。同时，拍卖者的收益发生突变时对应的垄断标准也随着强势竞拍者数量的增加而降低，而且在这个垄断标准临界值附近的拍卖者收益变化幅度越大。

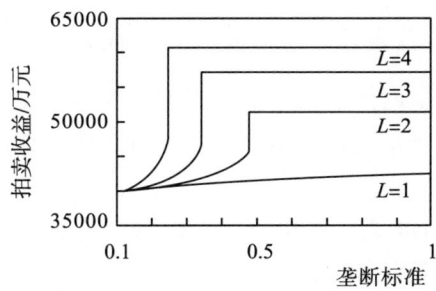

图 8-2　拍卖收益与垄断标准的关系（正态分布、L 变化时）

第三节　无线电频谱同步升价拍卖机制分析与讨论

一　无线电频谱同步升价的最优机制

不妨让 Δ 表示所有能满足数量约束的确定性分配集合：

$$\Delta = \{(x_1, x_2, \cdots, x_N)\} \tag{8.18}$$

使得对存在的 j 和 k，满足

$$x_j^1 = 1$$
$$x_k^2 = 1$$

并且

$$\forall i \neq j, x_i^{\;1} = 0$$
$$\forall i \neq k, x_i^{\;2} = 0$$

我们把此时的集合 Δ 称为可行的分配集。那么拍卖者就是要在此集合中选择一组最优的分配 $(x_1{}^*, x_2{}^*, \cdots, x_N{}^*)$，使得拍卖者的收益最大，即

$$(x_1{}^*, x_2{}^*, \cdots, x_N{}^*) \in \arg\max_{\Delta} \sum_{i=1}^{N} [\mathrm{MR}_i^1(\theta_i)x_i^1 + \mathrm{MR}_i^2(\theta_i)x_i^2 + \mathrm{MR}_i^c(\theta_i)x_i^1 x_i^2] \tag{8.19}$$

找到这个最优的分配不是困难，利用计算机，拍卖者只需要对 $(N+1)^M$ 种可能的分配分别计算优化问题（W）目标函数的值，从中找出最大的即可。此时需要研究的是以下问题。

从这个分配机制中可以得出，使得拍卖者收益最大化的分配不一定是有效的，这与单牌照拍卖中信息通信运营企业的类型分布不对称的情况是类似的。可以看出，最优的分配机制是将牌照分配给边际收益最高的信息通信运营企业，但边际收益最高的信息通信运营企业，其估值不一定最高，所以，此分配不一定是有效的。有三个因素会导致有最高估值的信息通信运营企业没有竞拍到牌照：

(1)虽然信息通信运营企业 i 的估值 $v_i(\theta_i)$ 很高,但 $\frac{1-F_i(\theta_i)}{f_i(\theta_i)}$ 的值非常大,这种情况可能发生在信息通信运营企业的类型分布有极端的情况下;

(2)$[v_i(\theta_i)]'$ 的值非常大,即信息通信运营企业的估值随类型的变化而改变得很快;

(3)$[c_i(\theta_i)]'$ 的值非常大,即信息通信运营企业认为物品间的互补性会随自身风险类型的变化而改变得非常快。

从后面两种情况中不难看出,信息通信运营企业有很高的积极性去谎报自己的偏好,从而让拍卖者感觉他们有很高的边际收益。而拍卖者为了"激励"信息通信运营企业揭示真实的信息,必然会扭曲分配的有效性。

现在的任务是解决激励相容性和自愿参与问题,为了保证这些约束被满足,需要具体化一个合适的支付规则,在做这些以前先证明以下的定理是有帮助的。

【定理3】(分配单调性)如果一个信息通信运营企业报告自己的类型为 $\widetilde{\theta_i}$ 时能够赢得牌照,那么当他报告任何比 $\widetilde{\theta_i}$ 风险偏好高的类型时,也能赢得牌照;如果运营商报告自己的类型为 $\widetilde{\theta_i}$ 时没有赢得牌照,那么当他报告比 $\widetilde{\theta_i}$ 风险偏好低的任何类型时,也不可能赢得牌照。

证明:

(1)假设信息通信运营企业 i 通过报告自己的类型为 $\widetilde{\theta_i}$ 赢得一张牌照,不失一般性的设为牌照1,并假设另一张牌照2被信息通信运营企业 j 得到,那么一定有

$$\mathrm{MR}_i^1(\widetilde{\theta_i}) \geqslant \mathrm{MR}_k^1(\theta_k)$$

并且下式成立:

$$\mathrm{MR}_i^1(\widetilde{\theta_i}) + \mathrm{MR}_j^2(\theta_j)$$
$$= \max_{x_k^1, x_k^2} \sum_{k=1}^N [\mathrm{MR}_k^1(\theta_k)x_k^1 + \mathrm{MR}_k^2(\theta_k)x_k^2 + \mathrm{MR}_k^c(\theta_k)x_k^1 x_k^2]$$
$$\geqslant \max_{\substack{x_k^1, x_k^2 \\ s.t. x_i^1 = x_i^2 = 0}} \sum_{k=1}^N [\mathrm{MR}_k^1(\theta_k)x_k^1 + \mathrm{MR}_k^2(\theta_k)x_k^2 + \mathrm{MR}_k^c(\theta_k)x_k^1 x_k^2]$$

不等式右边的项表示当信息通信运营企业 i 没有购买到牌照时,拍卖者所能获得的最大边际收益。既然 $\mathrm{MR}_i^1(\theta_i)$ 是 θ_i 的增函数,那么对所有的 $\theta_i > \widetilde{\theta_i}$,有下式成立:

$$\mathrm{MR}_i^1(\theta_i) + \mathrm{MR}_j^2(\theta_j) > \max\{R_\theta | 竞拍者 i 没有购得任何牌照\}$$

这说明,当信息通信运营企业 i 报告 $\theta_i > \widetilde{\theta_i}$,而拍卖者不分配给信息通信运

营企业 i 牌照时拍卖者所能获得的最大收益，比至少分配一张牌照给该信息通信运营企业时所获得的收益小，既然这样，显然，理性的拍卖者不会让信息通信运营企业一张牌照都得不到。因此，信息通信运营企业把自己的风险偏好虚报高不会改变牌照的购买情况。

（2）假设信息通信运营企业 i 通过虚报自己的风险偏好类型为 $\tilde{\theta}_i$ 而赢得两张牌照（本例中的全部牌照），那么一定存在以下情况：

$$\mathrm{MR}_i^1(\tilde{\theta}_i) + \mathrm{MR}_i^2(\tilde{\theta}_i) + \mathrm{MR}_i^c(\tilde{\theta}_i)$$
$$= \max_{\{x_k^1, x_k^2\}} \sum_{k=1}^{N} \mathrm{MR}_k^1(\theta_i) x_k^1 + \mathrm{MR}_k^2(\theta_i) x_k^2 + \mathrm{MR}_k^c(\theta_k) x_k^1 x_k^2$$

等式左边的三个边际收益都是 $\tilde{\theta}_i$ 的增函数，因此对于任何的 $\theta_i \geqslant \tilde{\theta}_i$，（5）式都成立，即将两张牌照都分配给信息通信运营企业 i，拍卖者的收益仍然将最大化。

因此，信息通信运营企业无法通过虚报自己的风险偏好类型来改变竞拍的牌照情况。

二　无线电频谱同步升价拍卖机制优缺点

1. 优点分析

同步升价拍卖更利于产生竞争性价格，提高拍卖透明度。同步升价拍卖方式具有两个重要的优势。第一个优势是竞拍者策略的简单性，考虑私人价值的情形，也就是每个竞拍者完全知道牌照对自己的价值，而且这些价值与谁以什么价格赢得那张牌照无关。假设报价是无成本的，而且在每个时刻，每个竞拍者都认为没有人愿意继续出价的可能性不为零（可以是无限小），从而每轮报价都可能成为最后的报价。在每一轮，竞拍者应当选择假设其报价为最后价格时，使利润最大化的报价。因此，竞拍者的竞价加价幅度永远都不会超过最小加价单位，而且总会选择价格和价值差最大的无线电频谱牌照。

第二个优势是同步升价拍卖方式在竞拍者具有私人价值，且不存在预算约束从而会选择上述策略时，能够产生最优结果。拍卖结束的价格使得每个竞拍者，包括每个未获得无线电频谱牌照的竞拍者，恰好愿意购买分配给他们的牌照。因此，在给定价格下，在所有竞拍者之间重新分配牌照不能增加任何竞拍者的剩余。由于价格只是在买卖双方之间的一种转移，买卖双方的总剩余也不能通过牌照的重新配置和改变价格而增加。因此，即使最终价格是不同的，拍卖的结果也必然最大化所有赢家的价值。

2. 缺点分析

同步升价拍卖在具体实践过程中，可能持续几十轮，甚至上百轮竞价博弈方可结束。一定程度上，同步升价拍卖使得竞拍者可以利用拍卖前几轮的竞价，向其他竞拍者发送"合谋"及如何划分合谋利得等信号。此外，竞拍者还可以利用拍卖后几轮来惩罚不合作的竞拍者。最后，同步升价拍卖同时还会阻挠进入。这是因为潜在的弱势竞拍者知道强势竞拍者总能从价格上胜过自己，从而根本不进入。

第九章 我国无线电频谱拍卖实施建议

无线电频谱是一种具有商品价值的特殊资源，既然具有商品特征，就应该遵从市场的价格规律。在我国供求关系是一对一的买方市场情况下，无线电频谱资源的价值没有得到应有的体现。因此，为促进通信产业健康发展，提高我国通信运营商的国际竞争能力，无线电管理部门需要吸取和借鉴国外的经验、教训，积极寻找一条适合中国国情的无线电频谱管理市场化之路。采取拍卖等市场化手段来管理无线电频谱，将有利于通信运营市场的开放与竞争机制的引入。但是也要看到当前无线电管理工作中间还存在着一些深层次的矛盾和问题，如法制建设仍相对滞后、执法力度不够、管理手段落后、干扰屡禁不绝、政府监管职能薄弱等，有待在今后的工作中不断改进。另外，一种新型的管理方式——无线电频谱拍卖的出现，必须权衡各个方面，下面将从无线电频谱拍卖相关的无线电管制、试点交易、竞拍者、法律法规、拍卖频段等方面为我国无线电频谱拍卖的顺利实施提出相应的建议。

第一节 无线电频谱管制的建议

《中国无线电管理条例》颁布实施以来，我国无线电事业的发展取得了辉煌的成就。进入新世纪，无线电管理工作面临着新的机遇和挑战。全国无线电管理部门的广大干部职工要深入学习十八大精神，增强使命感、责任感和紧迫感，继往开来，与时俱进，认真研究和把握信息产业的发展趋势，总结无线电管理工作的内在规律，借鉴吸收国外先进的管理经验，为国家管好无线电频谱资源，推动我国无线电事业取得新的更大的发展。在当前形势下，建议无线电管理工作要认真研究和解决以下几个问题。

一 加强法制建设，理顺管理体制

《无线电管理条例》颁布以来，在执行过程中逐渐暴露出处罚力度不够、部分条款已不能适应形势发展的需要等一些不足，一些违法违规问题得不到彻底解决，给我国的无线电管理工作带来了许多困难。因而，借鉴国外经验，制定一部效力更高、覆盖面更广的无线电管理法律是非常必要的。同时，无线电波的传播不受行政区划制约，客观上要求无线电频谱必须实行统一规划、统一管理，无线电管理必须相应地实行集中统一领导的管理体制，并进一步理顺无线电管理体制。

二 加强无线电频谱规划的前瞻性研究

目前，我国无线电频谱规划研究相对滞后，对无线电频谱资源的动态管理机制尚未真正建立起来。必须面向未来，加强研究，全面提高无线电频谱管理工作的科学性、预见性和前瞻性，科学规划、合理开发有限的无线电频谱资源。

三 深化对现行无线电频谱分配方式的改革

对无线电频谱资源的分配要逐步由以行政手段为主向以经济手段为主的方向转变，我国已在这一方面进行了有益的探索和尝试。下一步，要继续大胆采用评选（招标）、拍卖等手段进行无线电频谱分配，充分发挥市场在无线电频谱资源配置中的基础作用。

四 加快无线电频谱管理技术设施的建设

与发达国家相比，我国无线电频谱的管理手段仍然比较落后，难以有效进行日常管理和查处日益频繁的有害干扰。必须进一步加快技术设施建设步伐，为无线电频谱管理工作提供有力的保障。

五 创建无线电频谱指配的公共联机数据库

以市场机制分配无线电频谱为通信运营商进入市场提供了便利，使具有发展前景的无线电业务的种类和数量大大增加，也引发了更加严峻的电磁兼容问题。无线电频谱管理机构必须认真权衡准许新业务进入市场与系统相互干扰程度加剧之间的利弊，为此需借助联机数据库在信息管理方面的强大功能。数据库能够详细登记设备名称、型号、工作频率、发射功率、占用带宽及业务使用的核心技术、开设位置等信息，方便数据导入、导出，易于操作和维护。同时，无线电频谱管理部门还应与无线电产业界联合起来，为明确电磁频谱干扰等级制订通用的技术标准。

第二节　拍卖法律法规的建议

目前，我国《无线电管理条例》中只规定了一种无线电频谱资源的分配方式，即行政审批。2000 年 9 月 20 日颁布施行的《中华人民共和国电信条例》第 29 条明确规定，对电信资源的分配可以采用指配和拍卖的方式。这是国家在电信资源（含无线电频谱资源）的分配中首次引入市场竞争机制，也标志着国家对无线电频谱有偿出让的相关法规渐趋明确。随着该方式的逐步推广，亟待国家法律对除指配、拍卖之外的其他分配方式进行进一步规范。此外，由于通信运营商在取得无线电频谱使用权后也随即得到了一定意义上的处分权，如何保证无线电频谱的任何用途符合国家无线电频谱规划，如何使通信运营商在一定权限内行使无线电频谱处分权，解决这些问题都需要行政立法机关依据我国的国情，加紧相关法规的制定。

一　对修订法律的建议

鉴于当前全球无线电频谱资源管理市场化的发展趋势，以及我国社会主义市场经济深入推进的历史潮流，无线电频谱管理机构需要积极研究和探索在无线电频谱分配中市场机制的引入课题。而如果未来进行无线电频谱资源分配方式的改革，则需要提前考虑制定相应的法律法规，这也需要在修订《中华人民共和国无线电管理条例》、起草《电信法》时予以考虑。

从目前我国的实际情况来看，无线电频谱交易与我国现有频率使用方式的管理、使用、协调间都存在着矛盾的关系。不同无线电业务与应用的发展情况不同，且分属不同的部门，统一协调具有较大难度。而如果我国要实现无线电频谱交易，需要我国统一管理与协调无线电频谱的使用，这样才能使无线电频谱得到更好的规划，也才能更好地推动无线电频谱交易的实施。

国外同样在推动无线电频谱交易时出现过类似的协调无线电频谱的问题，其最终的解决办法即是机构改革，提高国家无线电机构对于无线电频谱的管理权限。国外的无线电频谱管理机构如美国的 FCC、英国的 Ofcom、韩国的 KCC、印度电信管制局、我国香港地区的 OFCA 都曾进行机构重组，大多数都兼并了以前比较繁杂的无线电管理机构的设置，比如香港以前的无线电管理机构是 OFTA，2012 年 4 月同广播事务管理局合并为 OFCA，为的就是能够更好地处理广播频谱与其他无线电业务的频谱的规划和使用。

所以如果要更好地分配无线电频谱资源，让无线电频谱资源为国家的发展作出最大的贡献，势必需要提升国家无线电频谱管理部门的地位和作用，简化无线电频谱管理的次级机构设置，以此改革现有无线电频谱使用管理方式中束缚无线电频谱交易的因素，在保障各个无线电业务对无线电频谱的需求下，同时优化各个无线电业务所需无线电频谱的比例，使频谱管理更加灵活、高效，这样才能更好地推动国家无线电产业的发展。

虽然目前各个地方的无线电管理条例中逐渐写入新的分配模式的内容，而国家对于无线电管理最高的法规《中华人民共和国无线电管理条例》中并没有提到可以使用拍卖、招标的内容，所以如果要从国家的层面上进行一些较大的拍卖和招标，例如对个人通信频段的拍卖，必须先对《中华人民共和国无线电管理条例》的相应内容进行修订。

据调研，我国新版的无线电管理条例改版工作已经进行了数年，已经过了几十个版本的修改。但是，由于无线电频谱涉及的相关部门过于广泛，包括了军队无线电管理部门、工业和信息化部无线电管理局、国家广电部门等，各方的意见未能达成统一，故改版的无线电管理条例迟迟未能出台。

这里建议在修订无线电管理条例中加入以下内容。

（1）无线电频谱可以通过行政审批方式分配，也可以通过市场化分配机制即频谱交易分配。

（2）行政审批方式分配的无线电频谱不得以任何形式进行转让、租赁，交易方式分配的无线电频谱可以在得到无线电管理机构的批注后，在有关部门的监督下进行转让、租赁。

（3）交易方式分配的无线电频谱牌照的年限不再限制在10年以内，但不超过20年。

（4）交易方式分配的无线电频谱牌照年限到期之后，由无线电管理部门决定是否回收该频谱，或以收取频谱占用费的形式延长无线电频谱牌照。对于要回收的无线电频谱，需要提前通知频谱使用方，以减少因退频带来的损失。

（5）通过交易方式分配无线电频谱时，需对参与交易的电信运营商的资格进行审查，资格不合格的不得参与交易。

（6）通过交易方式分配无线电频谱时，要求电信运营商对未来提供的服务进行承诺，未达到该承诺的要予以警告，经多次警告后未履行承诺的，要回收该频谱并不退回缴纳的交易金额。

（7）制定交易管制政策，授予各类许可证中的频谱使用权利和可转移的权利。

（8）修订一些许可证条款，明确在什么情况下无线电管理部门可以收回许可证。

（9）明确无线电管理部门在各种情况下需要作出哪些申明。

（10）建立频谱移交程序，但是要在国家最高级别的无线电管理部门同意交易的情况下。

(11)对交易方式达成的结果进行评估,以确定其是否会影响无线电频谱的正确使用,或者是否会产生难以估计的不良影响。

二 对无线电管理机构对于频谱管理权限的建议

我国无线电频谱资源属于国家所有,如果进行无线电频谱拍卖,全国性的频谱牌照可以由国家无线电管理局作为出让方,授权、委托某些具有国家认证资历的第三方交易承载机构代国家无线电管理局来出让某段全国性的无线电频段。然而,由于我国地域广阔,另外,一旦充分引入市场竞争机制,将会打破现在三家运营商垄断的局面,越来越多的民营资本会跻身无线电通信行业。对于大多数可能进入的民营企业来说,他们的实力远远不如已占垄断地位的通信运营商大,没有充足的资金和网络力量来经营一个全国性的牌照,就像美国无线电频谱拍卖一样,许多地区性的无线电运营企业只会竞拍他们经营范围内的区域性牌照。

这样一来,对于全国性牌照的拍卖意义就变得非常局限了,因而建议国家无线电管理局在保留现有全国性牌照的前提条件下,尽量根据地区分拨出多个以省市为单位的地域性频谱牌照,同时,对于已经分列的各个地域性频谱牌照,国家无线电管理局应该将这些牌照的权限下放到相应的省、市、地区,这样可以保证地区无线电频谱拍卖活动能够更灵活、便捷地进行,从而达到预期的目标。

第三节 无线电频谱试点交易的建议

一 对交易承载机构的建议

无线电频谱牌照的年限一般较长(一般为 10~15 年),地方无线电管理机构对于无线电频谱资源的管辖范围有限,以及电信业投入产出循环周期较长等多种原因,导致交易的频率不会太高。以美国为例,1994 年至今共举行了 93 次无线电频谱拍卖,平均每年举行的拍卖次数为 5~6 次。且我国在试验市场化频谱资源时并不能大规模地开展频谱交易,所以频率会更低,预计每 3~5 年一次。国外一般会在无线电管理机构内部建立与频谱交易相关的事业部门,专门负责制定交易流程、交易规则以及其他法律、经济相关的事宜,但考虑到我国目前情况,从经济的角度以及效率的角度来看都不宜单独建立有关的部门或机构。

这里对交易承载机构有以下建议:

(1)从国家到地方的无线电频谱资源交易,可以委托有资质的代理交易机构进行,如国家对 3.5 GHz 频率招标时曾委托国信招标集团进行;

(2)无线电频谱管理机构需全程监督交易的实施;

(3)无线电频谱交易频率较高时,可以考虑建立独立的管理处室负责相关事宜;

(4)时机成熟时可采取线上交易,即通过互联网开展交易。

根据前文的研究可以发现,在我国进行无线电频谱拍卖是切实可行的,而且能够给国家带来巨大的财政收入并促进电信行业竞争格局的形成。考虑到我国目前频段划分和分配的现实情况,很难将已经分配给三大运营商的通信频段拿来进行拍卖。恰逢现阶段我国对于 5.8 GHz 无线电频谱还未进行有效分配,虽然该频段的主要功能不是提供个人通信服务,但是在某种程度上,也可以作为无线电频谱拍卖的试点频段。

通过分析包括美国、欧盟、香港等多个国家和地区的无线电频谱拍卖案例,在充分分析了其拍卖交易流程相关拍卖经验后,再根据我国现行的《中华人民共和国无线电频谱资源管理法》、《中华人民共和国国有资源使用权出让和转让暂行条例》等有关规定,我国可对 2.4 GHz 无线短距离的无线电频谱进行拍卖。

二 对试点交易规模的建议

由于我国在无线电频谱交易上几乎没有经验,之前进行的 3.5 GHz 招标从实质上也并没有完全体现市场化的机制,所以在没有经验时的任何实验性的交易都要谨慎地实施。必须从交易规模上进行控制,保障国家无线电频谱资源的利用效率。

这里对试点交易规模有以下建议:

(1)对于实验性的交易在规模上不宜过大,不宜拿出一些极其重要的频段如全国性的公众移动通信频谱进行试点;

(2)试点的频谱牌照的时间不宜过长,5 年比较适宜,待成熟后可逐步扩大到 10~15 年;

(3)试点交易可先控制在市级范围内进行,等各方面条件都成熟后,再逐步推广到全国。

三 严格规定运营商交易权限

运营商有偿取得无线电频谱使用权后,也相应地获得了利用这一权力进行入股、合资、合作,以及在规定条件下转让使用权的机会,这样就形成了无线电频谱使用权交易的二级市场。目前,无线电频谱分配正由行政主导向市场主导过渡,除国家无线电管理机构的监管作用外,还应增强市场自身的管控力度。一方面，应确立并完善国家相关规定，严格限定运营商使用频谱的处分权范围，规定单一运营商可以拥有的频带数量。另一方面，可以设立专门的交易所，为无线电频谱使用权交易创造条件。交易所作为无线电频谱使用权转让的组织者，不参加使用权的交易和价格的决定，只是为交易双方提供服务，并履行监管职责。

第四节　无线电频谱拍卖竞拍者的建议

一、对国外电信运营商进入的建议

对于拍卖、招标等无线电频谱分配的新模式来说，其开展的先决条件就是对于无线电频谱牌照的竞争激烈。例如对于未来第五代移动通信有3张频段牌照，若在潜在买家也只有3家运营商的情况下，拍卖和招标的效率并不会比行政审批高。

目前中国只有三家基础电信运营商，数量较少，且都属于国资委下属企业。从国外电信市场的繁荣程度来讲，我国目前的电信运营业还不算太发达，若采用招标、拍卖等方式分配无线电频谱，不仅缺乏竞争，且容易产生合谋等现象的出现。

按照《中国电信管理条例》、《外商投资电信企业管理规定》以及中国加入WTO时的承诺，国外的企业可以最高参股中国的电信运营企业49％的股权，但目前我国正处于计划经济向市场经济转型的时期，而电信行业由于其对于国民经济、基础安全等都有其一定的特殊性，国家目前并没有像国外一样完全开放电信市场，所以国内运营商的外来投资占比很低。其次，由于中国地域广大的地理条件，在移动通信领域，如果要由外商独立投资，则需要巨额的一次性投入，对于国外运营商来说，收回高额的前期投资成本的周期也过长，这也是没有国外运营商进入中国的移动通信市场的原因之一。

所以，只有当中国出现更多电信运营商，且对频段的需求超过规划的频段时，使用拍卖、招标等新模式才能发挥其引导公平的市场竞争，促进对无线电频谱高效利用的作用。

这里对国外电信运营商的进入有以下建议：

（1）逐步取消国外电信运营商进入；

（2）对国外电信运营商可以采取同汽车行业相同的合资形式，既保证国内运营商的利益，又可以引进国外在电信运营中先进的理念，并促进我国电信市场的繁荣；

（3）在沿海城市等经济发达区域试点国外运营商进入。

二 对运营商的技术限制问题的建议

我国目前为了防止市场垄断、促进公平竞争和保护国家的具有自主知识产权的技术，对我国三家电信运营商发放了三张不同的 3G 牌照，即中国移动运营 TD-SCDMA 网络，中国联通运营 WCDMA 网络，中国电信运营 CDMA2000 网络。由于各种通信技术发展的情况参差不齐，如果要在规定使用技术的情况下进行拍卖，必定会产生在某些牌照上争夺激烈，而某些牌照却没有竞拍者的情况出现，这样就会造成无线电频谱资源的浪费。

国外在进行无线电频谱拍卖时一般采用"技术中立"的方式，即对于拍卖的无线电频谱不限制将来使用的技术，只需保证该技术对 FDD 频段和 TDD 频段的适用性，以及保证不对其他业务产生有害干扰即可。在这种条件下才能更加有效地引导各个运营商进行公平的、良性的竞争，而不产生对无线电频谱的浪费。

这里对运营商技术限制问题有以下建议：

（1）当不同的移动通信技术发展都较成熟后，逐步取消对运营商的技术限制，允许各运营商公平自由地选择各种无线电技术；

（2）对于国家特别保护的技术，在无线电频谱交易时可以给予该技术一定的优惠条件。

第五节　无线电频谱拍卖频段的建议

一 对选取合适拍卖频段的建议

无线电频谱是一种宝贵的资源，但由于它看不见、摸不着，一开始并没有得到人们足够的重视，但是随着人们对无线电通信需求的暴增，以及移动通信、卫星通信等通信技术的发展，无线电频谱才慢慢被人们重视。因为频率的高低、多少直接影响到覆盖、容量、质量等一系列问题，最终体现为设备研发的成本和收益，越来越多的设备制造商、运营商等相关产业链上的各个部门开始关注和研究无线电频谱。

例如，之所以 WiMax 不能进入中国市场，并不是其技术本身有缺点，而是其跟中国的 TD-SCDMA 产生了竞争，其竞争焦点不是在业务上（WCDMA、CDMA2000 都能完成 TD-SCDMA 的各项功能业务），而是在频率上，因为在 ITU-R 上全球频率的分配是按照 TDD 和 FDD 两种双工模式进行的，而 TD-SCDMA 和 WiMax 都是 TDD 模式的，因此它们会同时在全球 TDD 的统一频率上进行工作,这便和 TD-SCDMA 产生了竞争,也就是说 TD-SCDMA 和 WiMax 的竞争就是无线电频谱资源的竞争。也正是因此,中国在国际[ITU、第三代合作伙伴计划(3rd Generation Partnership Project,3GPP)]会议上一直和 WiMax 站在对立面。

所以如果我国要开展无线电频谱拍卖,则必须根据我国现有技术标准和业务提供相应的可用频段。另外,无线电频谱拍卖不仅是针对还未使用的空闲频谱资源,对于使用率较低的无线电频谱,无线电管理部门也需要进行重新分配。在市场化的管理方式下,频率一旦闲置就会被重新分配,并且通过市场找到最佳用途。无线电频谱交易和无线电频谱自由化使无线电频谱资源得以再分配,增加了可用的无线电频谱资源。

二 对拍卖无线电频谱的业务种类的建议

由于无线电频谱除了用于公众通信之外还广泛用于政府、军队等的相关通信应用中以保障国家安全、稳定,所以并非所有无线电频谱都适合交易。以英国对无线电频谱的拍卖为例,国防、卫星、水上、空间、应急、科学等多种频谱都不能开展无线电频谱交易,这些频谱占所有无线电频谱的 71%,而用于广播、商用(例如集群业务等)、移动通信等其他可以用交易方式分配的频谱只占到所有无线电频谱的 29%。所以如果要开展无线电频谱交易,其范围可以参照国外限定在移动通信频谱、宽带无线接入频谱、广播频谱等商用频谱中开展,而用于公益、政府、国防的频谱不宜拿来交易。

纵观目前我国无线电频谱的使用状况,广播频谱目前尚属于广电无线电管理部门规划使用范围,且该业务在中国并没有完全开放商用,不宜采用交易方式分配。而若要开展无线电频谱交易试点,移动通信频谱关系到后期运营商的巨额投入,在无线电频谱交易制度成熟之前,也不宜采用交易模式,以防因交易失败带来后期大规模的投资失败。由此看来,宽带无线接入频谱为目前最适宜开展频谱交易试点的频谱。

三 对无线电频谱退出、回收机制的建议

可以预见的是,未来无线电频谱交易的重点频段将是特高频频段,即 300 MHz~3 GHz 频段,该频段比其他频段更适合于移动通信以及广播业务使用。但是目前 3 GHz 以下频段很少有未分配的频段,所以一旦涉及频谱交易,将不可避免地进行大量的清频工作,然后才能顺利地开展频谱交易。但是,从以往的经验来看,清频工作往往非常困难,且效率低下,耗时也较长。以小灵通的清频工作

为例,根据工业和信息化部于2009年1月下发的通知,为配合国家对3G的整体推进部署,支持具有中国知识产权的移动3G网络技术的发展和应用,2011年年底前要完成1900～1920 MHz频段(即小灵通频段)的清频工作。但是截至2012年5月,尚有1500万小灵通用户。且考虑到小灵通所使用的频率之前并没有正式划分给小灵通使用,所以如果涉及已划分频谱的清频难度将会更大。

另外,随着我国对于无线电频谱的需求日益增加,未来频谱缺口很大,一些技术落后的、频谱利用率低的频段必须尽快回收。而那些技术落后,频谱利用率低的频谱牌照拥有者考虑到自身的投入和频谱的价值,又迟迟不愿将频谱交出,现有的政策对他们诱惑不足,需要频谱补贴回收和诱因拍卖回收来加速对频谱的回收。

所以,为了更好地推动无线电频谱交易,必须制定完善的频谱退出、回收机制,这里建议:

(1)对未来分配的频谱,需向频谱使用者着重阐明使用期满后无线电管理机构可以无条件回收的条款;

(2)对于必定回收的频谱,在回收截止日期前必须提前向频谱使用者发出通知,并对其退频或转网工作提供一定的帮助;

(3)对于已经确定回收的频谱上仍有大量用户存在,并且前期投资较大的业务,可给予当前的频谱使用者在频谱交易中一定的优惠条件,或者也可以选择将用户同前期投资一并纳入交易,交易额的一部分将补贴原来的频谱使用者;

(4)频谱补贴回收和诱因拍卖回收方案制定时应同频谱持有者共同商议具体补贴金额和获得拍卖收入的比例;

(5)频谱管理机构不得单方面强制执行频谱回收;

(6)对国家未来重点规划的频谱在商议失败的情况下,将加大政治力度促进频谱的回收,同时给予现频谱持有者一定的补偿;

(7)严格监管政策的执行,防止频谱管理人员与频谱持有商勾结,损害国家的利益;

(8)回收已开展业务的频谱时,应给予运营商充分的时间用于业务用户转移、技术转型、运营模式转变等,在规定时间内未能释放出频谱的将给予最后时限,时限截止后将不考虑其具体情况,强行回收频谱。

第六节 完善拍卖活动的建议

一 认真做好标的物的评估和公告等前期工作

评估虽然不可能做到十分精确,但仍可提供相当程度的参考,在评估程序上要注意,评估只能由产权所有人去操办,不能图省事而委托拍卖公司代办,而且评估价要注意保密。公告可以利用网络等新媒体扩大广告面,节约公告费用。

二 严把报名关

以往的报名过程容易泄漏竞拍者信息,造成竞拍者事先串通、排挤他人等现象发生。因此,报名时间和看设备时间应合理安排,并在监督部门监督下进行。

三 规范竞价方式

在竞拍者少于特定数量的时候,容易造成围标现象,竞价容易停滞,因此可以考虑由叫价改为背靠背的写价,具体为拍卖师向每位竞拍者发放统一编号的写价单,每轮出价最高的,作为下一轮起始价,直至无人出更高价为止,以最高价为成交价,具体按照相应的拍卖方式而定。拍卖过程中,拍卖师只公布这一轮的最高价,不公布出价人信息,但需经监管人员验证,拍卖结束后,竞拍者有权查阅所有写价单。

四 规范拍卖现场秩序

拍卖秩序的好坏将直接影响到拍卖的效果,因此有必要杜绝拍卖现场混乱和语言上的冲突。应规定每位竞拍者最多只能由一位人员陪同,并且所有竞拍者须按拍卖公司安排好的座位对号入座,安排座位时应注意前后左右间隔。

第七节 其他建议

(1)无线电管理机构要充分研究闲置无线电频谱的频谱特性,结合市场需求,得出在该频谱上最佳的业务。

(2)设计若干套行之有效的拍卖方案,包括以哪种方式拍卖无线电频谱、无线电频谱上的业务要求、无线电频谱起拍价格、无线电频谱的保底价格、无线电频谱牌照的使用年限、无线电频谱上使用的技术要求、拍得频谱后该频谱上开展的业务要达到的普及程度及规模大小等,应特别注意的是同一个区域用于同一业务的无线电频谱不得分配给唯一运营商,以防止业务垄断,从而促进良性市场竞争。

(3)拍卖方案要向包括国家财政部、发展和改革委员会、军委、运营商等的多方相关部门咨询协商,全面修订无线电频谱拍卖方案。

(4)可委托给专业的拍卖机构进行拍卖,但全程应进行严格的监管,防止委托机构进行违规操作。

(5)对有意向参与竞拍的运营商应全面分析决定其是否拥有竞拍的资质,不合格者不得参与拍卖。

(6)拍卖要杜绝竞拍者相互勾结而低价拍得频谱,故要全程监管跟踪每一个竞拍者的拍卖过程。

(7)以特定比例从国家无线电频谱管理机构、工业和信息化部、财政部、发展和改革委员会等抽调人员组成评标委员会,评标工作要公正。

(8)对最高拍出价仍未达到最低估值的无线电频谱进行回收。

(9)对获得无线电频谱后在规定年限内未达到业务要求的运营商进行警告,若经警告整改后仍未达标,将回收该频谱。

(10)拍卖获得的财政收入,部分用于无线电频谱管理工作,部分上缴国库,不得擅自挪用。

第十章 我国无线电频谱牌照拍卖流程设计

第一节 无线电频谱牌照拍卖前期

一 拍卖公告

在公告规定的拍卖起始日，**①无线电频谱频谱资源交易服务中心将拍卖标的的频段高低、频段宽度、使用业务范围、现状、使用年限、规划指标要求、起拍价、增价规则及增价幅度等通过电子显示屏或人民政府公众信息网进行拍卖公布。

1. 出让人及组织实施单位

本次**市**GHz牌照使用权拍卖出让的出让人为**无线电管理局。由**无线电资源交易服务中心作为拍卖人具体组织实施。

2. 出让原则

本次**GHz无线电频谱使用权出让遵循公平、公正、公开和诚实信用原则。

3. 出让无线电频谱的基本情况及规划设计指标

出让无线电频谱的基本情况如表10-1所示。

表10-1 出让无线电频谱的基本情况

标的编号	标的名称	标的位置	出让年限	频段用途	大都市覆盖率
PINPU-1-出让-01	**GHz牌照使用权	—	10年	移动通信	100%

竞拍申请人申请参加竞拍的，视为对拍卖文件及标的现状无异议，该标的的清频工作由竞得人负责，涉及的费用由竞得人承担。

---

① 可根据无线电频谱牌照拍卖的实际情况补充，后文不再赘述。

4. 本次拍卖出让活动有关时间和地点

主要涉及本次拍卖出让活动有关时间和地点等内容。例如：

拍卖时间为10天，具体如下。

(1)拍卖起始时间：＿＿年＿＿月＿＿日＿＿时＿＿分。

(2)拍卖截止时间：＿＿年＿＿月＿＿日＿＿时＿＿分。

(3)接受拍卖报价时间：拍卖期间上午＿＿时＿＿分至＿＿时＿＿分和下午＿＿时＿＿分至＿＿时＿＿分。

(4)拍卖地点：＿＿无线电频谱资源交易服务中心(＿＿联合产权交易所内)。

5. 该无线电频谱的拍卖起拍价、增价幅度

主要涉及本次＊＊GHz无线电频谱拍卖的起拍价、增加幅度。例如：

PINPU-1-出让-01号无线电频谱起拍价为人民币＿＿万元(￥＿＿万元)，增价幅度为人民币＿＿万元(￥＿＿万元)或其整倍数。

6. 竞拍资格、竞拍保证金

(1)竞拍者资格要求。此次试点拍卖的竞拍者必须是中华人民共和国境内外的具有中国电信运营执照的法人单位及境外申请人(法律、法规对申请人有限制的除外)，申请人应当单独申请竞拍。

(2)交纳竞拍保证金。此次试点拍卖的竞拍申请人必须在规定时间前将竞拍保证金以转帐方式一笔汇入指定账户：＊＊无线电频谱资源交易服务中心，开户银行：＊＊银行，账号：＊＊。竞拍保证金须在指定时间内实名到账有效，不接纳代缴或现金方式存入，填写进账单时应在备注栏注明：标的编号、竞拍保证金。例如：

交纳竞拍保证金的截止时间为＿＿年＿＿月＿＿日＿＿时＿＿分。本频段的竞拍保证金为人民币元(大写)＿＿(￥＿＿万元)。

7. 拍卖文件的取得

凡有意参加竞拍的申请人需在规定时间内在＊＊市人民政府公众信息网(信息公告栏目)上下载拍卖文件及其他资料，申请人可以与拍卖人的纸质原件进行核对，但拍卖人及其他相关当事人不得要求申请人留下电话号码，否则视为有恶意串通嫌疑。

本次试点拍卖出让文件，具体包括：

(1)拍卖出让公告；

(2)拍卖出让须知；

(3)竞拍申请书；

(4)标的规划指标要求；

(5)成交确认书；

(6)＊＊市无线电频谱使用权出让合同；

(7)其他相关文件。

8. 竞拍申请的办理

主要涉及**GHz牌照无线电频谱拍卖时竞拍申请的办理程序。例如：

(1)申请人请于___年___月___日至___月___日每日上午___时___分至___时___分，下午___时___分至___时___分，到**无线电频谱频谱资源交易服务中心提交竞拍申请文件(竞拍申请文件格式及资料详见拍卖出让文件)。

(2)交纳竞拍保证金的截止时间为___年___月___日___时___分。

(3)经审核，申请人按规定交纳竞拍保证金，具备申请条件的，拍卖人将在___年___月___日___时___分前确认其竞拍资格，并发放《竞拍资格确认书》。凭《竞拍资格确认书》参与现场竞价。

9. 拍卖时间和地点

主要涉及此次无线电频谱试点拍卖的时间和地点。例如：

本次**市**GHz牌照无线电频谱使用权拍卖活动在**无线电频谱资源交易服务中心(**联合产权交易所内)进行。无线电频谱拍卖时间为：___年___月___日至___月___日每日上午___时___分至___时___分，下午___时___分至___时___分。

10. 其他需要公告的事项

(1)出让无线电频谱展示时间：自公告之日起。展示地点：**市无线电频谱资源交易中心。

申请人可自行或联系**市无线电频谱资源交易服务中心(**市联合产权交易所内)了解频段基本情况。现场联系人：**。联系电话：**。

(2)无线电频谱成交价款中不含契税、建设行政事业性收费、拍卖佣金、交易服务费，上述费用由竞拍者另行缴纳。

(3)依法按程序集体确定底价。最高报价低于底价时不成交。

(4)最后报价(不低于底价)最高者为竞得人。

(5)以该频段按现状出让。

(6)付款方式：无线电频谱成交价款成交后30日内付清；超过缴款期限未付清价款的，视为自动放弃此次拍卖的无线电频谱使用权(即牌照)，不退还竞拍保证金。

(7)出让无线电频谱详细情况、规划设计条件、具体要求等，详见出让文件。

(8)竞得人应对本文件及其附件、附图的相关内容及现场条件进行研究，严格遵守其中的规划要求和设定条件。成交确认后，不得擅自变更规划指标。

11. 联系方式与银行账户

例如下面的内容及格式。

出让人：＊＊市无线电管理局。
拍卖人：＊＊市无线电管理局。
联系地址：＊＊市联合产权交易所无线电频谱交易中心。
联系人：＊＊。
联系电话：＊＊。
开户单位：＊＊市联合产权交易所无线电资源交易服务中心。
开户银行：＊＊。
银行账号：＊＊。

二 竞拍者提交申请并交付保证金

竞拍者在了解此次＊＊GHz频段拍卖的公告后，需要在无线电频谱拍卖开始前提交竞拍申请并且交付一定数额的保证金。例如：

申请人请于____年____月____日至____月____日每日上午____时____分至____时____分，下午____时____分至____时____分，到＊＊市无线电资源交易服务中心提交竞拍申请文件(一式二份并加盖鲜章，核原件)。

申请文件包括但不限于以下资料。

(1) 法人组织申请的，应提交以下文件：

①申请书；

②表明该组织合法存在的文件或有效证明；

③表明该组织负责人身份的有效证明文件；

④申请人委托他人办理的，应提交授权委托书及委托代理人的有效身份证明文件；

⑤竞拍保证金交纳凭证；

⑥规定需要提交的其他文件。

(2) 境外申请人申请的，应提交下列文件：

①申请书；

②申请人委托他人办理的，应提交授权委托书及委托代理人的有效身份证明文件；

③竞拍保证金交纳凭证；

④拍卖文件规定需要提交的其他文件。

上述文件中，申请书必须用中文书写，其他文件可以使用其他语言，但必须附中文译本，所有文件的解释以中文译本为准。

三 竞拍者资格审查

＊＊市无线电频谱资源交易服务中心负责对拍卖出让公告规定的时间内收到的申请进行审查。按规定交纳竞拍保证金、通过资格审查的，方能取得竞拍资格。

经审查，有下列情形之一的，为无效申请：
(1)申请人不具备竞拍资格的；
(2)未按规定交纳竞拍保证金的；
(3)申请文件不齐全或不符合规定的；
(4)委托他人代理，委托文件不齐全或不符合规定的；
(5)法律法规规定的其他情形。

凡属无效申请的，＊＊市无线电频谱资源交易服务中心有权不予核发《竞拍资格确认书》，对已经交纳了竞拍保证金但竞拍申请无效的，竞拍申请人应于拍卖出让活动结束后5个工作日内到＊＊市无线电频谱资源交易服务中心办理竞拍保证金返还手续(不计利息)。

四 确认竞拍者资格

拍卖单位对通过资格审查后的竞拍者进行资格确认，并将其公布于众。例如：

经审查，申请人按规定交纳竞拍保证金、具备申请条件的，我中心将在____年____月____日前发给《竞拍资格确认书》确认其竞拍资格，并通知其参加拍卖活动。

第二节 无线电频谱牌照拍卖过程

在不同拍卖方式下，＊＊GHz牌照拍卖过程也将有所差异，本节针对公开竞价与第一价格密封组合拍卖方式、同步升价拍卖方式以及多属性组合拍卖方式的拍卖过程进行阐述，为政府部门组织＊＊GHz拍卖提供参考。

一 第一价格密封拍卖和第二价格密封拍卖

此次＊＊GHz无线电频谱拍卖可以采用公开竞价与第一价格密封组合拍卖的方式。下面是拍卖流程及规则。公开竞价流程如下(由拍卖主持人主持进行)。

(1)领取现场竞价号牌。取得竞拍者资格的竞拍者无论其拍卖期间是否参与报价,均有现场竞价的权利。

竞拍者应于现场竞价开始前,持《竞拍资格确认书》向＊＊无线电频谱资源交易服务中心领取竞价号牌并登记。

竞价号牌代表竞拍者的资格,竞拍者未能妥善保管其已领取的号牌,致使他人以该号牌报价的,视同领取该号牌的竞拍者报价,并由其承担相应的法律责任。

(2)拍卖主持人宣布现场竞价的起拍价、竞价规则及增价幅度,并宣布现场竞价开始,竞拍者出示竞价号牌。

(3)竞拍者以举牌方式应价,也可以口头报价。竞价规则如下:

①竞拍者必须服从主持人的裁判。

②若在拍卖时间内无人报价的,现场竞价的起叫价为该标的拍卖起始价;若在拍卖时间内已有竞拍者报价的,现场竞价的起叫价为拍卖活动截止时最高报价增加一个加价幅度后的价格。

③主持人有权依照现场竞价情况自主调整竞价阶梯。

④竞价过程中,同一价格多人应价的,主持人按举牌时间先后确定先报价者为目前报价并予以接受。

⑤竞拍者以举牌方式应价,也可以口头方式报价。竞拍者以口头方式报价的,口头报价须高出当前最高应价一个以上竞价阶梯,并得到主持人的确认,否则其报价不予接受。

⑥经主持人宣布应价竞拍者只有两个时转入第一价格密封拍卖阶段。

⑦此阶段竞拍者报价有下列情形之一的,为无效报价:报价未在拍卖期限内报出的;不按规定报价的;竞拍者与竞拍申请文件不符的;报价不符合报价规则的;报价不符合拍卖文件规定的其他情形的。

⑧有两个竞拍者报价相同时,确认先报价者为该拍卖价格的出价人。

第一价格密封竞价流程如下(由拍卖主持人主持进行)。

上一阶段剩余的两个竞拍者在上阶段最高报价的基础之上再报出一个最终价格,并密封在工作人员事先准备好的信封内,由工作人员递交给主持人,主持人当面拆开信封,公布双方价格,价高者胜。

二 同步升价拍卖方式

同步升价拍卖用于对多个物品进行多轮竞拍,它属于多物品组合拍卖的一种。同步升价拍卖,分多轮进行,每轮每一个竞拍者都将出价记录在一张纸上,由竞拍主持人公布每种商品的最高价及其出价人,如此反复,直到连续两轮都没有任一竞拍者对任意一个商品进行出价为止，此时，出价最高的人将以其出价获得商品。

1994 年，FCC 开始采用拍卖机制配置无线电频谱许可证，此前 FCC 采取的是比较听证会或随机抽彩方式。拍卖的最大优势在于通过竞争将许可证分配给最有能力运用稀缺的无线电频谱资源的电信运营商，并且能够带来较高的财政收入以减少扭曲性的税收。FCC 最终选用了同步升价拍卖机制。

拍卖由三个阶段组成，每个阶段又包括多轮出价。拍卖开始前，竞拍者要说明自己希望得到的拍卖品及数量（称为竞拍限额）并存入一定的保证金以获得初始竞拍资格。竞拍者只有在前一轮竞拍中报出最高价格，或者在本轮中递交了合格的出价才能被称为"活跃竞拍者"，只有活跃竞拍者才有资格继续参与竞拍。活跃竞拍者每一轮的竞拍数量不能超过他的竞拍限额，否则出价被拒绝。在第 j 个阶段中，希望保持自己参加竞拍资格的竞拍者必须按照自己的竞拍限额的一定比例 f_j 出价。假设竞拍者希望得到的拍卖品数量是 x，在第 j 阶段的出价数量 $y < f_j x$，那么他在下一阶段的竞拍限额就减少 y/f_j。

这种对活跃竞拍者的规定的好处在于，它促使竞拍者积极出价，从而加快拍卖的步伐，而且在拍卖过程中也披露了更多的信息。在每一轮中，竞拍者以密封报价的形式报出自己的价格和竞拍数量，出价有时是可以撤回的，但是要支付一定的罚金。每一轮结束后，竞价的结果在下一轮开始前公开，并根据本轮的最高出价规定下一轮的最低出价。

在阶段 1 和阶段 2 中，如果连续两轮出现的新竞价很少，拍卖者就将竞拍转入下一阶段。当每个竞拍物品都没有新的出价时，拍卖结束。拍卖物品以当前最高出价出售给相应的最高出价者。FCC 采用同步升价拍卖的主要原因在于不同的许可证相互之间存在相互依赖和互补的关系。这种机制有两大特征——同步多轮竞价和公开加价。同步升价拍卖相对于顺序拍卖的主要优势在于它允许竞拍者根据价格变化在可以相互替代的许可证之间进行转换，从而可以创造出更优化的市场价格。相对于密封竞价而言，公开加价拍卖过程显示了对许可证估价的信息，在价值相互关联的情况下，这种信息降低了"赢者的诅咒"效应，因而可以提高拍卖价格。更重要的是，竞拍者可以利用竞价过程显示出的信息实现互补性许可证的有效聚集。

同步升价拍卖方式的缺陷在于"需求减少问题"和"暴露问题"。需求减少问题指的是"拍卖可能促使大竞拍者为了抑制价格而减少自己的某些需求"。暴漏问题指的是若某竞拍者对 A 和 B 都进行出价，但在对 A 的竞价中失败，这时，他将无法再对 B 的竞拍进行降低出价。为解决这两个问题，研究者们进行了许多探索，目前的解决途径主要集中在允许竞拍者提出打包竞价方面。

同步升价拍卖流程如下。

1. 拍卖会工作人员对本次拍卖牌照作相关介绍

拍卖会工作人员对此次拍卖牌照作相关介绍,并且将有效真实的信息(拍卖牌照数目、竞拍者购买牌照数量上限)发布到交易平台上,供所有竞拍者了解。

2. 宣读拍卖规则

拍卖人(主持人)向所有到场的竞拍者公布此次拍卖的起拍价为＊＊万元,增价为(＊＊万元/次)。

竞拍者开始进行报价,每一轮结束后,所有竞拍者需要在拍卖委员会规定的时间内将自己的出价写下来并装入信封,并由工作人员递交给拍卖人(主持人)。

竞拍者只有在前一轮竞拍中提交最高价格或在本轮中递交了合格的出价才能被视为活跃竞拍者,才有资格继续参与竞拍,非活跃竞拍者失去下一轮竞拍资格,退出拍卖。

活跃竞拍者每一轮的竞拍数量不能超过他的竞拍限额,否则出价将被拒绝。

上一轮最高出价者只允许在本轮不出价,但在下一轮必须提交有效价格以保持活跃竞拍者资格。所有竞价一经报送,不得撤销。

拍卖人(主持人)将每轮报价送达时间一一记录在案,并在下一轮竞价开始之前公开竞价的结果(每个牌照的暂定持有人及其报价、每个牌照的有效竞拍者人数。

当每一个竞拍物品超过两轮都没有新的出价,拍卖结束,拍卖人在最后规定时间公布竞价结果,出价最高的竞拍者获得相应的无线电频谱。

3. 所有竞拍者对意向牌照的估价

所有的竞拍者根据自身所处的行业环境、将来发展需要和已经获取到的相关信息估算牌照的估价。

4. 所有竞拍者说明竞拍牌照数量及交付保证金

竞拍者要说明自己希望得到的牌照数量,并且交付一定竞拍权利资格金即保证金。

5. 所有竞拍者开始第一轮报价(信封)并交予拍卖人

所以参与竞拍的竞拍者均以信封的形式将各自的第一轮报价提交给拍卖人。

6. 下一轮竞价前,拍卖人公开竞价结果和相应的信息

在下一轮竞价前,拍卖人将公开上一轮竞价的结果和相应信息(本轮每张牌照的最高出价人及其价格、有效出价数目、放弃竞价资格数目及其放弃人)。

7. 所有竞拍者开始第 N 轮报价

按照事先约定的拍卖规则(同步升价),活跃竞拍者进行第 N 轮报价。

8. 超过两轮都没有新的出价,拍卖结束

如果连续两轮都没有出现新的报价,出价最高的竞拍者获得相应的无线电频谱,拍卖人可宣布此次拍卖结束。具体如下:

(1)所有的竞拍者根据自身所处的行业环境、将来发展需要和已经获取到的相关信息估算牌照的价值。

(2)拍卖会工作人员对此次拍卖牌照作相关介绍,将有效信息发布到交易平台上(拍卖牌照数目、竞拍者购买牌照数量上限),供所有竞拍者了解。

(3)各竞拍者申请竞拍限额,拍卖人公布各竞拍者竞拍限额。

(4)各竞拍者开始进行报价,所有竞拍者需要在规定时间内提交报价。

(5)拍卖人(主持人)在下一轮开始之前公布本轮每张牌照的最高出价人及其价格、有效出价数目、放弃竞价资格数目及其放弃人。

(6)重复多轮后,当每一个竞拍物品超过两轮都没有新的出价,拍卖结束,拍卖人在最后规定时间公布竞价结果,出价最高的竞拍者获得相应的无线电频谱。

第三节 无线电频谱牌照拍卖后期

一 拍卖截止

拍卖截止由拍卖主持人确定。在公告规定的拍卖截止时间内,竞拍者应当出席拍卖现场,拍卖主持人现场宣布最终最高报价及其报价者。由此,拍卖截止。

二 签订《成交确认书》

确定竞得人后,竞得人与**市无线电资源交易服务中心签订《成交确认书》。竞得人拒绝签订《成交确认书》的,视为自动放弃,并承担相应的违约责任。

三 出让结果公布

在**GHz无线电频谱使用权拍卖出让活动结束后10个工作日内,在中国通信行业市场网、**市人民政府公众信息网公布本次**GHz无线电频谱使用权拍卖出让结果。

四 签订《**市**GHz牌照无线电频谱使用权出让合同》

出让人与竞得人依据《成交确认书》的约定签订《**GHz无线电频谱使用权

出让合同》。竞得人必须在标的成交后 30 日内直接向相关单位付清标的成交价款。

五 拍卖注意事项

（1）申请人须全面阅读有关拍卖文件，如有疑问可以在拍卖活动开始日期以前用书面或口头方式向＊＊无线电频谱资源交易服务中心咨询。申请人可到现场踏勘拍卖出让标的。申请一经受理确认，即视为竞拍者对拍卖文件及标的现状无异议并全部接受，并对有关承诺承担法律责任。

（2）申请人竞得标的后，拟成立新公司进行开发建设的，应在申请书中明确新公司的出资构成、成立时间等内容。无线电管理局可以根据拍卖出让结果与竞得人签订《＊＊市＊＊GHz 无线电频谱使用权出让合同》，在竞得人按约定办理完毕新公司注册登记手续后，再与新公司签订《＊＊GHz 无线电频谱使用权出让合同》。

（3）本次拍卖标的均设有拍卖底价，在拍卖活动结束前须严格保密。

（4）竞拍报价一经认可，不可撤回。

（5）确定竞得人后，竞得人在拍卖现场与拍卖人签订《成交确认书》。委托他人代签的，应提交法定代表人亲笔签名并盖章的授权委托书。《成交确认书》对拍卖人和竞得人具有法律效力，拍卖人改变拍卖结果的，或者竞得人放弃竞得无线电频谱的，应当承担法律责任。

（6）竞得人交纳的竞拍保证金，拍卖成交后转为受让无线电频谱的定金。未竞得人交纳的竞拍保证金，＊＊市无线电频谱资源交易服务中心在拍卖活动结束后 5 个工作日内予以退还，不计利息。竞拍保证金由＊＊市无线电频谱资源交易服务中心委托＊＊银行退还至竞拍者的来款账户，退还竞拍保证金的手续费用由银行在竞拍者的竞拍保证金中按相应规定扣除。

（7）有下列情形之一的，拍卖人应当在拍卖开始前终止拍卖活动，并通知竞拍者：

①竞拍者串通损害国家利益、社会利益或他人合法利益的；

②拍卖工作人员私下接触竞拍者，足以影响拍卖公正性的；

③应当依法终止拍卖活动的其他情形。

（8）竞得人有下列情形之一的视为违约，取消其竞得人资格，竞拍保证金不予退还：

①竞得人逾期未签订或拒绝签订《成交确认书》的；

②竞得人逾期未签订或拒绝签订《＊＊GHz 无线电频谱使用权出让合同》的。

（9）竞拍者在收到《竞拍资格确认书》后，视为对竞拍文件的认可，应主动参加各项竞拍活动，若有下列情形之一者，应承担相应的缔约过失责任，并从竞拍保证金中扣缴：

①竞拍者在收到《竞拍资格确认书》后，不得随意要求退出竞拍活动。竞拍者要求退出竞拍的，应承担竞拍保证金10%的缔约过失责任；

②拍卖或拍卖会开始后，没有人参与不低于公告起始价的第一轮应（报）价，所有竞拍者应承担竞拍保证金50%的缔约过失责任。

③有恶意串通、敲诈勒索、围标、串标，经查属实的，应承担竞拍保证金100%的缔约过失责任，取消竞拍资格并报有关行政主管部门进行处罚。

(10)竞得人与出让人签订《4G无线电频谱使用权出让合同》后，应当按合同约定支付成交价款。竞得人付清全部成交价款后，依法申请办理无线电频谱使用权登记，领取《4G无线电频谱使用权证》。

(11)拍卖不成交的，应当按规定由政府部门重新组织出让。

(12)参加拍卖或拍卖活动的人员，应遵守现场的纪律，服从管理人员的管理。

(13)按照基本建设程序，竞得人竞得该宗无线电频谱后，若需作频段运营风险性评估的，其工作及费用由竞得人自行负责。

(14)竞得人竞得该无线电频谱后，必须按照批准的用途及条件使用无线电频谱，不得擅自对无线电频谱进行转让，不得擅自改变无线电频谱用途。若需改变无线电频谱用途和使用条件，应重新申办规划和使用无线电频谱审批手续。

(15)无线电频谱成交价不含建设行政事业性收费、竞拍费用（指交易服务费和拍卖佣金）和契税。成交价款以人民币结算。

(16)竞得人应在《成交确认书》签订后2个工作日内向＊＊市无线电频谱资源交易服务中心付清竞拍费用（竞拍费用包括交易服务费和拍卖佣金，可从保证金中扣除，但应按规定完善财务手续）。若以拍卖方式出让，竞拍费用为交易服务费，按＊价〔＊＊〕＊＊号文件规定的标准计算；若以现场竞价方式出让，竞拍费用为交易服务费和拍卖佣金，交易服务费收取标准与拍卖计价标准一致，拍卖佣金人民币＊＊万元。

例如，交易服务费具体标准：拍卖或拍卖成交价100万元（含100万元）以下的，收取交易服务费的费率为1.2%；超过100万元至500万元的部分，收取交易服务费的费率为0.8%；超过500万元至1000万元的部分，收取交易服务费的费率为0.6%；超过1000万元至3000万元的部分，收取交易服务费的费率为0.4%；超过3000万元至5000万元的部分，收取交易服务费的费率为0.3%；超过5000万元至1亿元的部分，收取交易服务费的费率为0.1%；1亿元以上的部分，收取交易服务费的费率为0.03%。

(17)无线电频谱资源交易服务中心对该注意事项负责解释。未尽事宜依照有关法律法规办理。

第十一章 总结和研究展望

第一节 研究内容

前文利用拍卖理论与机制设计理论，设计了具有中国特色的无线电频谱资源的拍卖机制与方案。

第1章，首先回顾了无线电频谱管理发展历程，对无线电频率资源作出定义："无线电频谱资源是一种具有多属性的经济资源，而且一定程度上具有可分割性。"本书阐述了无线电频谱的有限性、非耗竭性、排他性、复用性、固有传播性及易污染性等属性，以及频段的传播方式、划分、传播特性，并论述了无线电频率资源的稀缺性、重要性及其在通信行业和运输行业中的应用。然后，对无线电频谱管理的概念、管理机构、职能及其发展历程进行了介绍，探讨了国际上主要的管理模式及其机构职能的设置，同时归纳了我国无线电频谱管理的发展历程。最后总结了政府直接指配方式、无线电频谱拍卖分配、无线电频谱评审分配及无线电频谱招标分配等方式，并指出每种方式的优缺点，同时看以看出，无线电频谱分配方式应与国家快速发展的经济和科技相适应，走出行政审批分配方式，引入无线电频谱拍卖机制，由行政手段为主向经济手段为主，由单一行政指配方式逐步向市场化交易方式过度。

第2章，从无线电频谱分配方式的演变出发、深入探究无线电频谱主流分配方式的形成机理，并梳理总结了国际上无线电频谱拍卖案例。首先对无线电分配方式的演变进行了系统分析，对每种分配方式的优缺点进行了详细分析，并总结出无线电频谱分配方式逐步向市场化分配转变的趋势。其次，为了深入分析无线电频谱拍卖在国际上已经成为分配交易的主流方式的原因，从经济、社会、技术、政策法律及管理效益方面展开了深入的论证。一是经济效益方面，随着无线电频谱资源分配方式向市场化、多样化方式的转变，无线电频谱资源蕴含的巨大的经济价值也逐渐体现出来。无线电频谱资源对国民经济巨大的拉动效应，引起了世界各国对无线电频谱分配方式的重视。从世界各国对无线电频谱拍卖的实践中可以看出，无线电频谱资源的经济价值是巨大的，无线电频谱拍卖分配方式是世界各国分配无线电频谱的大势所趋。二是社会文化方面，无线电频谱拍卖大大提高了无线电频谱资源利用率，可以改变现有无线电频谱使用不均、效率低下这一现状。实施无线电频谱资源交易，可使无线电行业引入新的进入者，通过价格机制，形成"价格—竞争—供求—价格"三个要素互相组合、互相制约、互为条件的一种良性市场循环过程，促进生产，打破无线电行业的垄断局面，以价格竞争促进市场的开放，由垄断向竞争转变，优化市场结构。实施无线电频谱资源交易，可增加社会就业的机会。实施无线电频谱资源交易引入竞争机制与价格机制，在市场经济中，各个经济行为主体之间为着自身的利益而相互展开竞争，由此形成的经济内部的必然的联系和影响，通过价格竞争或非价格竞争，按照优胜劣汰的法则来调节市场运行。它能够形成企业的活力和发展的动力，促进生产，使消费者获得更大的实惠，同时有助于提供社会就业岗位，为构建和谐社会贡献力量。三是技术方面，无线电频谱资源与技术都是无线电行业生产中投入的两种要素，而且研发无线电通信技术和购买更多的无线电频谱资源是相互替代的。当无线电行业的业务需求增加而导致现有无线电频谱资源不足时，运营商会选择购买更多的无线电频谱资源，或者去研发更有效利用无线电频谱的技术。当无线电频谱价格较低时，会倾向于购买新的无线电频谱资源；当无线电频谱资源价格较高，且无线电频谱资源价格高于研发更有效利用无线电频谱的技术的成本时，则倾向于研发更有效利用无线电频谱资源的技术，而放弃购买新的无线电频谱资源。如近年来提出的认知无线电技术具有在不影响授权用户即第一用户的前提下智能地利用大量空闲无线电频谱的能力，提高了无线电频谱的利用率。因此打破传统无线电频谱授权机制，通过认知无线电技术实现无线电频谱共享成为未来无线电通信的发展趋势。当政府分配无线电频谱资源时，使用者一般是指定的企业或机构，一定程度上限制了竞争机制，而基于市场机制的无线电频谱分配方式，市场准入资格也会更加灵活和开放，通过市场机制中的竞争机制可以引入新的竞争者，众多符合条件的运营商将纷纷跻身无线电业务的市场竞争行列，激活了各种诸如下一代无线通信的发展，催生了新兴的无线电通信技术的进步和发展。四是政策法律方面，世界各国政策法律的完善，为无线电频谱拍卖提供了保障。我国在 2000 年 9 月 20 日颁布施行的《中华人民共和国电信条例》中第 29 条明确规定，对电信资源的分配可采用指配和拍卖的方式。此外，1997 年 1 月 1 日起实施的《中华人民共和国拍卖法》和 2000 年 1 月 1 日起实施的《中华人民共和国招标投标法》，规范了我国施行拍卖的行为和程序，为无线电频谱资源有偿出让奠定了法律基础。五是管理效益方面，从世界各国对无线电频谱拍卖的实践中可以看出，无线电频谱资源的经济价值是巨大的，无线电频谱拍卖分配方式是世界各国分配无线电频谱的主流趋势。面对无线电设备激增导致电磁环境日益复杂的情况，为了有效减轻新业务对现有电磁环境的影响和现有业务的干扰，在新的无线电业务开发之初,必须严格新业务的无线电频谱管理分配以及准入标准。同时为了保障国与国之间互联互通,避免干扰,世界各国都强烈希望相同业务频段具有相同的业务以及分配标准,从而达到各国与国际接轨。最后,对国际无线电频谱拍卖的重大实践进行了回顾,实践过程分为三类:探索阶段、发展阶段以及主流阶段。拍卖成为无线电频谱分配的主流是由经济、社会、技术、政策法律及管理效益等诸多因素共同决定的。这些方面的诸多因素促使世界各国无线电频谱资源的分配方式发生转变,向市场化手段为主和经济手段为主的拍卖方式转变。我国的经济社会、技术及政策法律,均为无线电频谱拍卖交易提供了良好的环境,同时我国于2002年年底至2004年年初由信息产业部无线电管理局成功地完成了对3.5GHz频段资源的招标。此次招标会的成功举办表明我国对无线电频谱资源的分配已经走出了过去单一的行政审批模式,开始探索以市场机制配置(招标和拍卖分配方式)无线电频谱资源的新模式。为了确保无线电频谱资源拍卖的顺利进行,拍卖方案与拍卖机制的设计显得至关重要,因此,接下来还对拍卖机制与拍卖理论与国际上无线电频谱拍卖的应用案例展开了深入详实的研究。

  第3章,对拍卖机制与拍卖理论进行了研究。本章首先对拍卖的起源作了分析梳理,总结了拍卖交易方式的特点。其次,回顾了拍卖机制中的第一价格密封拍卖、第二价格密封拍卖、英国式拍卖及荷兰式拍卖四种基本类型。再次,总结出拍卖的主要特点是信息的非对称。本章基于不完全信息下的非合作博弈来分析竞拍者的策略,探讨拍卖给拍卖者带来的预期收益。标准拍卖模型可以分为私人价值模型、共同价值模型及关联价值模型三大类,本章针对这三种价值模型分别从数学上进行了分析。最后,总结了标准拍卖模型的一些基本结论,如荷兰式拍卖与第一价格密封拍卖、英国式拍卖与第二价格密封拍卖的等价关系,以及收益等价定理以及关联信号等结论。

  第4章,对美国、英国、瑞士、德国、挪威以及我国香港地区的无线电频谱拍卖案例进行了研究。主要涉及美国无线电频谱管理的基本架构、主要机构介绍以及无线电频谱拍卖交易的现状研究,英国无线电频谱拍卖背景、主要问题以及拍卖方案研究,瑞士无线电频谱拍卖简介与分析,德国无线电频谱拍卖的两个案例分析与合谋问题,挪威无线电频谱拍卖流程,中国香港地区的"准4G牌照"和850MHz、900MHz以及2G无线电频谱的拍卖研究。案例研究指出,国际上无线电频谱拍卖中存在以下问题:需求减少问题、暴露问题、买家合谋问题、进入问题、分成收费还是一次性收费问题、拍卖牌照数量问题、漫游问题、相关买方问题以及英国的"沃达丰-曼纳斯曼收购"等问题。欧洲无线电频谱拍卖取得成功,其中一个至关重要的因素就是解决了买方进入问题和阻止合谋问题,无线电频谱拍卖方案的设计是否能够解决上述问题尤为重要。英国无线电频谱拍卖之后瑞士拍卖的拍卖方,没有充分考虑吸引进入问题,而且他们允许买方在拍卖前达成联合出家协议，这进一步扩大了他们的问题。德国无线电频谱拍卖显示，同步升价拍卖机制在拍卖过程中更容易受到合谋行为的影响。从上述欧洲的无线电频谱拍卖、美国等国家和地区的无线电频谱拍卖案例中总结出拍卖方案并不是千篇一律，亘古不变的。

第5章，研究了我国开展无线电频谱交易存在的问题与发展趋势，无线电频谱交易让市场考虑供给和需求来分配无线电频谱资源，提高了无线电频谱管理的灵活性和透明度。总之，无线电频谱交易有助于提高无线电频谱利用与促进竞争和创新，以及增加无线电频谱管理灵活性和透明度。为了充分发挥无线电频谱交易的作用，必须尽量减少影响因素的抑制作用。如同其他任何市场一样，无线电频谱交易市场也可能存在用户滥用市场支配力阻碍市场有效运作的现象。用户在二次频谱交易市场上获得无线电频谱，增加市场支配力，实施反竞争行为阻碍竞争对手接入无线电频谱，这将抑制无线电频谱交易市场的发展。其次，伴随着各国政府逐步引入无线电频谱交易和开放无线电频谱使用，无线电频谱用户可能改变原有频段的使用（如采用新技术或生成新应用），无线电频谱需求的增加，使得无线电频谱牌照持有人在限制最大发射功率的前提下也可打破先前的均衡状态，产生无线电干扰问题。在此，随着不可延期无线电频谱牌照使用期的减少，潜在无线电频谱买家的预期投资回收期缩短，用户购买无线电频谱的风险逐年增加，牌照价值在使用期内逐年降低，这将抑制无线电频谱交易市场的发展。总之，无线电频谱交易的主要影响因素包括：市场支配、干扰问题、牌照期限和交易费用。

第6章，利用拍卖理论与机制设计理论，分别从竞拍者（信息通信运营企业）和拍卖者（有关政府部门）的视角分析和设计了无线电频谱第一价格密封拍卖机制。首先，基于竞拍者视角构建了无线电频谱第一价格密封拍卖模型，并对其进行了数值模拟和均衡讨论。其次，基于拍卖者的角度，分析和讨论第一价格密封拍卖机制。最后，分析了无线电频谱牌照竞拍者的竞价策略、参与成本、潜在参与者人数以及竞拍者的风险类型对拍卖者收益的影响。

第7章，与第6章结构类似，分别从竞拍者（信息通信运营企业）和拍卖者（有关政府部门）的视角分析和设计了无线电频谱第二价格密封拍卖机制。首先，基于竞拍者视角构建了无线电频谱第二价格密封拍卖模型；然后，对其进行了数值仿真模拟和均衡讨论；最后，基于拍卖机制设计层面，从数学理论分析角度，研究了无线电频谱竞拍者的竞价策略、参与成本对拍卖者预期收益的影响，潜在参与者人数、竞拍者风险类型对拍卖者收益的影响，以及广义的第二密封拍卖。

第8章，利用拍卖理论与机制理论，设计了我国无线电频谱牌照的同步升价拍卖机制，分析了同步升价拍卖机制的重要定理与证明、参与成本对拍卖商预期收益的影响、潜在参与者人数对拍卖者预期收益的影响，及同步升价拍卖中最优的拍卖机制等问题,并对其进行了仿真实验研究,验证了拍卖机制的可靠性。

第9章,通过前文对我国无线电频谱拍卖机制的设计,总结出对我国无线电频谱拍卖实施的建议。《中国无线电管理条例》颁布实施以来,我国无线电事业的发展取得了辉煌的成就。进入新世纪,无线电管理工作面临着新的机遇和挑战。在当前形势下,无线电管理工作要认真研究和解决以下几个问题:一是进一步加强法制建设,理顺管理体制。《中国无线电管理条例》颁布十多年来,在执行过程中逐渐暴露出处罚力度不够、部分条款已不能适应形势发展的需要等一些不足,一些违法违规问题得不到彻底解决,给无线电管理工作带来了许多困难。因而,借鉴国外经验,制定一部效力更高、覆盖面更广的无线电管理法律是非常必要的。同时,无线电波的传播不受行政区划制约,客观上要求无线电频谱必须实行统一规划、统一管理,无线电频谱管理必须相应地实行集中统一领导的管理体制,应按照这个思路进一步理顺无线电管理体制。二是进一步加强频谱规划的前瞻性研究。目前,我国无线电频谱规划研究相对滞后,对无线电频谱资源的动态管理机制尚未真正建立起来。必须面向未来,加强研究,全面提高无线电频谱管理工作的科学性、预见性和前瞻性,科学规划、合理开发有限的无线电频谱资源。三是深化对现行无线电频谱分配方式的改革。对频谱资源的分配要逐步由以行政手段为主向以经济手段为主的方向转变。下一步,要继续大胆采用评选(招标)、拍卖等多种手段进行无线电频谱分配,充分发挥市场在无线电频谱资源配置中的基础作用。四是进一步加快无线电频谱管理技术设施的建设。与发达国家相比,我国无线电频谱管理手段仍然比较落后,难以有效进行日常管理和查处日益频繁的有害干扰。必须进一步加快技术设施建设步伐,为无线电频谱管理工作提供有力的保障。

第二节 研究成果和结论

本书将理论研究、案例研究、数理模型研究和实验研究相结合,在对拍卖理论和国外无线电频谱拍卖案例深入研究的基础上,首次构建了我国无线电频谱资源拍卖模型,并对其进行了数值仿真模拟,验证了拍卖机制和拍卖流程的可靠性和合理性,为我国无线电频谱交易提供理论依据及实践支撑。主要成果与结论包括以下五个部分:

1. 梳理了无线电频谱管理历程,剖析了无线电频谱拍卖形成机理

该部分梳理了世界无线电频谱管理发展历程和无线电频谱主要分配方式,分析了无线电频谱管理分配方式的主流趋势,并归纳出无线电频谱拍卖分配方式的形成机理。

(1)梳理总结了国际无线电频谱管理发展趋势。无线电频谱作为一个国家的

战略经济资源，对一个国家或地区的发展起着不可忽视的作用。该部分基于经济学视角，首先对无线电频谱的概念进行了界定："无线电频谱是一种具有范围性、可分割性和技术关联性的经济资源"。同时，阐述了主要国家无线电频谱管理机构及职能，总结了国际主流的四种无线电管理体制，如独立集中的管理模式、独立分权的管理模式、从属管理模式及多极化管理模式，并得出国际无线电频谱管理发展趋势向以下三个方面演变：①世界无线电频谱管理向有偿化、多样化、市场化发展；②研发高效的无线电频谱利用技术；③加强对已分配频段使用率的监督。

(2) 剖析了无线电频谱拍卖机制形成机理。为适应市场的需要，无线电频谱分配方式由传统的单一行政指配模式向市场化交易模式过渡转变。通过回顾无线电频谱管理发展历程，总结了我国无线电频谱管理的发展历程：由无政府阶段向复苏阶段、法制初级以及法制成熟阶段转变。无线电频谱分配方式应与国家快速发展的经济和科技相适应，走出行政审批分配方式，引入无线电频谱拍卖机制，由行政手段为主向经济手段为主。从国际无线电频谱分配方式来看，拍卖是市场交易模式中的一种非常重要的方式。本书认为无线电频谱拍卖交易方式成为主流方式，是国际经济、社会、技术、政策法律以及管理效益等诸多因素共同作用的结果，并从经济价值及对国民的贡献、无线电技术与交易模式的创新、无线电频谱交易政策法律的探索和发展、社会经济技术效益的驱动等方面论述了无线电频谱拍卖的形成机理。

(3) 划分了国际无线电频谱拍卖发展阶段。通过对国际无线电频谱拍卖案例的研究，本书将国际无线电频谱拍卖发展历程划分为以下三个阶段：①无线电频谱拍卖探索阶段(1990~1999年)，该阶段以新西兰1990年开始的无线电频谱拍卖为标志；②无线电频谱拍卖发展阶段(2000~2008年)，该阶段以英国2000年3G牌照拍卖取得了巨大效益为主要标志；③无线电频谱拍卖主流阶段(2008~年)，该阶段无线电频谱拍卖实践以规避了很多重大问题为划分标志，2008年以来，世界各国纷纷采用较为成熟的同步升价拍卖模式对无线电频谱进行拍卖。

2. 剖析了国际无线电频谱拍卖案例，归纳了无线电频谱拍卖存在的问题

通过对国际无线电频谱拍卖案例的深入剖析，归纳总结了国际无线电频谱拍卖中存在的问题，分析了当下影响我国开展无线电频谱拍卖的主要因素。

(1) 国际无线电频谱拍卖存在的问题。通过对主要国家、地区无线电频谱拍卖案例的系统研究，归纳总结出国际无线电频谱拍卖中存在的共性问题及个性问题。其中，共性问题主要集中在拍卖进入问题、分成收费还是一次收费问题、拍卖牌照数量问题、合谋问题等方面；个性问题主要体现在漫游问题、相关买方问题及"沃达丰-曼纳斯曼收购"问题等方面。

(2) 影响我国无线电频谱拍卖的主要因素。在中国管理情境下，无线电频谱

拍卖交易的主要影响因素包括：市场支配、干扰问题、牌照期限和交易费用。

3. 论证了我国实施无线电频谱拍卖的可行性

无线电频谱拍卖对于我国还是一项创新的交易。为了确保有关无线电频谱拍卖政策的正确性，无线电频谱拍卖的可行性研究必不可少。本书基于法律环境和管理秩序、市场经济结构、拍卖市场、经济社会效益等方面，以定量与定性相结合的方法论证了我国开展无线电频谱拍卖交易的可行性。

(1) 无线电频谱拍卖已成为国际惯例。从国际上无线电频谱管理的发展来看，美国、欧洲、亚洲各国相继迈开了无线电频谱市场化的步伐，通过市场供需来提高用频效率，使空闲无线电频谱得到充分利用。在充分完善市场机制与技术条件下，明确可交易的无线电频谱使用权利与义务，制订多种交易形式，给用户更自由灵活的无线电频谱使用权是各国无线电频谱改革所追求的目标。

(2) 国内无线电频谱分配方式拓展的需求。当前我国无线电频谱需求和供应的矛盾日益突出，现行行政审批分配方式单一，已不适应无线通信飞速发展的需要。同时，我国无线电频谱整体利用率较低，频率使用不均衡。通过市场交易这个无形的手，有助于我国适应无线通信业务的发展，提高无线电频谱资源的社会经济价值，有效地提高无线电频谱资源使用效率。

(3) 法律环境和管理秩序的完善。随着与世界各国在通信行业的交流不断加深，对于国外先进的无线电频谱交易与管理模式，国家也意识到市场化方式分配无线电频谱资源的重要性。《中华人民共和国电信条例》第二十九条规定："对电信资源的分配可以采用指配和拍卖的方式。"至今为止，全国已经有十多个省市及经济特区的无线电管理条例或办法中写入了对无线电频谱分配采用"招标"、"拍卖"内容。

(4) 市场经济结构的不断优化。随着我国市场经济体制的逐步建立，无线电使用企业及社会部门对无线电频谱资源的需求更为迫切，行政审批方式已不能适应市场经济发展的需要，利用与市场经济体制相适应的无线电频谱分配等方式，不仅可以缓解无线电频谱资源供需紧张的状况，也可有效利用无线电频谱资源，最大限度地体现无线电频谱的经济价值。

(5) 拍卖市场的不断成熟。近年来不少企业及第三方开始了碳的排放权、排污权等无形资产拍卖，尽管相当一部分卖家和买家对于这一新领域的拍卖经验并不够成熟，尚在不透明的情况下操作，没有从观念上完全接受拍卖这种透明并高效的交易模式。无线电频谱资源显然属于无形资产范畴，应以同样的态度来看待无线电频谱使用权拍卖在中国的发展。

(6) 经济和社会效益的日益凸显。首次将多元回归模型、实物期权模型及拍卖实验模拟三种方法相结合研究经济可行性。研究表明，我国开展无线电频谱资源拍卖可以产生两种经济效益：一是，可以用货币形式计量的经济效益，即无线电频谱拍卖带来的收入的直接经济效益,每年每兆赫兹收入为 5390 万元;二是,开展无线电频谱拍卖引入市场机制等带来的间接经济效益(社会效益),如促进通信运营企业技术的进步,增加社会就业岗位等。

4.构建了我国无线电频谱拍卖模型,建立了无线电频谱拍卖方案流程

该部分基于拍卖理论,构建了三套无线电频谱拍卖模型,分别为第一价格密封拍卖模型、第二价格密封拍卖模型、同步升价拍卖模型,并对其进行了数值仿真研究,为我国无线电频谱拍卖实践提供借鉴。

(1)建立了基于第一价格密封拍卖的我国无线电频谱拍卖交易模型,分析讨论了第一价格密封拍卖竞价策略、参与成本对拍卖者预期收益的影响、潜在运营商数量对拍卖者预期收益的影响。同时,结合数值仿真研究,分析了拍卖过程中存在的问题,为构建第一价格密封拍卖交易流程提供了重要依据。

(2)建立了基于第二价格密封拍买的我国无线电频谱拍卖交易模型,分析讨论了第二价格密封拍卖竞价策略、参与成本对拍卖者预期收益的影响及参与者风险类型对拍卖者预期收益的影响。同时,结合数值仿真研究,分析了拍卖过程中存在的问题,构建了无线电频谱第二价格密封拍卖的拍卖前期、拍卖过程及拍卖后期三阶段流程,为我国无线电频谱拍卖交易机制实施流程提供了重要参考。

(3)建立了基于同步升价的我国无线电频谱拍卖交易模型,分析讨论了同步升价拍卖竞价策略、参与成本对拍卖者预期收益的影响、潜在运营商数量对拍卖者预期收益的影响及运营商的风险类型对拍卖者预期收益的影响。同时,结合数值仿真实验研究,验证了拍卖方案的可靠性,分析了拍卖过程中存在的问题,为构建无线电频谱拍卖前期、拍卖过程及拍卖后期三阶段流程提供借鉴。

构建了无线电频谱拍卖前期、拍卖过程及拍卖后期三阶段流程,拍卖前期包括,拍卖公告、竞买人提交申请并交付保证金、竞买人资格审查、确认竞买人资格;拍卖过程,主要涉及竞买人报价规则问题,具体流程应根据拍卖模式而定;拍卖后期,拍卖截止,签订《成交确认书》,出让结果公布,签订《无线电频谱使用权出让合同》等。

5.从多主体、多方位的视角,提出了我国无线电频谱拍卖实施对策

无线电频谱创新交易方式的实施必然需要权衡诸多因素,本书从无线电管制、试点交易、竞买人、法律法规、拍卖频段等方面为我国无线电频谱拍卖的顺利实施提出了相应的对策建议。

(1)无线电管制方面建议。一是,加强法制建设,理顺管理体制。《无线电管理条例》颁布十多年来,在执行过程中暴露出处罚力度不够、部分条款已不能适应形势发展的需要等,一些违法违规问题得不到彻底解决,给管理工作带来了许多困难。因而,借鉴国外经验,制定一部效力更高、覆盖面更广的无线电管理法律非常必要。二是,加强频率规划的前瞻性研究。目前,我国无线电频谱规划研

究相对滞后，对无线电频谱资源的动态管理机制尚未真正建立起来。必须面向未来，加强研究，全面提高无线电频谱管理工作的科学性、预见性和前瞻性，科学规划、合理开发有限的无线电频谱资源。三是，深化对现行频率分配方式的改革。对频率资源的分配要逐步由以行政手段为主向以经济手段为主的方向转变，国家已进行了有益的探索和尝试，还应继续采用招标、拍卖等多种手段进行频率分配，充分发挥市场在频率资源配置中的基础作用。四是，加快无线电管理技术设施的建设。与发达国家相比，我国无线电管理手段还比较落后，难以有效进行日常管理和查处日益频繁的有害干扰。必须进一步加快技术设施建设步伐，为无线电管理工作提供有力保障。

(2) 拍卖法律法规方面建议。一是，牌照交易方式。无线电频谱可以由行政审批分配无线电频谱，也可以由市场化分配机制即无线电频谱交易分配无线电频谱；对于行政审批分配的无线电频谱不得以任何形式进行转让、租赁，对于由交易获得的无线电频谱可以在得到无线电管理机构的批注后，在有关部门的监督下进行转让、租赁。二是，牌照使用期限。对于无线电频谱交易分配的执照年限应控制在 10~20 年；无线电频谱执照年限到期之后，由无线电管理部门收回该无线电频谱，或以收取频率占用费的形式延长无线电频谱执照。三是，竞买人资格审查。通过无线电频谱交易分配频率时，需对参与交易的信息通信运营商资格进行审查，资格不合格的不得参与交易；获得无线电频谱使用权的信息通信运营商应提供服务承诺，未达到承诺的予以警告，经多次警告后未履行承诺的收回该无线电频谱。

(3) 无线电频谱拍卖试点方面建议。一是，对交易承载机构建议。从国家到地方的频率资源交易，可以委托有资质的代理交易机构进行，如国家对 3.5GHz 频率招标时曾委托国信招标集团进行；无线电频率管理机构需全程监督交易实施；无线电频率交易频率较高时，可以考虑建立独立的管理处室负责相关事宜；试点交易成熟时可采取线上交易，即通过互联网开展交易。二是，对试点交易规模建议。对于实验性的交易在规模上不宜过大，不宜选取重要的无线电频谱如全国公众移动通信无线电频谱进行试点；对于试点的无线电频谱执照的时间不宜过长，5 年比较适宜，待成熟后可逐步扩大到 10~15 年；对试点交易可先控制在市级范围内进行，等各方面条件都成熟后，方可逐步推广至全国。

第三节　研究展望

拍卖理论发展迅速，各国政府对使用拍卖方式来分配无线电频谱资源，放开政府管制无线电市场特别关注。科斯于 1959 年首次提出采用拍卖方式来分配无线电频谱资源，紧接着世界各国纷纷设计了无线电频谱拍卖机制，总体来讲，无线电频谱拍卖取得的效果较好。拍卖成败与否一定程度上依赖于拍卖环境，拍卖方案的设计并不是千篇一律的，本书通过对世界各国无线电频谱拍卖案例的研究，总结出拍卖存在的问题，根据我国的具体情况，设计了我国无线电频谱拍卖机制，并进行了相应的数值仿真研究，为我国开展无线电频谱拍卖提供了理论与实践依据。但本书设计的我国无线电频谱拍卖机制与拍卖方案在实践层面上还相对不充分。当然拍卖机制的实践需要无线电管理部门、运营企业、用户等多方共同推进，如何在实践中检验拍卖机制、不断改进拍卖机制，形成一套更加合理的无线电频谱拍卖机制值得深入研究。

无线电频谱资源是一种多属性的经济资源，如何通过合理的拍卖方式体现出其经济价值，需从理论与实践上进行探讨。经济学家建议使用两种具体的拍卖机制（组合拍卖和同步升价拍卖）拍卖多个物品。但是针对无线电频谱拍卖，怎样组合拍卖机制才能达到有效性和拍卖方的收益最大化？这是今后研究的重点与难点。

拍卖方案成功与否还取决于拍卖的环境，针对我国特有的宏观经济、科技、政治与社会文化环境，设计具有中国特色的无线电频谱拍卖机制必须充分考虑我国国情。

当前，无线电频谱牌照的发放是多方关注的焦点。无线电频谱牌照发放的数量、牌照发放方式以及参与竞拍企业的数量以及准入资格等问题，均是政府相关机构亟需研究与解决的重要问题。本书设计的无线电频谱牌照拍卖方案，为我国无线电频谱牌照的分配创新提供了一种参考，但该拍卖方案在一定情形下才有效，并不是放之四海皆准的。具体无线电频谱牌照的发放方案还需政府相关部门仔细分析市场环境后设计。

第十二章　拍卖过程相关附件

第一节　竞拍申请文件封面

市GHz无线电频谱拍卖竞拍申请文件

标的名称：**GHz无线电频谱

标的编号：PINPU1-出让-01

竞拍者（单位加盖公章，自然人签名摁印）：
　　　　　年　月　日

第二节　竞拍申请书及附件

竞拍申请书

＊＊市无线电频谱资源交易服务中心：

　　经认真阅读＊＊市(无)2012-01号无线电频谱的拍卖出让文件，我方完全接受并愿意遵守你中心＊＊市＊＊GHz无线电频谱使用权拍卖出让文件中的规定和要求，对所有文件均无异议。

　　我方现正式申请参加你中心于___年___月___日至___月___日在＊＊市无线电频谱资源交易服务中心举行的＊＊市＊＊GHz无线电频谱使用权拍卖出让活动。

　　我方愿意按拍卖出让文件规定，交纳竞拍保证金人民币大写：___万元(￥：___万元)。

　　若能竞得该无线电频谱，我方保证按照＊＊市＊＊GHz无线电频谱使用权拍卖出让文件的规定和要求履行全部义务。

　　若我方在＊＊市＊＊GHz无线电频谱使用权拍卖出让活动中，出现不能按期付款或有其他违约行为，我方愿意承担全部法律责任，并赔偿由此产生的损失。

　　特此申请

　　附件：见附页

　　申请人(单位加盖公章，自然人签名摁印)：

法定代表人(或授权委托代理人)签名：

联　系　人：　　　　　　　　　　　地　　　址：

邮政编码：　　　　　　　　　　　　电　　　话：

　　　　　　　　　　　　　　　　　　申请日期：　　年　月　日

附件：竞拍申请书应提供资料
(1)营业执照副本及复印件(核原件)；
(2)(组织竞拍的)设立该组织的有效批文及该组织负责人的任命文件及其身份证复印件(核原件)；
(3)(个人竞拍的)个人身份证及其复印件(核原件)；
(4)联合竞拍的，还须提供《联合竞拍协议》。

第三节 法定代表人身份证明书及授权委托书

一 法定代表人身份证明书

法定代表人身份证明

申请人名称：_____

单位性质：_____

地址：_____

成立时间：_____年_____月_____日

经营期限：_____

姓名：_____ 性别：_____ 年龄：_____ 职务：_____

系_____(申请人名称)的法定代表人。

特此证明。

　　　　　　　　　　　　　申请人：_____(盖单位公章)

　　　　　　　　　　　　　　　　　_____年_____月_____日

```
┌─────────────────────────────┐
│                             │
│      此处粘贴法定代表人       │
│        身份证复印件          │
│                             │
└─────────────────────────────┘
```

注：自然人直接粘贴申请人身份证复印件，不填写文字部份。

二 授权委托书

授权委托书

委托人		受托人	
姓名		姓名	
性别		性别	
出生日期		出生日期	
工作单位		工作单位	
职务		职务	
证件号码	身份证(　)护照(　)	证件号码	身份证(　)护照(　)
本人授权_____(受托人)代表本人参加____年____月____日在**市无线电频谱资源交易服务中心举办的**市**GHz无线电频谱使用权出让活动，代表本人签订《**市**GHz无线电频谱使用权出让合同》等具有法律意义的文件、凭证等。 　受托人在该无线电频谱拍卖出让活动中所作出的承诺、签署的合同或文件，本人予以承认，并承担由此产生的法律后果。 　　　　　　　　　　　　　　　　　　　委托人(签名)：_____ 　　　　　　　　　　　　　　　　　　　_____年_____月_____日			
备注	兹证明本委托书确系本单位法定代表人_____亲自签署。 (委托人代表单位的应加盖公章)____年____月____日		

此处粘贴委托人身份证复印件

此处粘贴受托人身份证复印件

第四节　竞拍保证金交纳凭证

此处粘贴竞拍保证金交纳凭证复印件

第五节　成交确认书

成交确认书

　　____年____月____日至____年____月____日在的＊＊市＊＊GHz无线电频谱资源交易服务中心举办的＊＊市＊＊GHz无线电频谱使用权拍卖出让活动中，____号竞拍者_____竞得_____（标的名称及编号）的＊＊市＊＊GHz无线电频谱使用权。现将有关事项确认如下：

　　该宗无线电频谱使用权成交总频宽为_____兆赫兹，成交总价为人民币_____万元（大写）（￥：_____万元）。

　　竞得人交纳的竞拍保证金，自动转做受让无线电频谱的定金。竞得人应于____年____月____日之前持本《成交确认书》到＊＊市无线电管理局签订《＊＊市＊＊GHz无线电频谱使用权出让》。不按期签订《＊＊市＊＊GHz无线电频谱使用权出让》的，视为竞得人放弃竞得资格，竞得人应承担相应法律责任。

　　本《成交确认书》一式叁份，无线电管理局、无线电频谱交易服务中心、竞得人各壹份，具有同等法律效力。

　　特此确认。

拍卖人（盖章）：

竞得人（盖章）：

年　　月　　日

第六节 ＊＊市＊＊GHz无线电频谱使用权出让合同

＊＊市＊＊GHz无线电频谱使用权出让合同

中华人民共和国无线电频谱管理局制定

合同编号：

本合同双方当事人：

出让人：

通信地址：

邮政编码：

电话：

传真：

开户银行：

账号：

受让人：

通信地址：

邮政编码：

电话：

传真：

开户银行：

账号：

主要参考文献

艾江鸿.2011.基于演化博弈的排污权交易市场均衡分析［J］.统计与决策，（11）：67-69.
安晓明.2004.自然资源价值及其补偿问题研究［D］.吉林大学博士学位论文.
保尔·米尔格罗姆.2006.拍卖理论与实务［M］.杜黎，胡奇英，译.北京：中国人民大学出版社.
卜小平.2011.中国煤层气产业发展途径与前景分析［D］.中国地质大学(北京)博士论文.
陈绍刚，陈龙.2008.基于粗糙集模型的多属性网上拍卖机制的设计研究［J］.消费导刊，21：169-170.
陈翔，等.2013.对我国未来开展无线电频谱拍卖的建议［J］.中国无线电，1：29-31.
陈燕琦.2011.国内电信行业元数据管理平台建设中的项目范围管理［D］.北京邮电大学硕士论文.
戴锋，姬广坡.2003.一种新型的商品最优化定价方法［J］.中国管理科学，11(1)：33-37.
樊路.2009.认知无线电中基于图论的无线电频谱分配算法［D］.哈尔滨工业大学硕士论文.
赫尔曼·海因里希·戈森.2000.人类交换规律与人类行为准则的发展［M］.北京：商务印书馆.
侯乐君，吴继兰.2011.基于竞争因素的土地使用权博弈竞价法探讨［J］.商业时代，（17）：92-54.
胡昌暖.1992.资源的价格体系，价格形成机制和价格形式［J］.中国经济问题，4：1-7.
黄颖利.2011.活立木交易的最优拍卖竞价研究［J］.林业经济问题，31(4)：288-293.
柯伦柏.2002.拍卖：理论与实践［M］.钟鸿钧译.北京：中国人民大学出版社.
莱昂·瓦尔拉斯.1989.纯粹经济学要义［M］.北京：商务印书馆.
蓝筱晟.2008.建设工程项目投标决策研究［D］.重庆大学硕士论文.
李晗.2008.无线电频谱资源管理发展方向研究［D］.天津大学硕士论文.
李红岩.2010.IEEE 802.22 WRAN网络中基于拍卖的频谱租借算法［J］.现代电子技术，(3)：76-82.
李思序.2010.认知无线Mesh网络的接入机制和动态无线电频谱分配算法研究［D］.重庆大学硕士论文.
李研，等.2010.无线电频谱拍卖机制研究［J］.中国无线电，6：8-12.
李研，宋起柱，等.2010.频谱拍卖机制研究［J］.中国无线电，(6)：8-12.
李艳妮.2010.认知无线网络动态无线电频谱分配技术研究与实现［D］.北京邮电大学硕士论文.
李稚.2008.拍卖市场上不同类型竞价者竞价策略研究［D］.西南交通大学硕士论文.
梁栋.2012.无线技术在铁路通信中的应用［J］.中小企业管理与科技，5：285-286.
刘国臣.2007.基准模型及其扩展模型下的招投标策略研究［D］.电子科技大学硕士论文.
刘利华.2011.依法科学管理无线电频谱资源共同维护空中电波秩序全面推动我国工业化和信息化深度融合发展［J］.中国无线电，9：6-10.
刘利华.2012.加强体系建设开创无线电管理工作新局面［J］.中国无线电，10：9-15.
刘晓华.1994.无线电频谱的使用效率一议［J］.中国无线电，1：32.
刘赟.2005.高科技企业定价的实物期权理论与方法研究［D］.武汉大学硕士论文.
刘忠英，赵杭生.2009.无线电技术发展对无线电频谱管理的影响和对策［J］.中国无线电，12：28-30.
罗丽艳.2005.自然资源价值代偿机制研究［M］.北京：经济科学出版社.

吕庆桥. 2012. 浅谈铁路无线通信技术发展及应用 [J]. 中国新技术新产品, 23: 36.
吕炜, 任玉珑, 季玉华. 2007. 基于一级密封的工程量清单投标报价的博弈模型 [J]. 管理工程学报, (1): 122-126.
马斌. 2001. 优化频率资源配置促进接入市场繁荣——访信息产业部无线电管理局局长刘利华 [J]. 中国无线电管理, 6: 1-3.
马顿·詹森. 2007. 公共资产拍卖——分析和选用 [M]. 王兴中, 等译. 上海: 上海财经大学出版社.
马国顺, 杨丽英, 刘文文. 基于三角形分布的一级密封价格拍卖博弈及均衡分析 [J]. 工业技术经济, 2010, 29(2): 74-76.
马克思. 1975. 资本论(第一卷) [M]. 北京: 人民出版社.
马毅华. 2010. 无线电频谱拍卖二十年: 制度化已形成 [J]. 通信世界, 42: 17.
门格尔. 2005. 国民经济学原理 [M]. 上海: 上海人民出版社.
孟明星. 2006. 建设工程投标决策模型研究与应用 [D]. 天津大学硕士论文.
彭志凯, 游涵韵. 2012. 多属性采购合同及议价谈判机制设计 [J]. 当代经济, 1: 46, 47.
祁锋. 2007. 无线电频谱资源纳入《中华人民共和国物权法》保障范围解读 [J]. 中国无线电, 4: 8-10.
祁锋. 2003. 我国无线电频率资源分配方式变革初探 [J]. 中国无线电管理, 5: 30-32.
邱林. 2002. 网上拍卖分析及其运作管理探讨 [D]. 厦门大学硕士论文.
饶从军, 赵勇, 李武. 2011. 可分离物品多属性多源采购的优化决策模型 [J]. 控制与决策, 26(3): 433-438.
饶从军, 赵勇. 2012. 可分离物品多属性采购拍卖的最优机制 [J]. 系统工程学报, 27(1): 88-98.
饶从军. 2011. 可分离物品拍卖与污染物排放量的免费分配 [D]. 华中科技大学博士论文.
任玉珑, 邹小燕, 张新华. 2003. 基于一级密封拍卖的发电公司竞价博弈模型 [J]. 系统工程学报, 18(3): 248-254.
时光. 2011. 论政府公共责任追究机制的构建 [D]. 吉林财经大学硕士论文.
史雅宁, 宋琦军. 2006. 市场机制下的频率资源分配研究 [J]. 中国无线电, 6: 24-27.
斯坦利·杰文斯. 1997. 政治经济学理论 [M]. 北京: 商务印书馆.
宋起柱. 2010. 无线电频谱资源的市场分配机制研究 [D]. 北京邮电大学博士论文.
宋起柱. 2011. 新一代无线技术无线电频谱分配机制与应用 [M]. 北京: 电子工业出版社.
宋友鲁. 2005. 供应链中的采购招标模型研究 [D]. 西安电子科技大学硕士论文.
孙成强. 2007. 关于频段占用度统计分析的探讨 [J]. 中国无线电, 7: 69-71.
孙静. 2011. 无线电频谱资源的经济价值与定价研究 [D]. 北京邮电大学博士论文.
汤姆·泰坦伯格. 2003. 环境与自然资源经济学 [M]. 北京: 经济科学出版社.
王春秀, 李英龙. 2002. 期权定价理论与矿业权价值评估 [J]. 技术经济与管理研究, 6: 44, 45.
王宏, 陈宏民. 2010. 拍卖中的合谋与防合谋的最优机制设计: 理论与实证研究的新进展 [J]. 产业经济研究, 3: 85-94.
王宏, 周勤. 2011. 拍卖中的合谋与腐败研究综述 [J]. 产业经济评论, 10(2): 62-114.
王平平, 孙绍荣. 2004. 基于内生投标人的拍卖 [J]. 数学的实践与认识, 34(12): 53-57.
王平平. 2008. 拍卖机制设计: 理论、模型及应用 [M]. 南昌: 江西人民出版社.
王文俭. 2007. 无线电频谱共享无线电的管理对策研究 [D]. 北京邮电大学硕士论文.
王先甲, 等. 2006. 区域配电服务特许经营权竞标机制设计 [J]. 中国电机工程学报, 26(20): 39-44.
王晓光. 2010. 认知无线电中基于模型的无线电频谱分配算法 [D]. 哈尔滨工程大学硕士论文.
王雅平. 2003. 从经济学角度谈无线电频率资源配置方式 [J]. 中国无线电管理, 10: 26-28.

王映. 2007. 英国 Ofcom 变革频率管理向市场化方向演进 [J]. 通信世界，2：23，24.
威廉·配第. 2006. 赋税论 [M]. 北京：华夏出版社.
文家新. 2004. 在线多数量序贯拍卖研究 [D]. 华中科技大学硕士论文.
文源盛. 2011. 认知无线电系统中基于拍卖信道机制的算法研究 [D]. 北京邮电大学硕士论文.
武刚，冯玉强，傅丽芳. 2007. 面向政府采购的多属性电子拍卖机制设计 [J]. 系统管理学报，16(3)：291－297.
武刚. 2007. 层次交互式多属性电子拍卖中标人选择方法 [J]. 管理科学，20(3)：55－60.
奚国华. 2003. 继往开来与时俱进努力开创无线电管理工作新局面 [J]. 中国无线电管理，3：1－3.
奚国华. 2010. 深入贯彻落实科学发展观推动无线电管理事业迈上新台阶——纪念《中华人民共和国无线电管理条例》颁布实施 17 周年 [J]. 中国无线电，8：12－14.
夏金祥，范平志. 2006. 无线电频谱利用面临的问题、机遇与对策 [J]. 中国无线电，5：4－11.
胥志彪. 2010. 昆明城中村更新机制的规划研究 [D]. 昆明理工大学硕士论文.
徐玉. 2001. 全球商用无线电频率分配方式透视 [J]. 中国无线电管理，6：4，5.
许永国. 2002. 拍卖经济理论综述 [J]. 经济研究，9：84－92.
亚当·斯密. 1996. 国民财富的性质和原因的研究 [M]. 北京：商务印书馆.
亚瑟·赛斯尔·庇古. 2009. 福利经济学(引进版) [M]. 上海：上海财经大学出版社.
闫晶晶，吕廷杰. 2011. 无线电频谱经济价值评估体系研究 [J]. 北京邮电大学学报，13(4)：51－56.
杨洁，杨育. 2008. 无线电频谱资源管理研究现状分析 [J]. 无线电工程，38(9)：51－54.
杨琳，等. 2012. 现有无线电频率分配方式研究 [J]. 数字通信，3：26－29，48.
杨烨，等. 2011. 无线电频谱市场化初探 [J]. 中国无线电，3：10－12.
殷红. 2005. 几类特性物品的拍卖机制设计理论及方法研究 [D]. 武汉大学博士论文.
尹华川，等. 2013. 无线电频谱拍卖世界格局介绍 [J]. 中国无线电，1：24－28.
于洪强，唐克. 2008. 拍卖策划——理论与实践 [M]. 南京：东南大学出版社.
于新. 2010. 劳动价值论与效用价值论发展历程的比较研究 [J]. 经济纵横，3：31－34.
约翰·H·凯格尔，丹·莱文. 2007. 共同价值拍卖与赢者诅咒 [M]. 董保民，王勇译. 北京：中国人民大学出版社.
曾波. 2009. 基于博弈论的企业招标采购机制与激励研究 [D]. 西安电子科技大学硕士论文.
曾轲. 2007. 基于博弈论的认知无线电频谱分配技术研究 [D]. 电子科技大学硕士论文.
张超. 2009. 一种基于在线反向拍卖的计算网格资源分配方法 [D]. 大连海事大学硕士论文.
张超. 2009. 一种基于在线反向拍卖的计算网格资源分配方法 [D]. 大连海事大学硕士论文.
张坊，等. 2002. 香港无线电管理带来的启示 [J]. 中国无线电管理，11：14－16.
张虹. 2006-09-05. 国际无线电频谱政策新走向 [N]. 人民邮电报. 08.
张虹. 2007-09-06. 国际无线电频率管理新动向 [N]. 人民邮电报. 08.
张虹. 2007. 无线电国际国内管理政策研究 [J]. 中国无线电，8：7－11.
张虹. 2008. 我部动用一切可用频率资源确保震区无线电通信 [J]. 中国无线电，5：1.
张立华，王德宠，张永泽. 2007. 频率资源的价值分析 [J]. 中国物价，7：20－23.
张维迎. 2004. 博弈论与信息经济学 [M]. 上海：上海人民出版社.
张文稷，等. 2013. 基于多元回归的我国无线电频谱拍卖价值研究 [J]. 中国无线电，1：34，35.
张新华，叶泽. 2007. 不完全信息下发电商竞价策略贝叶斯博弈分析 [J]. 管理工程学报，(4)：147－149.
张永军. 2009. 浅谈无线电应急应用 [J]. 中国无线电，7：26，27，54.
周健. 2010. 认知无线电中子信道分配算法研究 [D]. 上海交通大学硕士论文.

周侨. 2008. 认知无线电网络中的动态信道分配技术研究 [D]. 浙江大学硕士论文.

朱春光. 2008. 重大突发公共事件应急无线电通信管理研究 [D]. 天津大学硕士论文.

Choong Ming Chin, Sverrir Olafsson, Botond Virginas, Gilbert Owusu. 2008. Radio Resource Management via Spectrum Trading [C] // IEEE. IEEE International Conference on Vehicular Technology. Singapore: IEEE Press: 1781-1785.

Coase R. 1959. The federal communication commission [J]. The Journal of Law & Economics, 2(10): 1-40.

Crocioni P. 2009. Is allowing trading enough? making secondary markets in spectrum work [J]. Telecommunications & Policy, 33(8): 451-468.

Falch M, Tadayoni R. 2002. An economic approach to frequency management [J]. Communications & Strategies, 46: 101-127.

Falch M, Tadayoni R. 2004. Economic versus technical approaches to frequency management [J]. Telecommunications & Policy, 28(2): 197-211.

Klemperer P. 2002. How(not) to run auctions: The European 3G telecom auction [J]. European Economic Review, 46(4-5): 829-845.

Marks M, Williamson B. 2007. Spectrum allocation, spectrum commons and public goods: The role of the market [J]. Communications & Strategies, 67: 64-84.

Meimei You, Qizhu Song, Qi Wang, Tingjie Lv, Huiying Du. 2010. Spectrum License Assignment [C] // IEEE. IEEE International Conference on Information Management and Engineering. Chengdu: IEEE Press: 16-18.

McGowan F, Seabright F. 1989. Deregulating European Airlines [J]. Economic Policy, 4(9): 283-344.

Tommaso M. 2001. Spectrum trading [J]. Telecommunications & Policy, 25(10-11): 655-670.

Van Bruwaene K. 2004. Estimating the value of spectrum [R]. Beijing: EBU Technical Review.

Wan X Y, Liu B. 2013. The Bidding Strategy Research of Radio Spectrum User Auction Based on the Partial Distribution [J]. Applied Mechanics and Materials, 411: 850-855.

William J B, Dorothy L R. 2006. Toward an evolutionary regime for spectrum governance: Licensing of unrestricted entry? [R]. AEI-Brookings Joint Center for Regulatory Studies.

索 引

B

布莱克－肖尔斯模型 …… 121

C

产权属性 …………… 2
超宽带认知无线电 …… 28
传感器 ……………… 11

D

担保拍卖 …………… 63
等价收入定理 ……… 54
底层嵌入式设备芯片 …… 11
第二价格密封拍卖 …… 34
第一价格密封拍卖 …… 34
点到点通信方式 …… 14
点到多点通信方式 …… 14
电磁兼容 …………… 45
电信泡沫 …………… 77
电子标签 …………… 11

电子射频识别技术 …… 1
动态频谱分配 ……… 28
对称竞价策略 ……… 54
多属性拍卖 ………… 149
多维度拍卖 ………… 149
多元回归模型 ……… 104
多重共线性诊断 …… 116

E

二维码 ……………… 11

F

风险中性 …………… 54
蜂窝服务拍卖 ……… 70

G

公共资源悲剧 ……… 57

H

航空固定通信 ……… 11
航空移动通信 ……… 11
合作博弈 …………… 57
红外线感应器 ……… 11
互补品 ……………… 51
活跃性规则 ………… 71

J

基准模型 …………… 59
激励相容 …………… 66
价格预期 …………… 53
价值工程论 ………… 38
价值模型 …………… 58
价值特征 …………… 58
交叉持股问题 ……… 88
交易承载机构 ……… 188
竞拍切换规则 ……… 80
竞拍者资格审查 …… 197
均衡报价函数 ……… 55
均衡策略 …………… 54
均衡期望支付 ……… 54

K

快速扩频技术 ……… 15
扩张期权 …………… 106

L

劳动价值论 ………… 37
雷达导航 …………… 11

M

码分多址 …………… 3
码分复用 …………… 3

漫游……………… 87

N

纳什均衡……………… 56

P

帕累托效率均衡……… 58
拍卖进入问题………… 85
拍卖形式的绩效……… 65
排他性………………… 7
抛弃期权……………… 106
皮夹子拍卖…………… 60
频谱二级交易………… 34
频谱共享……………… 28
频谱管制……………… 43
频谱帽技术…………… 90
频谱租赁……………… 34

Q

期权自身价值………… 106
歧视性拍卖…………… 106
嵌入期权价值………… 106
囚徒困境……………… 57
全球定位系统………… 11

R

认知无线电…………… 40

S

射频拉远技术………… 10
生产者剩余…………… 53
时分多址……………… 6
时钟代理拍卖………… 63
实物期权模型………… 104
室内无线局域网……… 15
数字移动通信技术
　………………………… 10

T

替代品………………… 51
填充式频谱分配……… 41
跳转出价……………… 175
同步升价拍卖………… 31

W

外部性………………… 2
卫星定位……………… 11
无线电频谱…………… 1
无线访问接入点……… 17
无线个域网技术……… 11

无线相容认证………… 16
物联网………………… 2

X

稀缺性………………… 2
下垫式频谱分配……… 41
现期需求量…………… 51
相关性分析检验……… 116
消费者剩余…………… 53
效用价值论…………… 37
行政比较听证会……… 69
行政指配……………… 7
序贯出价……………… 157

Y

赢者的诅咒…………… 47
应答器………………… 12
应用软件……………… 12
阅读器………………… 12
云计算………………… 2

Z

指挥和控制式………… 98